Lewis Mumford's

View of Urban History

刘易斯·芒福德的
城市史观

李月◎著

上海三联书店

目 录

导 论

一、刘易斯·芒福德其人其学

刘易斯·芒福德(Lewis Mumford，1895—1990，以下简称芒福德)是 20 世纪一位杰出的学者。其杰出之处可从以下三个方面加以概括：

1. 涉猎广。芒福德学术兴趣广泛，一生之中涉足过许多领域。他写过剧本、诗歌；评论过文学、时事；教授过建筑史、城市史、艺术史、宗教史、城市规划、美国文学等等，所涉学科范围涵盖了建筑学、规划学、政治学、地理学、法律学、人类学、社会学、历史学、生态学、技术哲学、文学、艺术以及城市科学等等，并因其在众多领域中的卓越建树被称为城市规划师、城市规划理论家、城市科学家、社会学家(城市历史社会学家)、社会批评家、人文学家、建筑学家、建筑评论家、历史学家(城市史家、文明史家和技术史家)、社会哲学家(技术哲学家)、作家(散文家)、文学评论家和批评家、观察家、思想家、人类学家。

2. 著述多。据罗伯特·沃特维兹(Robert Wojtowicz)在 2007 年的最新统计，芒福德一生中写有独著 43 本(包括小册子，不包括他人编辑结集出版的著作)，在期刊上发表论文 646 篇，撰写书评 225 篇，在合编或完全由他人编辑的著作中写有论文 65

篇,另有合著 6 本,这在 20 世纪乃至以前的学者中都是罕有其匹的。

3. 影响大。芒福德的学术成就是有目共睹的,也是世人公认的。艾瑞克·弗洛姆(Erich Fromm,1900—1980)称他为"我们这个时代最伟大的人文主义者";马尔科姆·考利(Malcolm Cowley,1898—1989)称他为"最后一位伟大的人文主义者";卡尔·米切姆(Carl Mitcham,1941—)盛赞他为"20 世纪四大人文主义技术哲学家之首"。美国两届总统(约翰逊和里根)给他颁发过奖章,美国史密森学会给他颁发过大奖,美国国家人文科学研究基金会给他颁发过特别奖状,美国文理科学院授予了他院士称号。此外,他还获得过英国皇家建筑学金奖(1961 年)、美国国家图书奖(1961 年)、莱昂纳多·达·芬奇奖章(1971 年)、美国国家文学奖章(1972 年)、全国艺术奖章(1986 年),并两次获得美国古根海姆基金会(Guggenheim Foundation)奖金。

1985 年,值芒福德 90 岁诞辰之际,美国新泽西州技术研究所以"刘易斯·芒福德的成就"为题召开了专门研讨会,与会者达一千三百多人;1987 年宾夕法尼亚大学举办了盛大的国际学术会议,探讨了芒福德对于科技史的贡献。此外,一些大学还专门设立了芒福德论著的整理或研究机构,如宾夕法尼亚大学冯·培尔特(Van Pelt)图书馆集中收存了芒福德的专业文献;新泽西州蒙茅斯大学(Monmouth University)设立了芒福德视觉图书馆(Virtual Lewis Mumford Library),专门收藏芒福德的绘画作品和备忘录;纽约州立大学设立了芒福德城市与区域比较研究中心(Lewis Mumford Center for Comparative Urban and Regional Research);等等。

在芒福德辉煌的学术生涯中,"城市理论"一直是芒福德重点研究的领域,也是他学术成果最多、最令他享誉世界的领域。早在 20 世纪 30 年代,芒福德便凭借其著作《城市文化》(*The Culture of*

Cities，1938)一书奠定了他在城市理论界的权威地位。① 20 世纪 60
年代，他的另一本城市理论著作《城市发展史——起源、演变和前景》
(*The City in History*：*Its Origins*，*Its Transformations*，*and Its
Prospects*，1961)一经问世便好评如潮，获得了学术界的高度赞誉。②

---

① Lewis Mumford，*The Culture of Cities*，New York：Harcourt，Brace and Company，
  1938.

② Lewis Mumford，*The City in History*：*Its Origins*，*Its Transformations*，*and Its
  Prospects*，New York：Harcourt，Brace and Company，1961. 社会学家吉迪恩·斯乔伯
  格(Gideon Sjoberg)、埃弗里特·彻林顿·休斯(E. C. Hughes，1897—1983)、阿摩斯·
  亨利·霍利(A. H. Hawley，1910—2009)、杰拉德·威廉姆·布里斯(G. W. Breese，
  1912—1995)、安塞姆·斯特劳斯(Anselm Strauss，1916—1996)，历史学家康斯坦斯·
  麦克罗林·格林(C. M. Green，1897—1975)、格兰维尔·唐尼(Glanville Downey，
  1908—1991)、阿萨·布里格斯(Asa Briggs，1921—)，城市规划专家查尔斯·斯特恩·
  阿歇尔(C. S. Ascher，1899—1980)，作家夏洛特·德尔波(Charlotte Delbo，1913—
  1985)，建筑师、艺术史家、艺术评论家保罗·祖尔克(Paul Zucker，1888—1971)等一批
  当时的资深学者都在该书问世后不久发表该书的书评，并给予了很高的评价，见
  Gideon Sjoberg，"Review：The City in History. Its Origins, Its Transformations, and
  Its Prospects," *Annals of the American Academy of Political and Social Science*，
  vol. 337，no. 1（Sep. 1961），pp. 214 - 215；E. C. Hughes，"Review：The City in
  History. Its Origins, Its Transformations, and Its Prospects," *Harvard Law Review*，
  vol. 75，no. 3（Jan. 1962），pp. 647 - 649；A. H. Hawley，"Review：The City in
  History. Its Origins, Its Transformations, and Its Prospects," *American Sociological
  Review*，vol. 26，no. 5（Oct. 1961），pp. 791 - 792；G. W. Breese，"Review：The City
  in History. Its Origins, Its Transformations, and Its Prospects," *American Scientist*，
  vol. 49，no. 4（Dec. 1961），pp. 402，404；Anselm Strauss，"Review：The City in
  History. Its Origins, Its Transformations, and Its Prospects," *American Journal of
  Sociology*，vol. 67，no. 4（Jan. 1962），pp. 474 - 475；C. M. Green，"Review：The
  City in History. Its Origins, Its Transformations, and Its Prospects," *The American
  Historical Review*，vol. 67，no. 1（Oct. 1961），pp. 82 - 84；Glanville Downey，
  "Review：The City in History. Its Origins, Its Transformations, and Its Prospects,"
  The Classical World，vol. 55，no. 1（Oct. 1961），pp. 12，14；Asa Briggs，"Review：
  The City in History. Its Origins, Its Transformations, and Its Prospects," *History
  and Theory*，vol. 2，no. 3（Jan. 1963），pp. 296 - 301；C. S. Ascher，"Review：The
  City in History. Its Origins, Its Transformations, and Its Prospects," *Land
  Economics*，vol. 37，no. 3（Aug. 1961），pp. 283 - 284；Charlotte Delbo，"Review：
  The City in History. Its Origins, Its Transformations, and Its Prospects," （转下页）

此外，他还著有《城市发展》(*City Development*，1945)、《城市展望》(*The Urban Prospect*，1968)等一系列城市理论著作，另写有大量涉及城市理论的文章。[①] 通过这些论著，芒福德系统地阐释了他对城市本身的理解、认识，以及对城市前景的展望和担扰，并对诸如城市起源、古代城市、中世纪城市、城市生态等一系列问题提出了十分独特的见解。

虽然芒福德在城市研究领域早已声名鹊起，但西方学界对芒福德城市理论的研究也不过近几十年的事，在此之前，其城市理论的学术价值并未被充分发现，究其原因，可归结为以下两个方面：

1. 芒福德从 20 世纪初开始著书立说，并凭借 20 世纪 30 年代出版的《城市文化》一书在城市学界小有名气，不过在此书问世之后，芒福德的思想因受环境、阅历、生活等各方面的影响发生着改变。在 20 世纪 30 年代末 40 年代初，外在环境的刺激进一步拓展和深化了芒福德的研究，他及时扩大了自己的研究兴趣。而后在 1944 年前后，他对自己的研究工作进行了第二次重要的重组：一方面沿着战后重构的方向将研究延伸向未来，另一方面比以往更远地回溯过去。1953 年，芒福德对自己的研究策略进行了新的调整，试图把自己对更遥远过去的新兴趣和以自传性个人体验为基础的对城市的核心兴趣联合起来，继而开始修订城市研究方面的著作。

接下来的许多工作又从 1957 年的欧洲之旅中获得了灵感，他将

（接上页）*Revue Française de Sociologie*，vol. 3，no. 4（Oct. - Dec. 1962），p. 453；Paul Zucker，"Review：The City in History. Its Origins, Its Transformations, and Its Prospects，" *The Journal of Aesthetics and Art Criticism*，vol. 20，no. 2（Dec. 1961），pp. 209 - 210. 关于《城市发展史——起源、演变和前景》一书的社会影响可参阅绍科尔采：《反思性历史社会学》，凌鹏、纪莺莺、哈光甜译，李康校，上海人民出版社 2008 年版，第 129 页。

① Lewis Mumford，*City Development*，New York：Harcourt，Brace and Company，1945；Lewis Mumford，*The Urban Prospect*，New York：Harcourt，Brace and World，1968.

此次旅行视为一种催化剂和思想重构的源头。这次旅行回来,芒福德便开始着手写城市研究的新书,直到《城市发展史——起源、演变和前景》的问世。虽然该书的部分内容几乎完全照搬了一些较早著作的章节,但它在本质上获得了新意,因为它建基于一个全新的眼光、整体的视野之上。《城市发展史——起源、演变和前景》被世人视为芒福德写得最好的一本书,是《城市文化》的升级版,该书好评如潮,并且在商业上也取得了巨大成功。他也因为这本书达到了他声望和影响力的顶点(美国国家图书奖的荣誉就是因为这本书而获得的)。

综合而论,芒福德的城市理论主要是从 20 世纪 60 年代开始走向成熟、完善的,是这一时期的一系列重要著作及其影响使学者们开始重新评价芒福德,并对其独特的宇宙观、人类观、城市观、文明观指导下的一系列学术论著予以重新审视,并认真广泛研究,继而逐渐发现其深刻内涵和宏远价值。

2. 芒福德早期的某些城市理论或观点并不被当时学界一些重量级专家认可。在一个学术环境非常宽松、自由的国度,作为思想家的芒福德在理论和行动上与持不同见解的学者之间长期存有争论是很自然的事。他倾向于小的规划而非大的纪念性建筑,反对将公路通到市中心,认为城市的存在不是为了汽车通行的方便,而是为了人的安全与文明。他的这些观点与主持巴黎改建规划的勒·柯布西耶(Le Corbusier,1887—1965)的看法格格不入,后者设想的是建高楼大厦和高层公寓,只保留纪念性建筑和大片绿地,芒福德对此进行了尖锐的批判。

他同样批判被称为纽约公共工程局"沙皇"的罗伯特·摩西(Robert Moses,1888—1981),反对他将高速公路直通纽约市中心,反对他建造混凝土大厦。但在 20 世纪 40、50 年代城市盲目、无序、大规模扩张的大背景下,芒福德的观点很难被学界接受,更挡不住实业界利欲熏心的滚滚浊浪,所以他发起的多次论战也多以失败告终。直到最近四十几年,西方工业文明屡陷危机,战略家和规划师们重新思考出路,芒福德的学术思想才得以重唤生机,而他本人也得以在垂暮之年名声大噪。

二、国外研究概况

20世纪70年代以后,芒福德在城市研究领域的学术成就日渐得到了学界认可,这是芒福德学术成果及其影响长久积累的结果,也是新时代背景和社会环境下芒福德学术思想价值的再发现。芒福德像一位先知一样预言着城市发展未来可能面临的困境,而当困境初露端倪之时,他的应对之策隐约为世人提供了一剂良方。他经常在演讲中称自己为现代版的约拿,他履行了警示世人的职责,但从不曾为拥有能够预知厄运的远见卓识而沾沾自喜。

面对这样一位时代先驱,西方学界表现出了浓厚兴趣,除前文所述围绕他的学术思想举办的一系列学术会议和专门为他设立的学术机构外,学界还涌现出一批研究芒福德的学者,并已产生了一些优秀的芒福德城市理论研究著作,这类著作大致可分为两类:

一类是对芒福德其人的研究,成果以传记的形式出版,最早的著作是唐纳德·米勒(D. L. Miller)写的《刘易斯·芒福德传》(*Lewis Mumford: A Life*, 1989),①该书得到了芒福德本人及其亲属以及诸多密友的支持和协助,并以许多真实的采访记录和美国各所大学馆藏的芒福德手稿为基础,给读者呈现了一个真实的芒福德,既有朴实的生活,也有漫长的学术历程。该书无论从资料获取利用,还是从文章构架编排来看都无愧是一本好书,让人忘我地想要阅读下去。但学者们并不满足于此,之后十几年间又有数本芒福德传记问世,例如弗雷德里克·米勒(F. P. Miller)、阿格尼斯·旺多姆(A. F.

---

① D. L. Miller, *Lewis Mumford: A Life*, New York: Weidenfeld & Nicholson, 1989.

Vandome)和约翰·麦克布鲁斯特(John McBrewster)编写的《刘易斯·芒福德传》(*Lewis Mumford*，2010)、杰西·拉塞尔(Jesse Russell)和罗纳德·科恩(Ronald Cohn)编写的《刘易斯·芒福德传》(*Lewis Mumford*，2012)等等。① 这些著作有助于回溯芒福德的学术生涯，对深入把握芒福德城市理论产生的时代背景和思想渊源大有裨益。

另一类是对芒福德城市理论的研究。较系统、全面分析芒福德城市理论的著作有马克·卢卡雷利(Mark Luccarelli)的《刘易斯·芒福德与生态区域》(*Lewis Mumford and the Ecological Region*，1997)，罗伯特·沃特维兹的《刘易斯·芒福德与美国现代主义：针对建筑和城市规划的乌托邦理论》(*Lewis Mumford and American Modernism*：*Eutopian Theories for Architecture and Urban Planning*，1998)等。② 前者对芒福德的城市生态思想和区域城市理论有深入的分析，后者对芒福德的城市规划观点有过梳理与分析。

由于研究的时间不长，西方学界涉及芒福德城市理论的研究成果总体来看并不多。因此，西方学界关于芒福德的一些其他相关成果也值得关注，虽然对于研究芒福德城市理论来说学术价值十分有限，但也不失为一种有益的补充。一般来说，对芒福德城市理论研究或有助益的成果也大致可分为两类：

一类是西方学者整理、编辑出版的一些论文集和书信集。论文集如珍妮·达文(J. M. Davern)的《建筑作为人类的居所：美国建筑

---

① F. G. Novak, *Lewis Mumford*, Boston: Twayne Publishers, 1998; F. P. Miller, A. F. Vandome, John McBrewster, eds., *Lewis Mumford*, Beau Bassin, Mauritius: Alphascript Publishing, 2010; Jesse Russell, Ronald Cohn, eds., *Lewis Mumford*, Stoughton: Book on Demond Ltd., 2012.

② Mark Luccarelli, *Lewis Mumford and the Ecological Region*, New York: Guilford Press, 1995; Robert Wojtowicz, *Lewis Mumford and American Modernism*: *Eutopian Theories for Architecture and Urban Planning*, Cambridge: Cambridge University Press, 1998.

杂志论文集》（*Architecture as a Home for Man*：*Essays for Architectural Record*，1975）、罗伯特·沃特维兹的《边道评论家：芒福德论纽约文集》（*Sidewalk Critic*：*Lewis Mumford's Writings on New York*，1998）。[①] 书信集如贝蒂娜·利伯维兹·克纳普（B. L. Knapp）整理出版的《刘易斯·芒福德与戴维·利伯维兹通信集，1923—1968》（*Lewis Mumford/David Liebovitz Letters*，1923—1968，1983）、弗兰克·G. 诺瓦克（F. G. Novak）整理出版的《刘易斯·芒福德与帕特里克·格迪斯通信集》（*Lewis Mumford and Patrick Geddes*：*The Correspondence*，1995）、布鲁斯·布鲁克斯·法伊弗（B. B. Pfeiffer）和罗伯特·沃特维兹整理出版的《弗兰克·劳埃德·赖特与刘易斯·芒福德：三十年通信集》（*Frank Lloyd Wright* & *Lewis Mumford*：*Thirty Years of Correspondence*，2001）等等。[②]

另一类是针对芒福德研究的指导书。如肯尼斯·斯塔克（K. R. Strunkel）的《理解刘易斯·芒福德：困惑者指南》（*Understanding Lewis Mumford*：*A Guide for the Perplexed*，2003）和盖比·阿乐兹（Gaby Alez）的《作家必备指导：聚焦刘易斯·芒福德，他的教育、〈技术与文明〉、〈城市发展史〉等畅销书、电影及其他》（*The Essential Writer's Guide*：*Spotlight on Lewis Mumford*，*Including his Education*，*Analysis of his Best Sellers such as Technics and*

---

① J. M. Davern，ed.，*Architecture as a Home for Man*：*Essays for Architectural Record*，New York：Architectural Record Books，1975；Robert Wojtowicz，ed.，*Sidewalk Critic*：*Lewis Mumford's Writings on New York*，New York：Princeton Architectural Press，1998.

② B. L. Knapp，ed.，*The Lewis Mumford/David Liebovitz letters*，*1923 - 1968*，New York：Whitston Publishing Corporation，1983；F. G. Novak，ed.，*Lewis Mumford and Patrick Geddes*：*The Correspondence*，London and New York：Routledge，1995；B. B. Pfeiffer，Robert Wojtowicz，eds.，*Frank Lloyd Wright* & *Lewis Mumford*：*Thirty Years of Correspondence*，New York：Princeton Architectural Press，2001.

Civilization, *and The City in History*, *Films*, *and More*, 2012)
等等。①

此外,还需额外一提的是埃尔默·西蒙·纽曼(E. S. Newman)
和罗伯特·沃特维兹在芒福德书目汇编方面的学术贡献。埃尔默·
西蒙·纽曼曾在 1971 年编辑出版了《芒福德文献目录汇编》(*Lewis
Mumford*：*A Bibliography*：*1914—1970*, 1971)一书。② 后来罗伯
特·沃特维兹对此书进行了修订更新,将论著类目更新到了 2007
年,其中涵盖了 1990 年芒福德去世后由他人整理出版的芒福德论
著。他们的努力让后来的研究者可以轻松且毫无遗漏地查阅在相关
研究领域所需的芒福德的论著,这种便利为研究者在相关资料收集
方面节省了不少时间。

三、国内研究概况

国内很早就有学者开始关注芒福德的城市理论,并有意译介芒
福德的城市理论著作。我国著名建筑学家梁思成先生在赴美留学时
就关注过芒福德的相关著作,回国后便打算将他的《城市文化》一书
翻译过来,但终因现实原因未能实现。20 世纪 60 年代,在芒福德的
《城市发展史——起源、演变和前景》问世后,我国著名的城市规划和
建筑学专家吴良镛先生曾请清华大学建筑系翻译家毕树棠先生翻译
此书,后因形势所迫,无奈中止。"文革"结束后,毕树棠先生有意重

---

① K. R. Strunkel, *Understanding Lewis Mumford*：*A Guide for the Perplexed*,
   Lewiston, New York：Edwin Mellen Press, 2004; Gaby Alez, *The Essential Writer's
   Guide*：*Spotlight on Lewis Mumford*, *Including his Education*, *Analysis of his Best
   Sellers such as Technics and Civilization*, *and The City in History*, *Films*, *and More*,
   New York：Webster's Digital Services, 2012.
② E. S. Newman, ed. , *Lewis Mumford*：*A Bibliography*：*1914 - 1970*, New York：
   Harcourt, Brace and Company, 1971.

拾该书的翻译,却又不幸因车祸去世。所以在 20 世纪 80 年代以前,国内并无芒福德论著的译介成果,也很少有学者了解和接触过芒福德,更谈不上研究。

　　进入 20 世纪 80 年代,以宋俊岭先生为代表的一批学者开始译介芒福德的城市理论著作,并对芒福德的城市理论进行了初步的研究。20 世纪 80 年代初,宋俊岭先生在《国际社会学百科全书》(*International encyclopedia of the social sciences*, 1968)的“城市”词条中看到了芒福德的一篇名为《城市的形态与功能》(Forms and Functions)的文章,[①]他将之全文译出,刊在 1982 年第三期的《城市问题参考资料》上,[②]这应是国内出版最早的芒福德论著译文。之后宋俊岭先生又着手译介芒福德的其他重要论著,于 1989 年与倪文彦先生合译出版了《城市发展史——起源、演变和前景》一书。[③] 对于此书,宋先生有很深的理解,也有很高的评价。[④] 而且,宋先生在此书的译介过程中对芒福德其人其学有了更深的认识,并专门撰文对芒福德的理论贡献和学术地位进行了评价,[⑤]这也是国内学者第一次对芒

<hr/>

[①] Lewis Mumford, “Forms and Functions,” in D. L. Sills, ed., *International Encyclopedia of the Social Sciences*, New York: Macmillan, 1968, pp. 447 – 455.

[②] 见芒福德:《城市的形式与功能》,宋俊岭译,刊北京社科院《城市问题参考资料》编辑部编:《城市问题参考资料》(第 3 期),北京社科院 1982 年版,第 1—8 页。此文另收录于陈一筠主编的《城市化与城市社会学》,见芒福德:《城市的形式与功能》,宋俊岭译,刊陈一筠主编:《城市化与城市社会学》,光明日报出版社 1986 年版,第 47—61 页。

[③] 芒福德:《城市发展史——起源、演变和前景》,宋俊岭、倪文彦译,中国建筑工业出版社 1989 年版。该书在 2005 年修订后再版(第 2 版),该版本在 2009 年联合国教科文组织倡导图书评奖活动中荣获“优秀建筑图书奖”。

[④] 关于宋俊岭先生对《城市发展史——起源、演变和前景》一书的评价见宋俊岭:《刘易斯·芒福德和他的〈城市发展史〉》,《城市问题》1988 年第 1 期;宋俊岭:《城市研究中一本值得悉心研读的巨著——刘易斯·芒福德及其〈城市发展史〉》,《北京社会科学》1988 年第 2 期。

[⑤] 宋俊岭:《城市发展周期规律与文明更新换代——美国著名城市理论家路易斯·曼弗德的理论贡献和学术地位》,《北京社会科学》1988 年第 2 期,该文关于“Lewis Mumford”一词的译名与现在通行的译法有出入,原文如此。

福德其人其学有整体的评价。

　　自此之后,国内越来越多的学者开始关注芒福德,而芒福德城市理论的学术价值和现实意义也得到了越来越多的学者的肯定。1995年,值芒福德诞辰 100 周年之际,国内相关学者在北京召开学术研讨会专门探讨了芒福德城市理论的学术价值和现实意义,时任中国城市规划学会副理事长的邹德慈先生在开幕式上对芒福德其人其学进行了高度评价。① 吴良镛先生也在这次大会上以"芒福德的学术思想及其对人居环境学建设的启示"为题对芒福德的学术思想进行了高度赞扬,并将之称为"近代城市史的丰富遗产"。② 我国著名城市规划家黄光宇先生在这次大会上更是称他为"城市之魂"。③

　　在这次大会的探讨之外,城市规划专家陶松龄先生撰文指出"芒福德的功能观是城市发展的金钥匙";④金经元教授撰文指出芒福德是一位"知识渊博的学者"⑤和"杰出的人本主义城市规划理论家"。⑥这些都充分说明芒福德城市理论的学术价值已得到国内学者的认可和肯定,这为后来越来越多的学者从事芒福德学术思想的研究奠定了思想基础。

　　总体来说,20 世纪 80、90 年代可算作国内芒福德研究的启蒙时

① 《城市发展研究》对这次芒福德研究盛会进行过专门报道,并详细转述了邹德慈先生在开幕式上的发言,见思新:《二十世纪人类命运的思索者——纪念刘易斯·芒福德诞辰 100 周年学术研讨会在京隆重举行》,《城市发展研究》1995 年第 6 期。
② 这次讲话后整理成文发表,见吴良镛:《芒福德的学术思想及其对人居环境学建设的启示》,《城市规划》1996 年第 1 期,另见吴良镛:《吴良镛城市研究论文集——迎接新世纪的来临(1986—1995)》,中国建筑工业出版社 1996 年版,第 126—138 页;吴良镛:《建筑·城市·人居环境》,河北教育出版社 2003 年版,第 470—485 页。
③ 黄光宇:《城市之魂——纪念刘易斯·芒福德诞辰一百周年》,《城市发展研究》1996 年第 3 期。
④ 陶松龄、陈有川:《芒福德的功能观是城市发展的金钥匙》,《城市发展研究》1995 年第 6 期。
⑤ 金经元:《芒福德和他的学术思想》,《国外城市规划》1995 年第 1 期。
⑥ 金经元:《刘易斯·芒福德——杰出的人本主义城市规划理论家》,《城市规划》1996 年第 1 期。

期。在这一时期,国内学者从译介芒福德关于城市研究的论著起步,在译介的过程中理解芒福德其人其学,并通过译介的成果推动芒福德学术思想的传播。也是在这一时期,国内学者完成了对芒福德学术思想的价值判断,肯定了芒福德学术思想的学术价值和现实意义,从而促进了越来越多的学者关注和研究芒福德。正是基于这一时期国内学者的努力,21 世纪的国内芒福德研究才呈现出了大好局面。

需要额外指出的是,国内有个别学者在 20 世纪 90 年代后期就开始了对芒福德具体城市理论、思想的研究。吴良镛、齐康、陶松龄等人编的《发达地区城市化进程中建筑环境的保护与发展》一书就对芒福德区域整体论有过系统的论述。① 金经元也在《近现代西方人本主义城市规划思想家》一书中从城市观、区域观、规划观三个方面介绍了芒福德的城市理论思想。② 但这些属于个例,一定程度上反映了国内学者的研究兴趣从对芒福德学术思想的价值判断到研究芒福德具体城市理论、思想的过渡。除此之外,国内几乎所有涉及芒福德城市理论、思想的研究成果都产生于在 21 世纪。

21 世纪的国内芒福德研究无疑进入了一个新时期。在这一时期,学者们已从 20 世纪 80、90 年代对芒福德其人其学的整体评价开始转入对芒福德具体城市理论、思想的深入、细致研究。他们大多侧重于从自身的学科背景和领域视角去研究芒福德学术思想,并将研究对象细化到芒福德的某个具体的城市理论,如区域整体发展理论、城市生态理论等等。在这种情况下,国内在芒福德城市理论研究方面取得了不少成果,现罗列如下:

1. 国内学者在著作中对芒福德具体城市理论的论述。

(1) 吴良镛先生在《人居环境科学导论》中对芒福德城市理论中

① 吴良镛、齐康、陶松龄等:《发达地区城市化进程中建筑环境的保护与发展》,中国建筑工业出版社 1999 年版,第 18—19 页。
② 金经元:《近现代西方人本主义城市规划思想家》,中国城市出版社 1998 年版。

的人本主义、区域观和自然观的论述：首先，芒福德密切注意人的基本需求，包括人的社会需求和精神需求，强调以人的尺度为基准进行城市规划，人的需要和人的尺度是芒福德城市思想的基本点；其次，芒福德强调，区域是一个整体，城市是它的一部分，真正成功的规划一定是区域规划，综合、多样的区域框架才能协调城乡区域发展；再次，芒福德指出，在城市范围内保持一个绿化环境对城市发展来说是极其重要的，两者的关系是共存共亡的。[①]

（2）朱喜刚在《城市空间集中与分散论》一书中对芒福德分散机制观念的论述：芒福德在分析城市从集中走向分散的机制时列出了三大原因，即新的团体机构的扩展、居住空间的社会分异，以及交通工具的进步。[②]

（3）李红卫在《城市土地使用与管理——以广州为例的研究》中对芒福德城市规划商业化批判的论述：芒福德指出，城市的商业性规划将农田与房子转变成房地产变卖出去，毫不考虑区域如何适应地形、景观以及人的需要；城市土地变成了一种商品，市场价值成为了它唯一的评判标准；公共投资带来人口增长，促进地价上升，只有天空和地平线才是城市发展的界限。[③]

（4）刘健在《基于区域整体的郊区发展——巴黎的区域实践对北京的启示》中对芒福德的城市和区域整体发展理论的论述：芒福德认为，现代城市，无论规模大小都应该建立新的整体化模式，以反映多样化的社会关系和城市文化；在芒福德看来，区域不是以大城市为单一核心，而是包括大城市在内的诸多不同城市单元相互依赖形成的开放体系；小城市通过相互协作以及与大城市的沟通来发展自己，从而发挥区域整体的优势；芒福德不排斥大城市的发展，而是主

① 吴良镛：《人居环境科学导论》，中国建筑工业出版社 2001 年版，第 12—15 页。
② 朱喜刚：《城市空间集中与分散论》，中国建筑工业出版社 2002 年版，第 72—75 页。
③ 李红卫：《城市土地使用与管理——以广州为例的研究》，广东人民出版社 2002 年版，第 6—7 页。

张通过限制、分割、组合的方式使城市功能得到更充分的发挥。①

（5）张京祥编的《西方城市规划思想史纲》对芒福德的人本主义规划思想的论述：芒福德所理解的区域城市实质上是一种人文区域，是地理要素、经济要素和文化要素的综合体；芒福德提出，"城市最好的运作方式是关心人、陶冶人"。②

（6）汤铭潭、谢映霞、蔡运龙等编的《小城镇生态环境规划》对芒福德的区域整体论的论述：芒福德将当时的城镇发展的困境归结为"四大爆炸"，即人口爆炸、郊区爆炸、高速公路爆炸和休憩地爆炸，而解决问题的关键在于综合性的、城乡融合性的区域发展框架；芒福德主张大中小城市相结合、城乡结合、人与环境相结合。③

（7）刘亚波则在《设计理想城市》中对芒福德城市规划思想的论述：《城市发展史——起源、演变和前景》表现出了芒福德基本的人文立场；芒福德喜欢中世纪城市，喜欢它根本性的自然增长原理的正确性；芒福德不喜欢低层高密度街道的生活，喜欢霍华德式的乡村生活。④

（8）韩晶编的《区域规划理论与实践》对芒福德"区域整体发展理论"的论述：芒福德认为，城市与其所在的区域是相互依存、相互促进、相互制约的辩证关系；区域是城市的基础，区域产生城市，城市反作用于区域。⑤

2. 国内学者在论文中对芒福德具体城市理论的研究。

（1）刘士林在《芒福德的城市功能理论及其当代启示》一文中探讨了芒福德城市功能理论的学术价值和现实意义。芒福德所说的城

---

① 刘健：《基于区域整体的郊区发展——巴黎的区域实践对北京的启示》，东南大学出版社 2004 年版，第 77—79 页。
② 张京祥编：《西方城市规划思想史纲》，东南大学出版社 2005 年版，第 211—213页。
③ 汤铭潭、谢映霞、蔡运龙等编：《小城镇生态环境规划》，中国建筑工业出版社 2007 年版，第 130—131 页。
④ 刘亚波：《设计理想城市》，江西科技出版社 2008 年版，第 47—50 页。
⑤ 韩晶编：《区域规划理论与实践》，知识产权出版社 2011 年版，第 18—19 页。

市功能是指容器、磁体和文化，其中文化是芒福德最看重的功能。芒福德认为，城市的本质功能在于贮存文化、传播文化、创造文化，城市文化活动的增多是吸引人口入迁，促进城市发展的重要原因。在此基础上，刘士林指出芒福德首开用精神、文化活动描述、界定和阐释城市的思想先河，对文化都市理论的建构与深入研究具有重要的资源价值和启示意义。①

（2）刘士林在《大城市发展的历史模式与当代阐释——以〈城市发展史〉为中心的建构与研究》一文中探讨了芒福德大城市发展的历史根源。刘士林认为，芒福德综合再现了古希腊罗马城市由无到有，再由盛及衰的历史进程为研究大城市发展问题提供了重要理论框架。芒福德指出，当今的大都市尽管和古代的罗马城表面上有很大差别，但实质上却可以用"野蛮"二字统而概之，从城市发展、精神生活到生活习惯，当代大都市随处可见古代罗马城市的幽灵和魅影。在此基础上，刘士林主张"灵妙化"的精神生产，以促进大城市的可持续发展。②

（3）赵强在《芒福德的城市观及其启示》一文中分析了芒福德城市观的现实意义。赵强指出，芒福德从本体论、过程论、价值论等层面对城市本质、城市过程、城市化的意义进行了反思，这种哲学反思具有人本主义特征，对构建城市哲学，反思城市问题，推动中国城市发展有启示意义。③

（4）李树学、陈培英、陈硕颖的《路易斯·芒福德城市规划理论中的社区理念》分析了芒福德的社会理念。他们认为，芒福德在城市规划评论中所表现出来的规划理念在现代化城市中有利于培养人们

① 刘士林：《芒福德的城市功能理论及其当代启示》，《河北学刊》2008 年第 2 期。
② 刘士林：《大城市发展的历史模式与当代阐释——以〈城市发展史〉为中心的建构与研究》，《江西社会科学》2009 年第 8 期。同文另见刘士林：《芒福德大城市发展理论建构及其当代价值》，刊复旦大学发展与政策研究中心编：《城市治理与中国发展》（第 3 辑），上海人民出版社 2009 年版，第 16—34 页。
③ 赵强：《芒福德的城市观及其启示》，《苏州大学学报》（哲学社会科学版）2011 年第 4 期。

日常交际和合作,有利于形成人们的地域情感和归属感,有利于提高人们的社区意识和社会公德意识,对我国的城镇化建设具有重要的指导和借鉴作用。①

（5）林广在《城市的基本功能是什么？——论刘易斯·芒福德城市研究的遗产》一文中指出了芒福德城市研究对中国城市化发展道路的借鉴意义。在芒福德看来,城市是人居的中心,是文化的容器,是精神文明的生产者。城市的主要功能是化力为形,化能量为文化,化死的东西为活的艺术形象和音标,化生物繁衍为社会创造力。在此基础上,林广特别指出,芒福德关于城市功能的阐述是指导我们进行城市研究的宝贵遗产。②

（6）朱明在《中世纪的想象与功用——论刘易斯·芒福德的中世纪城市观》中指出,芒福德对中世纪城市的认识主要还建立在19世纪史学研究的基础之上,但他对城市本质的分析鞭辟入里,揭示了中世纪以后城市规划转型对现代城市发展的深刻影响,并希望借鉴中世纪城市规划的传统扭转现代主义的弊端。③

（7）陆伟芳在《论刘易斯·芒福德的区域城市对田园城市的继承和超越》一文中指出,芒福德用"区域城市"概念来替代"田园城市",这是对霍华德"田园城市"基本内容和思路的继承,又在某些方面超越了"田园城市"的构想。④

---

① 李树学、陈培英、陈硕颖:《路易斯·芒福德城市规划理论中的社区理念》,《作家》2012年第12期。
② 林广:《城市的基本功能是什么？——论刘易斯·芒福德城市研究的遗产》,刊孙逊、陈恒编:《都市文化研究》(第11辑　刘易斯·芒福德的城市观念),上海三联书店2014年版,第30—39页。
③ 朱明:《中世纪的想象与功用——论刘易斯·芒福德的中世纪城市观》,刊孙逊、陈恒编:《都市文化研究》(第11辑　刘易斯·芒福德的城市观念),上海三联书店2014年版,第40—47页。
④ 陆伟芳:《论刘易斯·芒福德的区域城市对田园城市的继承和超越》,刊孙逊、陈恒编:《都市文化研究》(第11辑　刘易斯·芒福德的城市观念),上海三联书店2014年版,第49—61页。

（8）张卫良在《"区域城市"：刘易斯·芒福德的城市愿景与中国的新型城市化》一文中指出，芒福德所提出的"区域城市"是缓解现代大城市问题的重要手段。中国几十年的快速发展引发了严重的大城市问题，现有新型城市化路径选择与芒福德的"区域城市"思想相吻合，对摆脱大城市困境有重要意义。[①]

（9）裔昭印在《论刘易斯·芒福德的城市文明史观》一文中梳理分析了芒福德所说的城市文明兴起与发展的双重性。在芒福德看来，城市既能为人们提供安全的场所、平等合作的相互关系和文化创新的源泉，也会使人们无休止地追逐利润，企图控制他人与环境，产生暴力、掠夺与奴役。在此基础上，裔昭印指出，我们应当从世界城市发展的经验和教训中汲取有参照意义的内容，发挥城市文明属性的积极作用，克服其消极因素，为把当代中国城市建设为宜居、低碳、和谐的智慧城市而努力。[②]

四、深入与创新

通过对国内学者关于芒福德城市理论的详细梳理，我们不难发现，虽然越来越多的学者开始研究芒福德，成果也不少，但相比西方学界已有的成果还存在一些差距。

首先，国内尚无专门聚焦芒福德城市理论研究的专著。从著作中关于芒福德城市理论的论述中来看，除金经元在《近现代西方人本主义城市规划思想家》一书中对芒福德的城市理论有整体、较大篇幅的介绍之外，其他学者只是对芒福德城市理论进行了简单介绍，许多

[①] 张卫良：《"区域城市"：刘易斯·芒福德的城市愿景与中国的新型城市化》，刊孙逊、陈恒编：《都市文化研究》（第 11 辑　刘易斯·芒福德的城市观念），上海三联书店 2014 年版，第 63—76 页。

[②] 裔昭印：《论芒福德的城市文明史观》，《史学史研究》2014 年第 2 期。

都只是附带论述,篇幅甚至只有寥寥数页。而且,这些著作中所介绍的芒福德某些具体的城市理论只是对芒福德观点的提炼和总结,这种研究在深度上显然是不够的。

其次,国内对芒福德城市理论的跨学科、综合研究比较欠缺。国内学者在涉足芒福德城市理论研究时往往从自身的学科背景、研究领域、切入视角出发,只涉足与自己的研究专长密切相关的具体理论。但芒福德城市理论是一个至少涉及历史学、城市规划的理论,他本人的研究兴趣更广,涉足的领域更多,这些学术背景多少会对他的城市理论有一定的影响,因此要研究芒福德城市理论必须以跨学科的视角去探讨。

再次,国内对芒福德城市理论缺乏全面、综合的界定和理解。无论是人本主义,还是区域城市,无论是城市史观,还是城市生态,这些都是芒福德城市理论的一部分。国内学者几乎关注到了芒福德城市理论中的所有重要元素,不过这些研究需要综合,如此才能从宏观角度对芒福德城市理论有相对全面的理解。

最后,也是最重要的一点,即国内对芒福德城市理论的学术价值和现实意义的探讨并不深入。一般来说,国内学者对芒福德城市理论是认可的,评价是很高的,并且认可芒福德所提的许多观念对于中国城市的发展有一定的借鉴意义。不过,许多国内学者对芒福德城市理论的分析还是仅限于理论本身,论及这种理论对于相关领域研究的学术价值并不多,论及这种理论对于中国城市发展的现实意义往往没有深入展开,这些应该成为今后芒福德城市理论研究的方向和着眼点。

纵观国内的芒福德城市理论研究,历史学界和城市规划界都有不少学者对其具体的一些观点作了介绍和分析,并都意识到了这种城市理论具有一定的学术价值和现实意义。现在,尚需进一步探讨的便是如何去理解和把握芒福德城市理论的学术价值和现实意义,而这便是本书的立意与出发点。

经过几十年的发展，国内学者在芒福德城市理论方面的研究为后来的学者做进一步研究奠定了基础。上海师范大学芒福德研究中心的成立，以及更多芒福德城市理论相关著作的翻译出版也为芒福德城市理论的进一步研究准备了条件。在此基础上，本书打算采用跨学科、跨领域的方法进一步探讨芒福德的城市理论，以求对芒福德城市理论有一个宏观、整体的认识，其最终目的是挖掘芒福德城市理论的学术价值和现实意义。

在探讨芒福德城市理论的学术价值方面，芒福德一生中涉猎了城市研究的方方面面，一部《城市发展史——起源、演变和前景》就涵盖了城市起源、古代城市、中世纪城市、工业城市、当代城市等各领域的各个问题。芒福德对他所研究的各个问题基本上都提出了自己的观点或看法，这些看法也许是对的，也许是错的，有些即便是对的，也许也过时了。这需要一个事先的评判，而评判者首先需要对芒福德所研究过的问题有一个深入的认识，甚至站在时代的高度上对这一问题有更深入的研究，如此才可能在与芒福德站在同等或比他更高的学术高度上进行评判。可想而知，这是本书的难点所在，因为芒福德对有关城市的各个问题基本上都有过深入研究，想在各个问题上都能像他那样有深入研究是十分困难的。

芒福德一生著述等身，关于城市理论的论文、文章、规划方案和学术著作占到了其中很大一部分，仅将相关的资料收集起来便是一件十分困难的事。不过，通过阅读其中的一些内容，我们会发现，芒福德关于城市的观点或看法是一脉相承的，他在许多文献中表述的内容是一致的，在许多情况下是重复的。他发表的论文的观点后来体现在了他对某些城市的规划建议书中，他著名的《城市发展史——起源、演变与前景》一书是对早先出版的《城市文化》一书的扩展。作为一名作家，他不是在各种可能情况下从不同角度去论证自己观点的合理性，而是在不同的介质上表达着他对于城市的一贯理解和主张。因此，关于他的论著的合理使用问题需要慎重对待。

首先,现阶段在国内研究环境下收集关于芒福德所有关于城市的文献是不现实的。因为体量大、类型多、内容杂。关于体量问题,前文已有介绍,这里不再赘述。关于类型问题,结合埃尔默·西蒙·纽曼和罗伯特·沃特维兹相继整理和更新的《芒福德文献目录汇编》来看,芒福德的论著涵盖了专著、编著、小册子、期刊、杂志、书评、书信、序跋、手稿、规划书、演讲辞等等,其中书信和手稿的内容,西方的一些学者还在陆续整理出版中。关于内容问题,芒福德涉猎领域太广,但其学术思想基本上是以城市学科作为一个内在统一的关键点,或者说,他在诸如建筑、技术哲学等许多其他领域的研究也会涵盖一些他关于城市方面的思考。因此,想要事无巨细地沿着《芒福德文献目录汇编》找到芒福德关于城市科学的所有论述是极其困难的。

　　其次,就本书研究的侧重点来看,收集芒福德所有关于城市的论述也是没有必要的。芒福德城市理论的光辉已在20世纪晚期展现出来,它的学术价值和现实意义已经得到了学界的认可。在西方学者们的不懈努力下,他的城市理论的思想精华已被提炼出来,相对应的是,他在早期和晚期的一些不成熟的观点或错误的看法已被时代抛弃。当我们谈论芒福德时,我们会谈论他的区域城市理论,会讨论他对城市发展史的思考,会深究他的人文关怀,会探索他的生态意识,领悟他的这些观点或看法不需要对他在人生历程中不同时期的想法演变进行深究,这似乎已是西方学界完成的工作,而自己所应做的便是在此基础上进行相对而言更有价值的研究,即探讨芒福德的这些城市理论对于国内学术界而言的现实用处。

　　芒福德毕其一生都在研究城市,而他关于城市的言论、观点、理论也值得用一生去研究。如果说芒福德是一座关于城市的金矿,那么本书的目标便是从这座金矿中挖掘出被泥土、岩石、沙尘所掩盖的几个小小的金块。笔者相信芒福德城市理论对于他所涉猎的领域是有益的,但本书不打算沿着芒福德所涉猎的领域逐一叙述,而是沿着自身的感悟对芒福德涉及的部分问题提出相应的思考。当然,这并不是说在芒福德研究过的而本书却没有涉及的领域里,芒福德所提的观点一无是处,或是错误的,或是过时的,或是无益的,或许它只是还有待进一步发掘罢了。

在芒福德城市理论的现实意义方面,我们已经关注到了芒福德所谓的人文城市、区域城市、生态城市等一些重要的城市观念,这些观点在城市无序扩张的年代不受人重视,但在城市寻求自我修复的时候已备受关注。如果说,中国当今的城市发展不重视人文,不寻求区域化发展,不注重城市生态建设,那么,芒福德的观点就会像晴天里的惊雷那么响亮,会引起中国所有有志于改善城市环境的志士的共鸣。但事实并非如此,以人为本、城乡统筹、生态文明都已被纳入国家战略,党和国家正在不遗余力地朝着这一正确的路线前进。在这种背景下,再把芒福德的人文城市、区域城市、生态城市等观念搬出来去呼吁城市建设应该以人为本、注重区域统筹、重视生态环境便没有太大的意义了,芒福德城市理论的现实意义显然不在于此。

如何去把握芒福德城市理论的现实意义呢? 在笔者看来,在当前的国内城市建设背景下,我们不应该太过于关注芒福德提出了什么,而应该更多关注他所倡导的实现这些观念的路径和方法,这才是对于中国当前城市建设最有意义的借鉴。为此,本书不打算对芒福德所提的一系列城市观念做深入探讨,这些国内的学者已经有过不少研究了,本书将更多关注芒福德在实际操作中如何去实现他所谓的人本主义、区域规划和生态观念。他对历史上的城市的研究能够深刻反映他试图实现城市人本主义、区域发展、生态规划的路径。尽管存在时间、空间的差异,但基于芒福德城市观念的初衷践行的城市规划能够为中国的城市建设提供一些有益的建议。

无论是学术价值还是现实意义,本书试图探讨的便是芒福德城市理论的实际用处,这也是笔者花大量时间去研究芒福德城市理论的初衷与目的。实际上,在研究诸如古代城市、中世纪城市等看似离我们很遥远的课题时,我们或许可以将芒福德所提观点的学术价值与现实意义分开。但当涉及现当代城市问题时,芒福德所提观点的学术价值与现实意义往往是一体的,刻意地去区别开反而意义不大。无论如何,本书实际上只想证明一个问题,即在国内学者都认为芒福德城市理论是有用的这一大背景下进一步去呈现这一理论是如何有用。用处也许很多,比笔者试图在本书中呈现得要多得多。因此,在有限的时间、精力和能力情况下尽可能呈现芒福德城市理论的用处之余,笔者更希望它能够抛砖引玉,能够让更多的学者去更加深入地探讨它的魅力。

第一章 芒福德城市观念的思想渊源

在探讨芒福德城市理论之前,探讨他的这种城市理论的思想渊源是十分必要的,这有助于我们从宏观上对芒福德城市理论有一个比较感性的认识。一个人思想的形成离不开他所生长的环境,所接触的人,以及他自身的心理、思维变化而形成的性格,芒福德也不例外,他的城市理论的形成与上述因素也有莫大的关系。不过这些因素到底在多大程度上影响到了他的城市理论的构建则是一个很难量化的问题,将他的人生历程中的任何一个环节与他的城市理论相关联都是有风险的,因为这其中必然融入了旁观者的思考和判断。

由于没有十分理性的依据,探讨芒福德的城市理论到底和他的人生历程中的哪些环节有关可能是件仁者见仁、智者见智的事情,可能看似密不可分的联系只是包括芒福德自己在内的评判者一厢情愿的回忆或思考。因此,本书探讨芒福德城市理论的思想渊源并不打算做一个定论,只是根据现有的信息做一个梳理,以便在进一步探讨芒福德城市理论之前尽可能多地提供一些背景信息,这对我们深入理解芒福德城市理论或有助益。

作为一位现当代学者,芒福德离我们并不遥远,他一生所经历的20世纪很容易让我们产生共鸣,并可能会让当代的许多学者有一些切身体会。追寻他的人生轨迹并不困难,他在晚年写的一部《自传》(*Sketches from Life：The Autobiography of Lewis Mumford*)详述了他的人生经历。① 作为一名作家,他在这部自传中饱含深情地评论了他一生中所经历的人和事,这不禁让人怀疑他在晚年所写此书的客观性和真实性。如果出于这种考虑,唐纳德·米勒所著的芒福德传记似乎更有学术价值。

从材料来源来看,米勒的资料来源相当全面和充实。首先,写好一部人物传记最好的方式莫过于传记本人及其亲属的支持,米勒获得了这一便利。当时的芒福德正好也打算写一部自传。米勒的想法与他不谋而合,他的写作因而得到了芒福德的鼎力支持。如果我们阅读过这本传记,我们会很容易发现其中许多内容都是以芒福德的自传为蓝本的。只是相对于芒福德自己写的自传,米勒的传记不那么自我,这其中还有许多来自芒福德的妻子索菲亚(Sophia)、女儿爱丽森·芒福德·莫斯(Alison Mumford Morss)的贡献,她们的叙述以及提供的资料使芒福德的形象看上去更加立体与真实。

其次,无论是为了印证时代的记忆还是为了从芒福德所写的文字中更好地理解芒福德,米勒在写这部传记时所收集的资料都是相当全面的。宾夕法尼亚大学冯·培尔特图书馆芒福德文献资料特藏室为米勒集中提供了芒福德几乎所有已出版的文献著作。而其他一些机构则提供了几乎所有未出版的手稿,这些机构包括:美国艺术与文学研究院、密歇根大学本特利历史图书馆(Bentley Historical Library)、哥伦比亚大学巴特勒图书馆、耶鲁大学图书馆、斯坦福大学图书馆、哈佛大学霍顿图书馆(Houghton Library)、美国国会图书馆、康奈尔大学图书馆、纽贝里图书馆(Newberry Library)、阿肯色图书馆(Arkansas Library)、俄勒冈大学图书馆(University of Oregon Library)、苏格兰爱丁堡国家大学档案馆、苏格兰斯特拉斯克莱德大学档案馆(University Archives,University of Strathclyde)、

---

① Lewis Mumford, *Sketches from Life*: *The Autobiography of Lewis Mumford*, Boston: Beacon Press, 1983.

明尼苏达历史学会、达特茅斯学院图书馆美国艺术档案馆、纽约公共图书馆、凯斯西储大学福利伯格图书馆（Frieberger Library，Case Western Reserve University）、锡拉丘兹大学乔治·阿尔茨研究图书馆（George Arents Research Library，Syracuse University）、布朗大学图书馆、英国赫特福德郡中部区域图书馆（Mid-Hertfordshire Division Library）、牛津大学基督教学院档案馆。

更值得一提的是，米勒还在国家研究基金的资助下重走了芒福德的城市之旅。他的足迹遍及芒福德曾经到过的所有城市与乡村，亲身感受了这些地方对一个人带来的影响，并从中思考着这些地方可能对芒福德的思想形成有着什么样的影响。米勒不是城市学者，他或许感受不到城市与乡村对于一位研究城市的人来说意味着什么，但基于同样场景或基础的心灵沟通无疑会让他与芒福德的距离更近一步。

要研究一位现当代学者，并写一本关于他的传记，所有的这些准备已经十分完备了。这种精心准备加上米勒12年的心血使这一著作显得那么杰出。因为这样一本优秀的传记著作，芒福德的人生历程变得十分清晰，追溯他在城市研究领域的思想渊源也才变得可能。

如前文所述，鉴于芒福德在学界的知名度，后来还有其他学者也陆续写了几本芒福德传记，但这些著作无论从上述的哪个方面来看都无法与米勒的著作相媲美。不过，这些著作也有一定的学术价值，至少可以对芒福德的自传和米勒所写的芒福德传中的所述内容提供相应的佐证，以增加往事回忆的可信度。

第一节　纽约城市记忆的影响

如果芒福德后来并没有成为研究城市的大家，他儿时在纽约的成长经历或许并不会引起人们太大的兴趣。而当芒福德提出了许多关于城市的创见，成为城市学家的时候，学者们总是喜欢将他在城市方面的成就与他从小生长的纽约城联系起来。这其中有些联系，芒福德自己是十分认可的，而有些联系则可能只是其他学者分析的结论，即便芒福德本人不承认，其他学者也会认为这种影响是一个潜移默化的过程。无论如何，有一点可以肯定，即芒福德关于纽约的记忆与他后来形成的城市观念在方向上是一致的，探索他与纽约的联系不失为洞悉芒福德城市理论渊源的一个视角。

纽约对芒福德的影响无疑是深刻的，他在自传的第一句话便是"我是这座城市孩子……我是曼哈顿之子……"。① 在芒福德四岁的时候，他就陪伴他的祖父沿着中央公园的滨河大道一带闲逛。周末天气好时，祖父也会带他去曼哈顿观光。这两地构成了芒福德童年时代的边界，是他对纽约城市的最初印象，也是对城市最美的印象。曼哈顿、中央公园、第五大道属于纽约的中心城区，在 19 世纪末已是世界上最繁华的城区之一。但在当时，中心城市区的繁华不是以高楼林立、车水马龙来界定的。那时的城市还没有无序扩张，居住人口不多，房屋不那么密集，交通也不那么拥挤，这种惬意的人居环境肯定对童年时代的芒福德留下了深刻的印象。

另一个对童年时代的芒福德产生了深刻印象的是纽约城丰富多彩的文化生活。沃德维尔（Vaudeville）展销里的杂耍表演、百老汇的歌剧演出、第五大道的盛装游行，以及露天音乐节，这些活动在芒福德当时生活的圈子里十分盛行，他自己也十分陶醉于这些各种各样的节目。米勒认为正是因为这种艺术环境的熏陶，芒福德后来才终身热衷戏剧，喜欢热闹，乃至于认为城市是一座大剧场，时刻上演着社会生活的大戏剧。②

---

① Lewis Mumford, *Sketches from Life : The Autobiography of Lewis Mumford*, Boston: Beacon Press, 1983, p. 3.
② D. L. Miller, *Lewis Mumford : A Life*, New York: Weidenfeld & Nicholson, 1989, p. 27.

在七岁之前,芒福德可能经历了纽约城市最美丽的时光。之后的纽约城开始朝着芒福德后来最为诟病的方向发展。1902年,第五大道与百老汇交叉口由丹尼尔·伯哈姆(Daniel Burnham)设计的熨斗大厦(Flatiron Building)竣工。这是当时世界上第一座,也是唯一一座摩天大楼,它的竣工具有标志性意义,宣告着这座城市高层建筑时代的到来。在接下来的几十年间,纽约开始大拆大建,基本抹灭了芒福德童年美好的城市记忆。也正如米勒所形容的,纽约很快变成了高楼林立的大都市,而芒福德心中的纽约则永远定格在了过去那种宽敞开阔的城市意境之中。[①]

与此同时,随着年龄的增长,芒福德开始走出纽约核心城区的有限圈子,这让他看到了这座城市的另一面。青年时代的芒福德在司岱文森(Stuyvesant)上完高中后进入纽约城市学院夜校就读,并于1914年在该学院转入全日制学习。在这所学校,他接受了他学术之路上的第一次正统教育。虽然在这里的学习让他收获不少,但他还是很快厌倦了这种定式教育。他毅然放弃学业,开始以自己的方式继续学习,即将纽约城当成一所大学进行调查、研究,这使他真正意义上接触到了纽约城的全貌,开始通过纽约城真正地认知城市。

与之前相比,芒福德通过纽约城对城市的进一步理解在于他突破了原来有限的空间,并开始认识到了城市的另一面。当时纽约的犹太人聚居区臭气熏天、杂乱无章、拥挤不堪,这与芒福德的童年记忆有很大反差。城市里完全不同的两种场景对芒福德产生了不小的影响。如何让城市在不断扩张中消除不利因素,让城市按照人的意志健康、有序发展是芒福德后来一直关注和研究的核心议题。

纽约城是他研究城市的第一个研究对象,此次的城市探索过程对芒福德的城市研究产生了不小的影响,甚至可以说几乎确立了他

---

① D. L. Miller, *Lewis Mumford: A Life*, New York: Weidenfeld & Nicholson, 1989, p. 36.

研究城市的范式。他像小时候漫游曼哈顿那样游历全城，到 20 岁时，他已徒步走遍这座城市的街街巷巷，并记录了所见所闻，包括社区生活、桥梁构造，乃至整座城市的街道规划布局。[①] 这种徒步考察的方式确立了芒福德城市研究的基础，他在考察纽约期间记录的许多内容最终都转化为了他为这座城市量身定制的城市更新方案。

对于小时候经常被祖父带着参观游览过的地方，芒福德的考察可谓是故地重游。对于从小生长在那里的芒福德来说，昔日的平房变成参天的高楼大厦会使他产生关于城市变迁的不同感受。透过这些繁华的城市地标，芒福德以艺术家般的敏锐看到了城市建设背后的隐患。当时的"郊区建设运动"（Suburban Movement）方兴未艾，城市周边的林地、沼泽很快被开发为道路和住房。随之而来的便是人口激增，城市居住环境不断恶化。在芒福德看来，城市的扩张与开发商逐利的疯狂已让纽约城陷入病态。

基于改善纽约城市居住状况的考虑，芒福德在结束了一段调研活动之后开始为城市病找寻对策。这里需特别一提的是他在 1916 年应邀为一个服装公司联合仲裁委员会写的名为《制衣业的地理分布》（*The Geographic Distribution of the Garment Industry*）的报告。作为一份建议性报告，这份文献的学术价值有限。仅仅 6000 字的概括性论述并没有解释清楚他对于服装产业布局的整体看法，这只是他基于自己对纽约城市与服装行业现状的考察和理解产生的初步想法。不过这份报告使他对区域概念产生了浓厚兴趣。米勒认为这一报告是反映芒福德区域城市思想最早的证据。[②] 后来他在这份建议性报告的基础上完成了他的第一份城市规划报告《曼哈顿区域政策概论》（*An Outline of a Regional Policy for Manhattan*）。与此

---

① D. L. Miller, *Lewis Mumford: A Life*, New York: Weidenfeld & Nicholson, 1989, p. 3.

② D. L. Miller, *Lewis Mumford: A Life*, New York: Weidenfeld & Nicholson, 1989, p. 81.

同时,他开始对区域规划概念表现出浓厚兴趣,并主动补习地理学、地质学方面的知识,最终在这一研究方向上渐行渐远。

从考察、研究到形成报告,芒福德以纽约为研究对象完成了自己在城市研究方面的学术训练。他在报告中隐约显现的城市观念也是他作为土生土长的纽约人对正在发生城市变迁的纽约城的切身体会与反思。米勒说,芒福德一生关于城市研究的著作都是基于他对本乡本土的纽约城的徒步考察,[①]足见纽约城对芒福德在城市研究方面的影响。可以说,芒福德进行城市研究的起点在纽约,之后他的许多著名的城市观念很可能就是在这座他成长与研究的纽约城里萌芽的。有鉴于此,当我们从芒福德城市理论相关著作中重新品味他对理想城市的构想和城市病的剖析时,我们或许可以从中感受到 19 世纪末 20 世纪初时纽约的影子。

第二节　格迪斯城市理论的熏陶

芒福德在成长为一名学者的道路上承蒙多人教导,例如纽约城市学院夜校给他上过课的厄尔·芬东·帕尔默(Earle Fenton Palmer)、塞尔文·夏皮罗(Salwyn Shapiro),以及约翰·皮克特·特纳(John Pickett Turner)。在芒福德看来,这三位教授的教导奠定了他的学术基础,让他受益终身。芒福德喜欢看书,并在书中汲取营养。作家塞缪尔·巴特勒(Samuel Bulter)、诗人沃尔特·惠特曼(Walt Whitman,1819—1892)的作品都对青年时期的芒福德产生了不小的影响。不过相比帕特里克·格迪斯(Patrick Geddes,1854—1932,以下简称格迪斯),这些人或书籍对芒福德的影响就微不足

---

① D. L. Miller, *Lewis Mumford：A Life*, New York：Weidenfeld & Nicholson, 1989, p. 76.

道了。

格迪斯早先是一位生物学家，后因为眼疾，视力严重下降，无法看显微镜，因而不得不转行，从事了社会学研究。不过，他从未舍弃对生物学的爱好，田园观察成为了他研究社会的一种方式，生态思维成为了他进行城市研究的一大特色。他写了大量关于城市的报告，这些报告都是基于实地考察完成的。在进行城市规划时，格迪斯总是要对该城市先进行一周的实地考察，然后再进行规划。格迪斯从生物学的角度出发，认为生命与其生存的环境有着密不可分的联系；相应地，城市也是一个有机的生物体，与其周边的环境联系密切。从格迪斯的这些城市观念看来，我们很容易找到芒福德的生物思维、生态观念和区域规划等城市观念的影子。

实际上，格迪斯是芒福德从事城市研究的引路人，没有格迪斯，芒福德或许不会去研究城市。青年时代的芒福德其实最想当的是一名作家，在其打算辍学之时，他已受当时文坛许多文学巨匠的作品的熏陶，而且也有几篇小文发表。在他自己看来，他首先是一名作家，之后才是一名学生。[1] 事实上，成为一名作家可算是芒福德一直以来的梦想，他丰富的感情、炙热的文笔也的确显示出他有着良好的文学素养和情操，是一个当作家的好材料。当时的他几乎从未想过要去当一名城市学家，直到在纽约城市学院生物系图书馆里看到格迪斯的著作。

青年时代的芒福德博览群书，对许多文人、学者着迷，唯独格迪斯给了他最大的触动，使他对城市产生了极大兴趣，并立志当一位城市学家。至于个中缘由，芒福德没有细谈，米勒则将之归结为两人在童年时期都喜欢四处闲逛、观察世界的历程。[2] 这种说法过于牵强，但也实在

---

[1] D. L. Miller, *Lewis Mumford: A Life*, New York: Weidenfeld & Nicholson, 1989, p. 58.

[2] D. L. Miller, *Lewis Mumford: A Life*, New York: Weidenfeld & Nicholson, 1989, p. 52.

没有比之更靠谱的理由。也许芒福德童年的纽约记忆使他对城市有着莫大的好感，只是格迪斯无意间帮助芒福德打开了心中通往城市研究的那扇门。总之，自从接触到了格迪斯的著作，芒福德便醉心其中，并立志要像格迪斯那样投身城市研究、改造和建设事业上来，以便"为那些实实在在规划城市、建设城市的专业人士们扩大眼界"。①

为研究城市，芒福德重回学校，选修在他看来有利于城市研究的课程，并开始大量阅读、悉心研究格迪斯关于城市研究的著作。出于对格迪斯的崇拜和敬仰，芒福德直接给格迪斯写信，并很快取得了与格迪斯的联系。凭借这种联系，他获得了大量关于格迪斯城市理论的最新文章。可以说，格迪斯的文章和著作是芒福德初入城市学研究时阅读的主要读物。在这种背景下，芒福德早期的城市理论与格迪斯的城市研究成果的渊源就不难理解了。

对于一个初涉城市研究的人来说，模仿前人的研究模式是最便捷的入门方式。在这一点上，芒福德明显全盘照搬了格迪斯的工作模式。实地考察、直接体验、社会调查是格迪斯进行城市研究的基本要求，而以芒福德当时的心性来说，这无疑也是他最乐于模仿的方式。这种方式后来伴随了芒福德城市研究的整个学术生涯，成为了芒福德自己一再强调的研究准绳。为研究爱丁堡，格迪斯在爱丁堡专门建了一个可以俯瞰爱丁堡全城的瞭望塔，芒福德则从中获得灵感，把纽约渡轮平坦开阔的顶层当作自己遍览纽约全城的瞭望塔。

芒福德早期城市研究成果的写作方式也是完全模仿格迪斯的论著。他的第一本城市规划报告《曼哈顿区域政策概论》即是以格迪斯的《城市发展》(*City Development*，1904)②为范本的。后来，芒福德在经过实地考察之后打算与一家出版社合作完成一部名为"四城（纽约、波士顿、匹兹堡、费城）纪实"的丛书，其研究目录也是完全照搬格

---

① D. L. Miller, *Lewis Mumford：A Life*，New York：Weidenfeld & Nicholson，1989，p. 89.
② Patrick Geddes, *City Development*，Edinburgh：Geddes and Company，1904.

迪斯的研究分类。[1]

　　相比研究模式与写作方式上的模仿更为重要的是,芒福德城市理论的核心、精华也主要源自格迪斯。格迪斯因其独特的生物学专业背景喜欢从生物学的视角去研究城市,他把城市看成一个有机的生命体,这种说法在当时可以说是独一无二的。芒福德似乎完全接受了这种看法,并在此基础上有所发挥。因为格迪斯的引导,他习惯以生物学的有机机体概念来研究城市与社会。例如,他在后来的《城市发展史——起源、演变和前景》一书中探讨城市起源时就直接用到了有机体、城市胚胎的概念。[2] 此外,以生物学的视角为切入点,格迪斯强调城市作为一个有机生命体与其生存环境的相互依存关系,进而提出城市与区域的相协相生关系。这可以说是对"格迪斯城市区域观念"的最直观理解。这种观念也是芒福德推崇备至的,他反对城市扩张,主张改善环境,达到城乡环境的生态平衡,这些无非是对格迪斯观念的继承与升华。

　　在其他方面,芒福德城市观念的形成或因为自身的人生历程,或受另外一些人或事的影响,但肯定与格迪斯有密切的联系。否则,我们很难解释为什么芒福德在城市研究方面的许多观念与格迪斯保持着惊人的一致。格迪斯曾自导戏剧,以此为媒介来表达他对于城市的理解,而芒福德认为城市是一个很大的戏剧舞台,所有城市里的人都在这个舞台上演着不同的戏剧。格迪斯喜欢探索一座城市的历史气息,找寻其历史渊源,芒福德也认为探讨一座城市的未来必先研究它的过去,并出于这一目的完成了《城市发展史——起源、演变和前景》一书。格迪斯主张区域社区综合规划,保存地方文献、语言、生活方式,芒福德也在保护地方文物古迹方面不遗余力。格迪斯提出过

---

① D. L. Miller, *Lewis Mumford : A Life*, New York: Weidenfeld & Nicholson, 1989, p. 84.

② Lewis Mumford, *The City in History : Its Origins , Its Transformations , and Its Prospects*, New York: Harcourt, Brace and Company, 1961, pp. 9,19.

"死亡之城"的概念,而芒福德提出城市发展六阶段,指出城市的最终阶段就是走向死亡。细究下去,格迪斯与芒福德在城市理论或观念方面相似之处太多太多。

芒福德是格迪斯的学生,格迪斯是芒福德崇拜的对象。回顾芒福德与格迪斯的交往历程,两人的关系异常亲密。自与格迪斯建立通信联系起,芒福德与格迪斯两人维持了长达 15 年的通信关系,直到格迪斯去世。芒福德生活困苦时也多蒙格迪斯救济。格迪斯多次希望芒福德给他当助手,芒福德也乐于为格迪斯工作,只是碍于世俗之事未能如愿。格迪斯曾到纽约与芒福德会面,两人性格差异很大,相处不太愉快,但即便如此,芒福德仍然将格迪斯视为最伟大的学者之一。此外,芒福德放弃一本城市研究著作的出版社邀约,以筹划写一部格迪斯的传记。他甚至将自己的儿子取名为格迪斯。如此种种都说明这位大家在芒福德心中的分量之重,这也从一个侧面反映出格迪斯对芒福德的影响之深。

第三节　人生阅历培养的情怀

虽然芒福德在城市研究方面受格迪斯的影响很深,但他在对格迪斯城市理论的继承与发展过程中也形成了自己的特色。相比格迪斯的城市规划理念,芒福德在城市研究中融入了更多的人文关怀,突出表现为他在城市规划中的城乡观念与生态意识。

芒福德早年刚刚踏入城市研究领域时,恰逢埃比尼泽·霍华德(Ebenezer Howard,1850—1928,以下简称霍华德)的《明日的田园城市》①出版,田园城市规划风行一时。他曾参与创办的美国区域规

---

① 最新版见 Ebenezer Howard, *To-morrow*: *A Peaceful Path to Real Reform*,London and New York: Routledge,2003。

划协会（Regional Planning Association of America，RPAA）成立之初就旨在在美国建造田园城市。芒福德十分赞赏霍华德的田园城市理念，认为它与格迪斯的区域城市有异曲同工之妙，而他最赞赏的莫过于霍华德所倡导的城乡联姻，这无异于格迪斯所倡人与自然和谐共处、城市与周边环境相协相生的具体化。

芒福德一生对乡村有着特殊的情怀。他虽然生长在纽约，但童年也有在乡村居住的经历。青年时代的芒福德也常常去郊区野游。相比城市，他对乡村有着特别的好感，以至于他在晚年的自传中开篇不写城市，而写乡村。在他看来，乡村视野开阔、空气清新、宁静恬淡，适宜人居住生活，他本人对这种生存环境推崇备至。以此为标准，芒福德反观城市生活，痛斥城市无序扩张带来的城居环境的恶化。在这种背景下，芒福德把霍华德的田园城市理念看成解决城居环境问题的出路，认为这一理念使"原先看来如此高不可攀的乌托邦理想，如今降落在地上了"。[①]

如果从这一切入点深入，我们会发现芒福德在城市规划建设中的人文标准。芒福德在探讨城市规划时首先考虑的是人居问题，他与霍华德一样希望城市能够像乡村一样宜居。对他来说，城乡结合的意境就是城市既保存城市的便捷、丰富、活力，又兼具乡村的作息有序、邻里稳定、来往和睦。这其中带有强烈的理想主义色彩，至少在当时是无法实现的。同霍华德失败的田园城市规划一样，芒福德所提的城市发展建议往往被忽略。他不会去考虑政府扩张城市、发展经济的初衷，也不会去考虑开发商逐利的本能需求，他只考虑对于普通城市居民来说怎样规划才能让他们生活得最舒适。

芒福德在城市研究中表现出的人文关怀可能与他的作家素养和公知情怀有关。如果去掉芒福德的城市学家、社会学家、建筑评论

---

① D. L. Miller, *Lewis Mumford: A Life*, New York: Weidenfeld & Nicholson, 1989, p. 86.

家、历史学家、技术哲学家等一系列学术头衔,只关注他作为作家和公共知识分子的身份,我们很容易从中找到他的人文特质。

当一名作家是芒福德从小的志愿,而且他本人也确有当一名作家的天赋。15 岁时,芒福德就给《现代电学》(*Modern Electrics*)投稿,并得到刊发。① 还在上纽约城市学院夜校时,芒福德凭借在几本杂志上刊发的几篇小文就自诩为一名作家。此后相当长的一段时间,芒福德都靠给杂志投稿,以稿费为生,他一生论著等身与这种生活背景也有很大关联。

青年时代的芒福德博览群书,最爱读惠特曼的诗歌、萧伯纳的剧作,还读过狄更斯、库珀的小说,这些在当时盛行的文学作品对于他的价值观的塑造有很大影响。无论是诗歌、剧作,还是小说,其中都充满了人文气息,强调了对人的关怀。以其中的戏剧为例,芒福德喜欢读古希腊悲喜剧,更是将萧伯纳的《人与超人》(*Man and Super Man*)看成他的最爱,而这些文学作品无疑都是充满人文色彩的艺术创造。

芒福德后来写了许多书,其写作风格明显受到了他所熟识的文学大家的影响,对于萧伯纳,他更是刻意模仿。他的许多著作,无论是散文随笔,还是学术专论都有着优雅的文笔,也充满情感,更富于想象。他的论著也多围绕人展开,其中《人类的境况》(*The Condition of Man*,1944)②最能体现这位大家对人类命运的关怀。

在读书之余,芒福德特别关心时政。在 20 世纪初,各种政治思潮此起彼伏。芒福德在高中时就听老师们批判资本主义,在读纽约城市学院夜校时也常听老师们谈论政治、主义。在这种背景下,芒福德很早就对政治有自己的想法,他一开始信仰社会主义,后来又变成

---

① D. L. Miller, *Lewis Mumford*:*A Life*, New York:Weidenfeld & Nicholson, 1989, p. 34.

② Lewis Mumford, *The Condition of Man*, New York:Harcourt, Brace and Company, 1944.

社会改良派，主张平稳过渡到民主社会主义。不排除芒福德的这种思想转变受欧洲民主社会主义的影响，但对他个人而言，避免暴力，关爱人的生命是其主要初衷。他后来在政治立场上的摇摆不定显示出他对政治主义的理解并不深刻，左右其政治立场的始终是有无"人文关怀"。这一标准也贯穿了他参与公众事务的始终。

二战爆发前，他希望美国对希特勒开战，这不是基于美国利益的考虑，而是认为希特勒灭绝人性的行为是对人类命运的挑战。二战末期，当美国对广岛、长崎投下原子弹，他又痛斥美国政府，认为这是人类的自我毁灭。他在公共事务的参与中并不站在任何派别、阶级、国家的一边，而是站在人性的立场上。

实际上，同芒福德在其他领域的研究一样，芒福德也把城市理论方面的研究当作关怀人性的一种媒介、工具或手段。早在1938年芒福德的《城市文化》一书出版时，他在前言里就指出，"《城市文化》与《技术与文明》两书作为姊妹篇，其内在联系就是要为下列问题寻找答案：一旦善良的人类不得不学会制服野蛮的机制和如今已经威胁人类文明的机械化的野蛮做法时，所谓的现代世界能给我们人类提供些什么？"[①]有鉴于此，我们便不难理解他在城市理论研究中所持观点的初衷。

---

① Lewis Mumford, *The Culture of Cities*, New York: Harcourt, Brace and Company, 1938, preface. 引文译文参照芒福德：《城市文化》，宋俊岭、李翔宁、周鸣浩译，中国建筑工业出版社2009年版，前言。

第二章

城市起源理论新探

城市起源是城市科学的基础性问题,也是历史学、考古学、人类学、社会学等学科探讨的重要问题。[①] 国内外许多学者都对这一问题有过专门研究。但由于研究者的学科背景和侧重角度不同、问题本身的模糊性和复杂性、证据的匮乏和不确定性等诸多因素,学界至今未有共识。西方学者提出过许多假说,莫衷一是,国内学者自成一家之言,但也有争议。总体来说,诸家学说各有利弊,皆无法成为学界公认的定论,不过这些学说为后来的学者进一步探索城市起源问题提供了重要参考,一些西方学者的研究成果也能为国内城市起源问题的深化研究提供有益借鉴。

芒福德也研究过城市起源问题,并对这一问题有十分系统、独到的阐释,因此分析和评价芒福德城市起源理论可以拓展我们对城市起源问题的认识,有助于我们更深入、全面地理解城市的起源。此外,芒福德将城市起源理论视为其整个城市理论体系的基础组成部分,换句话说,芒福德认为要研究城市的演变和前景就必须从研究城市的起源开始。[②] 所以分析和评价芒福德城市起源理论对于我们更好地理解和研究芒福德整个城市理论体系也大有裨益。

[①] 其他学科对城市起源问题也有或多或少的研究,如陈少明从美术学的视角对城市起源问题的探讨,见陈少明:《从城市起源看其色彩性格的形成》,《美术研究》2012 年第 2 期。

[②] Lewis Mumford, *The City in History*:*Its Origins*,*Its Transformations*,*and Its Prospects*, New York:Harcourt, Brace and Company, 1961, pp. 3 – 5.

第一节　芒福德城市起源理论概论

芒福德关于城市起源的阐释集中体现在他的著作《城市发展史——起源、演变和前景》的前两章中，在这两章篇幅不长的叙述中，芒福德运用他广博的知识系统地追溯了城市形成的过程，生动地勾勒出了一幅从游猎到定居、从村庄到城市的演变路线图。

在芒福德看来，城市的产生最初源于人类定居的倾向，而这种倾向有其动物性渊源，海狸搭窝、蜜蜂筑巢、白蚁建冢都是动物定居的例证。[1] 人类定居也有现实的需求，对自然的畏惧使他们需要在固定的地点设立祭坛进行原始崇拜，对逝者的敬重也需要他们在固定的地点堆起坟冢以便日后拜谒。显然，定居可使他们从事这些活动更为方便。不过在当时采集和狩猎的生产条件下，食物紧缺，原始人类需要不停地游走才能生存。[2] 只有这一个关乎生存的制约因素得到解决，人类才会定居下来。[3] 按照芒福德的说法，大约距今 1.5 万年

---

① Lewis Mumford, *The City in History: Its Origins, Its Transformations, and Its Prospects*, New York: Harcourt, Brace and Company, 1961, p. 6.

② 在芒福德看来，采集和狩猎的生产方式不易形成永久性的居住，见 Lewis Mumford, *The City in History: Its Origins, Its Transformations, and Its Prospects*, New York: Harcourt, Brace and Company, 1961, p. 7. 此外，芒福德还提到人类以移动换取安全，否则会遭致危险，而刘易斯·亨利·摩尔根(L. H. Morgan, 1818—1881)则认为原始人通过栖息在树上来躲避猛兽，不过这只是说明人类最初在自然界生存的境况，人类在冰河时代甚至更早就已经学会了集体防御乃至捕杀野兽，野兽袭扰不会影响原始人定居，见 Lewis Mumford, *The City in History: Its Origins, Its Transformations, and Its Prospects*, New York: Harcourt, Brace and Company, 1961, p. 5;摩尔根:《古代社会》(上)，杨东莼、马雍、马巨译，商务印书馆 2009 年版，第 22 页。

③ 所以在芒福德看来，死人最先定居下来，得到了永久性的居所——坟墓，见 Lewis Mumford, *The City in History: Its Origins, Its Transformations, and Its Prospects*, New York: Harcourt, Brace and Company, 1961, p. 7.

前,人类获得了较为充足、稳定的食物供应,①继而得以在同一地区持久居住下去,得以观察动植物生长周期,深入了解自然,并系统地模仿这些自然过程,从而开启了人类驯养动物、种植植物的新时代。

人类定居下来以后,村庄便在人们生活中发挥着重要作用。它首先会像海狸窝、蜂巢、蚁冢那样成为养育幼儿的场所,之后随着人类学会驯养动物、种植植物而成为动物的饲养场所和剩余食物的储存场所,②而这些都是后来的城市所具备的功能。由于女性在原始村庄生活中养育幼儿的主导作用和在驯养家畜、种植植物中的天分,人类也进入了以女性为中心的母系氏族社会。相应地,原始村庄的各种构造形式都反映了女性庇护、养育的功能,各种新技术也反映了女性的创造,而这些也对后来城市的形成产生了影响。③ 芒福德还特别强调了村庄对城市形成的贡献。在他看来,新石器时代村庄已具有小型城市的许多特征;城市的胚胎构造早已存在村庄之中;组织化的道德、政府、法律、正义也都源于村庄;城市的许多成分已潜伏于村庄之中,有些甚至明显可辨。④ 不过他同时也指出,村庄不等同于城市的初级形式,它就像一个未受精的卵,而不是已开始发育的胚胎,它还有待于雄性亲本向它补给一套染色体方能进一步分化,发育成更

---

① Lewis Mumford, *The City in History: Its Origins, Its Transformations, and Its Prospects*, New York: Harcourt, Brace and Company, 1961, pp. 10 - 11. 至于当时的人类如何获得充足的食料供应,芒福德没有细说,不过根据芒福德提供的考古例证结合摩尔根对原始人类食物来源的分类,当时的人类在采猎之余以鱼类食物作为补充,甚至是主要食物来源,见摩尔根:《古代社会》(上),杨东莼、马雍、马巨译,商务印书馆2009年版,第23页。

② 这也是芒福德一直所强调的村庄以及后来城市的容器作用,用他的话说,城市就是一个容纳各种容器的巨型容器,见 Lewis Mumford, *The City in History: Its Origins, Its Transformations, and Its Prospects*, New York: Harcourt, Brace and Company, 1961, p. 16.

③ Lewis Mumford, *The City in History: Its Origins, Its Transformations, and Its Prospects*, New York: Harcourt, Brace and Company, 1961, pp. 12 - 13,15.

④ Lewis Mumford, *The City in History: Its Origins, Its Transformations, and Its Prospects*, New York: Harcourt, Brace and Company, 1961, pp. 19 - 20.

高更繁复的文化形式。①

　　这里芒福德所提的"雄性亲本"实质上是指男性主导地位的确立。它突出地表现为猎民职能的变化。他们不再像旧石器时代那样以狩猎为生,而是用他们的狩猎经验和胆量保护村庄免受野兽袭扰,以换取村庄生产的剩余产品。② 而村庄在他们的保护下也更容易繁荣起来。不过狩猎提高了猎民们求生存、争权力的驱动力,他们捕杀野兽的技能很容易转变成统治其他村民的手段,继而确立少数人管理大多数人的统治关系。相应的,男性的力量表现了出来,表现为侵略、杀戮、不惧死亡,以及暴力统治其他人群,而女性养育、驯养的能力则退居次要地位。

　　在芒福德看来,狩猎代表着较古老的旧石器文化,农业代表着新石器文化,这两种文化相互影响,旧石器文化中那些业已被淘汰的因素后来成为了新文化中的支配因素,③而作为两种文化互相结合的一种结果,一种范围极广的杂交和融合使城市的建立获得了极大的潜能。④ 由此,芒福德得出了这样的结论:城市主要是新石器文化同更古老的旧石器文化相结合的产物。⑤ 不过这一结论并不是芒福德对

---

① Lewis Mumford, *The City in History*：*Its Origins*，*Its Transformations*，*and Its Prospects*，New York：Harcourt, Brace and Company, 1961, p. 20.

② 芒福德直接将猎民通过这种方式换取的剩余产品称为"保护费"（"protection money"）,见 Lewis Mumford, *The City in History*：*Its Origins*，*Its Transformations*，*and Its Prospects*，New York：Harcourt, Brace and Company, 1961, p. 23. 此外,芒福德还指出农业革命和技术革新促进了剩余产品的生产,见 Lewis Mumford, *The City in History*：*Its Origins*，*Its Transformations*，*and Its Prospects*，New York：Harcourt, Brace and Company, 1961, p. 21. 显然,没有足够的剩余产品供养足够强大的猎民群体,男性主导地位也不可能确立,从这一层面上说,芒福德的观点与柴尔德的剩余产品说是一致的。

③ Lewis Mumford, *The City in History*：*Its Origins*，*Its Transformations*，*and Its Prospects*，New York：Harcourt, Brace and Company, 1961, p. 25.

④ Lewis Mumford, *The City in History*：*Its Origins*，*Its Transformations*，*and Its Prospects*，New York：Harcourt, Brace and Company, 1961, p. 27.

⑤ Lewis Mumford, *The City in History*：*Its Origins*，*Its Transformations*，*and Its Prospects*，New York：Harcourt, Brace and Company, 1961, p. 26.

城市起源的完整解释，他所说的这个产物只能算是城市的胚胎，它还有待发育成为真正意义上的城市。

城市胚胎发育成为完全成熟的城市需要一个漫长而复杂的过程，对此，芒福德有自己的理解和构想。在他看来，这种发展以孕育城市的新旧文化相结合的村庄为基础，其发展方向并不在于人口和地域的扩张，而在于脱离饮食和养育的轨道，追求比生存更高的目的。[①] 这里，我们可以通过几个关键词勾绘芒福德所构想的村庄在追求更高目的过程中发展为成熟城市的路径。

1. 首领与国王。城市的成形首先是一个由简单到复杂的过程。它首先表现为村庄融入外来新因素成为更复杂的城市原始机体，[②]其次表现为居民构成随着社会分工细化而变得复杂，[③]紧随其后而来的便是农业和社会体制的深度变革及其触发的危机，这就要求社会在统一指挥下进行统筹管控，而没有什么会比猎民首领坚毅、果敢的个人领导更能处理这样复杂的局面。[④] 只有这样，人力才能得到有效动员，资源才能得到集中配置，城市的原始机体才能朝各个方向蓬勃发展。芒福德称这一过程为城市的聚合，而在城市聚合过程中，由猎民首领转变而来的国王则占据着中心位置，他能够将一切可支配的力量吸引到城市原始机体中去，置于他的控制之下，与此同时，他的僚属与臣民的权力则相应减少，沦落到一种不能

---

① Lewis Mumford, *The City in History*: *Its Origins*, *Its Transformations*, *and Its Prospects*, New York: Harcourt, Brace and Company, 1961, p. 29.

② Lewis Mumford, *The City in History*: *Its Origins*, *Its Transformations*, *and Its Prospects*, New York: Harcourt, Brace and Company, 1961, p. 29.

③ Lewis Mumford, *The City in History*: *Its Origins*, *Its Transformations*, *and Its Prospects*, New York: Harcourt, Brace and Company, 1961, p. 29.

④ 在芒福德看来，在大规模社区复杂多变的局面中，更有用的是个人的进取精神，而不是村社生活中的那种集体应对，见 Lewis Mumford, *The City in History*: *Its Origins*, *Its Transformations*, *and Its Prospects*, New York: Harcourt, Brace and Company, 1961, p. 32.

有自己意志，不能期望脱离这位统治者而生活的生存状态。[1]

　　2. 王权与神祇。在新的城市原始机体中，国王的权威远非狩猎的勇武、超凡的力量和伟大的功业就可以维持，它主要还需凭借原始宗教的影响，只有人们对自然的敬畏、对神灵的臆想才能使受神灵庇护、甚至具有神性的国王的统治权得到普遍认可和无限放大。[2] 因此，王权从确立之初便与神祇密切地联系在了一起。[3] 在芒福德看来，这种世俗权力与宗教神权的结合对城市成形的作用是巨大的，它统一了意志和行动，激发了人类潜能，以至于之前单凭野蛮强制无法办到的事，或单凭魔法仪式无法实现的事现在可以由野蛮强制和魔法仪式相结合，靠彼此理解和共同行动在城市成形过程中逐一实现

----

[1] Lewis Mumford, *The City in History：Its Origins，Its Transformations，and Its Prospects*, New York：Harcourt, Brace and Company，1961，p. 35. 猎民首领向国王的转变涉及另一个复杂的问题——国家的起源，对于这一问题，恩格斯的《家庭、私有制和国家的起源》有深入的分析，可参阅恩格斯：《家庭、私有制和国家的起源》，中共中央马克思、恩格斯、列宁、斯大林著作编译局译，人民出版社1999年版。

[2] 芒福德特别看重原始宗教在这方面所起的作用，在他看来，若非借助原始宗教的力量，猎民首领甚至不可能成为国王，也不可能获得更大的权力、更高的权威、更广的统辖范围，见 Lewis Mumford, *The City in History：Its Origins，Its Transformations，and Its Prospects*, New York：Harcourt, Brace and Company，1961，p. 36。

[3] 关于王权与神祇原始的密切联系，芒福德列举了美索不达米亚地区乌鲁克城（Uruk）的例子，见 Lewis Mumford, *The City in History：Its Origins，Its Transformations，and Its Prospects*, New York：Harcourt, Brace and Company，1961，pp. 38 - 39. 古埃及王权与神祇的关系无疑也是这方面典型的例证，更深入的探索可参阅亨利·富兰克弗特（Henri Frankfort）对古代近东宗教的研究，见 Henri Frankfort, *Kingship and the Gods：A Study of Ancient Near Eastern Religion as the Integration of Society & Nature*, Chicago：University of Chicago Press，1978。中译本最新版本见富兰克弗特：《王权与神祇：作为自然与社会结合体的古代近东宗教研究》，上海三联书店2012年版，该书分上下两卷，上卷涉及古埃及，下卷涉及古美索不达米亚地区。中国古代王权与神祇也存在这样密切的关系，史料常有女子应天而孕，诞下帝王的记载，从而使帝王带有与生俱来的神性，如史料对夏禹出生情况的描述："父鲧妻修己，见流星贯昴，梦接意感，又吞神珠薏苡，胸坼而生禹"，见《史记》正义引《帝王世纪》。

了,而且规模之大前人无法想象。① 对此,华丽的宫殿、恢弘的神庙②无疑提供了最有力的证明。

3. 祭祀与战争。世俗权力与宗教神权结合的另一个结果是规模宏大、次数繁多的祭祀活动。③ 在原始的祭祀活动中,人们为祈求风调雨顺不惜以人作为牺牲祭品,④这就产生了对作为祭品的人的需求,在芒福德看来,这是人类最初发动战争的主要原因之一,而城市的集聚作用使以掠俘献祭为目的的小规模劫掠变成了大规模征伐。⑤国王无疑在这一过程中扮演了核心角色,彰显王权、掠夺财富、献祭俘虏都会使他热衷此道。⑥ 而一旦战争开始成为惯例,城市作为权力、宗教中心会成为战争的发起地,同时作为财富、人口的集聚地也

---

① Lewis Mumford,*The City in History*:*Its Origins*,*Its Transformations*,*and Its Prospects*,New York:Harcourt,Brace and Company,1961,pp. 36 - 37.

② 中国古代城市成形过程中出现的可能更多的是宗祠或祭坛。

③ 祭祀在当时对国王王权的维持至关重要。根据英国著名宗教史学家、人类学家弗雷泽 (J. G. Frazer, 1854—1941)的研究,由于国王所具有的神性及其与自然的关系,洪涝、旱灾、疫病、饥馑等灾害都需要国王主持祭祀仪式来消灾免祸,否则国王便有失职之嫌,有被推翻甚至被处死的风险,可参阅弗雷泽:《金枝》(上册),汪培基、徐育新、张泽石译,商务印书馆 2013 年版,第 285 页。

④ 人祭是世界古代文明早期普遍存在的现象,芒福德只列举了古巴比伦人、古阿兹特克人的例子,见 Lewis Mumford,*The City in History*:*Its Origins*,*Its Transformations*,*and Its Prospects*,New York:Harcourt,Brace and Company,1961,p. 41。而古玛雅人、古希腊人、古印度人、古中国人等等也都有人祭的传统或习俗,可参阅苏晓编著:《玛雅预言》,中央编译出版社 2009 年版,第 76—81 页;李申:《宗教论》(第二卷 事神论),中国社会科学院出版社 2008 年版,第 45—50 页;伊利亚德:《宗教思想论》,吴晓群、晏可佳译,上海社会科学院出版社 2004 年版,第 186—187 页;马季凡:《商代中期的人祭制度研究——以郑州小双桥商代遗址的人祭遗存为例》,《中原文物》2004 年第 3 期。

⑤ Lewis Mumford,*The City in History*:*Its Origins*,*Its Transformations*,*and Its Prospects*,New York:Harcourt,Brace and Company,1961,pp. 41 - 42.

⑥ 在芒福德看来,古代战争即便貌似出于实际的政治、经济需求,但实质都是一种宗教行为,而且是一种更大规模的、成批的仪式性牺牲,见 Lewis Mumford,*The City in History*:*Its Origins*,*Its Transformations*,*and Its Prospects*,New York:Harcourt,Brace and Company,1961,p. 42。

会成为劫掠的目的地,相应的,兵营、训练场、兵工厂、战俘营会因侵略需要被设置,城墙、①壁垒、壕堑、哨塔也会应防御需要被建立。所以,城市在最初成形过程中就被赋予了战争职能,恰如芒福德所说,"古代城市的起源结构中,习染极深的是战争"。②

至此,城市真正意义上的形态已初步形成,这不仅体现在宫殿、庙宇、兵营、训练场、兵工厂、战俘营、城墙、壁垒、壕堑、哨塔等非生产性、具有比生存更高目的的建筑物上,更表现为它在功能扩展之后作为各种密切相关、相互影响的各个功能的复合体。在芒福德看来,前者只是城市在历史条件下的偶然因素,而后者才是城市的本质因素,③而城市的历史演变无疑也印证了他的这一远见卓识。

第二节　城市起源问题研究的新视野、新方法、新思维

国内学者传统上立足于生产力的角度去考察城市起源问题。早在 20 世纪 50 年代,黄苇就提出城市的形成是社会生产力不断提高从而使人与人之间的经济交往得到一定程度发展的必然结果。④ 具

---

① 城墙无疑是用于城市防御的,这一点学界公认,芒福德也承认这一点,但他也指出,城市最初可能只具有宗教性质,其目的是标明圣界的范围,直到大规模战争爆发后,城墙才在宗教功能的基础上附加了防御功能,见 Lewis Mumford, *The City in History: Its Origins, Its Transformations, and Its Prospects*, New York: Harcourt, Brace and Company, 1961, p. 39. 芒福德的这一观点是基于他对个别遗址城墙的分析提出的,但迄今为止的考古证据还不能有力地证明这一点。

② Lewis Mumford, *The City in History: Its Origins, Its Transformations, and Its Prospects*, New York: Harcourt, Brace and Company, 1961, p. 44. 引文翻译参照了宋俊岭先生和倪文彦先生的合译本,见芒福德:《城市发展史——起源、演变和前景》,宋俊岭、倪文彦译,中国建筑工业出版社 2005 年版,第 48 页。

③ Lewis Mumford, *The City in History: Its Origins, Its Transformations, and Its Prospects*, New York: Harcourt, Brace and Company, 1961, p. 85.

④ 黄苇:《城市与乡村间对立的形成、加深与消灭》,上海人民出版社 1958 年版,第 10 页。

体形成过程为：因生产力发展而出现的三次社会大分工促成了永久集市的产生，与此同时，生产力发展促成了私有制、阶级的产生，统治阶级因防御需要筑造城墙，两者结合形成城市。① 这种基于马克思的"生产力理论"和恩格斯的"三次社会大分工理论"的城市起源理论广为国内学者接受，几十年来一直是解释城市起源问题的主流理论，且已成为许多城市科学教科书对城市起源问题的标准解释。②

近年来，国内一些学者通过中国古文献对"城"与"市"的解释对这种理论进行了丰富和发展。一般而言，"城"如"城者，所以自守也"，③意指具有防御功能的城墙；"市"如"日中为市，致天下之民，聚天下之货，交易而退，各得其所"，④意指用于商品交易的集市。⑤ 据此，学者们普遍认为，有城墙，有集市，方为城市。⑥ 这就在原有理论的基础上进一步确立了"城"与"市"在城市形成过程中的基础性地

---

① 黄苇：《城市与乡村间对立的形成、加深与消灭》，上海人民出版社 1958 年版，第 6—9 页。
② 如储传亨、王长升主编的《城市科学概论》，梁远辉主编的《城市管理概论》，姜杰、彭展、夏宁主编的《城市管理学》等等都直接照搬了这一解释，见储传亨、王长升主编的《城市科学概论》，中共中央党校出版社 1987 年版，第 30—31 页；梁远辉主编：《城市管理概论》，中国地质大学出版社 1991 年版，第 4—5 页；姜杰、彭展、夏宁主编：《城市管理学》，山东人民出版社 2005 年版，第 2 页。
③ 《墨子·七患》。
④ 《易·系辞下》。
⑤ 除此之外，中国古代文献中还有许多关于"城""市"的记载，如《吴越春秋》所载"鲧筑城以卫君，造郭以守民，此城郭之始也"，又如《毛诗正义》所载"文公乃徙居楚丘之邑，始建城，使民得安处，始建市，使民得交易"，等等，其关于"城"与"市"的含义相同，这里不再一一列举。
⑥ 如陈立明认为城市是防卫的城和交易的市互相需要而成的；陈南京认为城市是防卫城与交易市的集合；陈萍认为只有防御功能没有交易功能就不能称为城市；陈友华、赵民等人认为城市是具有商品交易和防御职能的居民点；李其荣认为城与市的结合促进了城市的产生等等，见陈立明编著：《城市公共空间信息导向系统设计——与空间的交流》，西南师范大学出版社 2008 年版，第 3 页；陈南京：《环鄱阳湖城市群与生态区发展战略》，研究出版社 2008 年版，第 1 页；陈萍编著：《城市经济发展——理论与实践》，经济管理出版社 2009 年版，第 2 页；李其荣编著：《城市规划与历史文化保护》，东南大学 2003 年版，第 2 页。

位。不过随着研究的深入,学者们在"先有城后有市"还是"先有市后有城"的问题上产生了分歧。例如,赵力平认为城市由市发展而来,聚人为市,化市为城,城为外形,市为本质;①陈萍则认为城先于市出现,市出现后被吸引到人口密集的城中,并有了固定的位置,继而与城合为一体,成为城市;②而赵运林认为既有城中建市的情况,也有围市建城的情况,城市的形成是"城"与"市"互相融合的结果。③ 这种分歧的出现显示出城市起源问题研究的复杂性,也暴露出国内主流理论在解释城市起源问题上的不足。

实际上,有"城"有"市"的国内主流理论并未得到国内所有学者的认同。有学者认为,城市不一定要有"城",例如中国安阳殷墟没有城墙,但仍被看作城市。④ 也有学者认为,城市也不一定要有"市",因为如果将"市"作为是城市起源的标志,中国城市起源参照对城中集市遗址的考古发现只能追溯到春秋战国时期的秦国雍城,这显然是有问题的。⑤ 这些质疑之声微弱,却极具颠覆性,它表明城墙与集市都不宜作为城市确立的标志,也意味着原有理论仅剩生产力决定论无可争辩。但"城市是社会生产力发展到一定阶段的产物"的论断仅能说明城市产生的先决条件,而要说明城市形成的具体过程则需要学者们在争论之中进行更多的探索。

在城市形成具体过程的问题上,国内学者已开始借鉴国外学者的研究成果,许多国内著作在论述城市起源问题时都会介绍国外学者提出的各种假说,这些假说各有道理,又各有偏颇,这使得许多国内学者比以往更加重视除生产力之外的其他作用力对城市形成的影

---

① 赵力平:《城市文化建设》,中国社会科学出版社 2005 年版,第 9 页。
② 陈萍编著:《城市经济发展——理论与实践》,经济管理出版社 2009 年版,第 4 页。
③ 赵运林:《城市概论》,天津大学出版社 2010 年版,第 2 页。
④ 清华大学建筑与城市研究所编:《城市规划理论·方法·实践》,地震出版社 1992 年版,第 2 页。
⑤ 李孝聪:《历史城市地理》,山东教育出版社 2007 年版,第 4 页。

响,并在评论中承认城市的形成是自然、地理、政治、经济、军事、文化等各种因素综合作用的结果。[1] 那么各种因素是如何综合作用构建城市的呢? 这一问题在国内尚未被深入探讨,但无疑必将成为未来城市起源问题研究的重要方向,而芒福德综合各种因素对城市起源问题进行的考察或可作为重要的借鉴和参考。他提出了一些对国内学者来说十分独特和新颖的观点,这些观点可归纳概括如下:

第一,城市的产生最初源于人类定居的本能和意愿。在芒福德看来,原始时代的人类定居就像海狸搭窝、蜜蜂筑巢、白蚁建家一样是适应自然界的一种本能。不过与动物有别的是,人类定居也有精神层面上的需要,对自然的畏惧使他们需要在固定的地点设立祭坛进行原始崇拜,对逝者的敬重也需要他们在固定的地点堆起坟冢以便日后拜谒,而定居可使他们从事这些活动更为方便。但考虑到原始人类经历了很长一段时期的游走生活后才定居下来,芒福德提到了生产力的限制作用,并指出只有这一关乎生存的制约因素得到解决,人类才会定居下来。[2] 这种结合主观精神因素与客观生产力因素的综合分析实质上解释了城市为什么会随着生产力发展必然出现的问题。

第二,城市胚胎是新石器文化与旧石器文化相结合的产物。随着生产力的发展,人类社会定居以后逐渐从旧石器时代的狩猎文明过渡到了新石器时代的农业文明。在这种背景下,猎民职能发生了变化,他们不再以狩猎为生,而是凭借狩猎经验和胆量为定居点提供保护,以换

---

[1] 关于国内学者对防御说、社会分工说、私有制说、集市说、地利说等城市起源假说的介绍与评价可参阅朱铁臻:《城市发展研究》,中国统计出版社 1996 年版,第 3—5 页;连玉民主编:《中国城市综合竞争力报告 1》,中国时代经济出版社 2009 年版,第 3 页;董利民主编:《城市经济学》,清华大学出版社 2011 年版,第 1—2 页。关于水力灌溉说、人口压力说、剩余产品说、贸易需求说、宗教原因说可参阅陈恒:《城市起源理论》,《博览群书》2011 年第 1 期。

[2] Lewis Mumford, *The City in History*: *Its Origins*, *Its Transformations*, *and Its Prospects*, New York: Harcourt, Brace and Company, 1961, p. 7.

取定居点其他居民通过农业生产获得的剩余产品。据此,芒福德认为狩猎代表的旧石器文化与农业代表的新石器文化发生了相互融合,而这种范围极广的融合使城市的建立获得了极大的潜能。[①] 这实质是芒福德在城市起源问题上对"生产力决定生产关系"的文化解读。

　　第三,城市真正意义上的形成体现在比生存更高目的的建筑物上,更表现为在功能扩展之后作为密切相关、相互影响的各个功能的复合体。这里,芒福德综合了政治、宗教、军事等因素构想了城市的形成过程。首先是在生产力发展、社会分工细化、社会体制变革的背景下,猎民首领在进行人力有效动员、资源集中配置过程中逐渐转变成国王,并将定居点建设成为他个人的权力中心。接着国王便开始兴建神庙,以宗教神权强化自己的领导力,随之而来的便是规模宏大、次数繁多的以人作为祭品的祭祀活动。而所有这一切又进而导致了以彰显王权、掠夺资源、献祭俘虏为目的的战争,相应的,兵营、兵工厂、战俘营因侵略需要而建立,城墙、壕堑、哨塔也因防御需要被设置。所以,城市在形成之初是具有战争职能的政治、宗教中心。

　　作为一家之言,芒福德的以上观点自然也会引起争议,至少在城市形成标准问题上与维尔·戈登·柴尔德(V. G. Childe, 1892—1957)的观点存在分歧,[②]他把集市撇到城市概念之外自然也会引起国内一些学者的不满。[③] 但他在构想城市形成过程时充分考虑到了

----

① Lewis Mumford, *The City in History: Its Origins, Its Transformations, and Its Prospects*, New York: Harcourt, Brace and Company, 1961, pp. 25 - 27.

② 关于柴尔德对城市标准的界定见 V. G. Childe, "The Urban Revolution," *Town Planning Review*, vol. 21, no. 1 (Apr. 1950), pp. 3 - 17. 该文最新的中译文可参阅柴尔德:《城市革命》,刊孙逊、杨剑龙主编:《都市文化研究》(第6辑　网络社会与城市环境),上海三联书店 2010 年版,第 188—196 页。

③ 不难看出,芒福德在论述城市形成过程时并没有把我们通常关注的集市纳入,在他看来,早期的神庙具备了取得、储存、分配货物的功能,市场是后来从神庙的空地衍生出来的,只有城市人口达到一定规模,且生产能力达到一定水平,市场才会永久性地确立,见 Lewis Mumford, *The City in History: Its Origins, Its Transformations, and Its Prospects*, New York: Harcourt, Brace and Company, 1961,1961, p. 71。

生产力的决定性作用,并综合考察了各种因素对城市形成过程的影响,这显然比国外许多立足于单一因素解释城市起源的各种假说要高明许多,而且,芒福德的视角独特,观点新颖,发人深思,确能对我们今后的城市起源问题研究有所启发。

1. 世界性的广阔视野。芒福德对城市起源问题的研究并不局限于某一地区或一两个文明的城市,而是力图从宏观角度探讨人类发展历程中的城市,为此,他综合考察了欧洲、西亚、北非、中美等地的许多考古城址。① 在他看来,只有充分考察了世界各地早期城市遗迹才能对城市起源问题有全面、清晰的认识。的确,不研究古代玛雅文明在热带雨林中建立起来的纳克贝(Nakbe)、埃尔·米拉多尔(El Mirador)等城市,我们或许不会觉得卡尔·奥古斯特·魏特夫(K. A. Wittfogel,1896—1988 年)的水力灌溉说有何不妥。② 而如果以世界性的视野来看,国内通过对古文献中的"城"与"市"的解读来界定城市概念也恐难放之四海而皆准。城市作为人类历史发展进程中的产物是在相同一段时期内的世界范围内产生的,要研究它的起源就应该在世界范围内对其进行考察,如此,我们才不至于将某一地区或文明的城市在起源过程中表现出的特性看成城市的本质。

2. 跨学科综合研究的方法。正如我们所看到的,芒福德在研究城市起源问题时充分考察了与城市起源相关的各种因素,从而在学科上涉及了人类学、考古学、政治学、经济学、宗教学、历史学、地理学甚至生物学。运用这种跨学科综合研究的方法无疑是城市起源问题研究的一种进步。城市起源和形成过程是一个漫长而复杂的过程,

---

① 芒福德也有考察更多其他地区的古代城址遗迹的想法,但限于精力有限,未能如愿,用他自己的话说,这样的遗憾恐怕要到来世才能弥补了,见芒福德:《城市发展史——起源、演变和前景》,宋俊岭、倪文彦译,中国建筑工业出版社 2005 年版,原序。

② 魏特夫认为城市出现在依靠大规模水力灌溉的农业地区,而在热带雨林里出现的古玛雅城市则否定了这一说法。

是政治、经济、军事、文化等各种因素综合作用的结果,因而局限于单一学科或以某个学科为主的研究只能陷入盲人摸象的困境,不可能对城市起源问题有全面、科学的解释。

3. 纵贯古今的思维。从古人对逝者的缅怀联想到二战后犹太人重返故土的要求,从古希腊罗马城市郊区的陵墓联系到现代城市死者向郊外坟场的"移民",[1]芒福德一直具有纵贯古今的思维,这种思维也反映在他对城市起源问题的研究中。在芒福德看来,只有了解城市更远古的结构和更原始的功能才能理解城市的现状;只有回溯城市的起源才能对城市当前的迫切任务有足够的认识。[2] 这就解释了研究城市起源的目的,并赋予了这种研究以当代意义。城市自产生以来在形式上已历经许多变化,但其本质是不变的,[3]其功能从古至今是一脉相承的,有些至今还在继承发展之中,[4]而这些足以使我们在追溯城市起源的过程中找到现实的影子。基于此,我们不仅能从城市起源问题研究中发掘它的重大理论价值,还能探索它的现实意义。

当前,国内城市起源问题研究在地域上主要研究中国古代城市乃至具体某一地区某一城市的起源,[5]在学科上以考古学为主,学术价值则局限于中国古代城市研究,这并不足以对城市起源问题有全

---

① Lewis Mumford, *The City in History*: *Its Origins*, *Its Transformations*, *and Its Prospects*, New York: Harcourt, Brace and Company, 1961, p. 7.

② Lewis Mumford, *The City in History*: *Its Origins*, *Its Transformations*, *and Its Prospects*, New York: Harcourt, Brace and Company, 1961, p. 5.

③ 关于城市的本质可参阅 D. L. Miller, ed., *The Lewis Mumford Reader*, New York: Pantheon Books, 1986, pp. 104 – 107。

④ 关于城市的形式与功能可参阅 Lewis Mumford, "Forms and Function," in D. L. Sills, ed., *International Encyclopedia of the Social Sciences*, New York: Macmillan, 1968, pp. 447 – 455。

⑤ 如对巴蜀地区和中原地区古代城市起源的研究,见段渝:《巴蜀古代城市的起源、结构和网络体系》,《历史研究》1993 年第 1 期;李鑫:《西山古城与中原地区早期城市的起源》,《考古》2008 年第 1 期。

面、深入的认识，也不利于对城市本质的探讨。未来国内城市起源问题研究应该在现有基础上有所突破，而芒福德在研究城市起源问题时展现给我们的新视野、新方法、新思维或可成为我们进一步探索的方向。

<table>
<tr><td>第三章</td><td>从古代城市看城市本质</td></tr>
</table>

　　古代城市是芒福德城市史研究的重要内容,他主要关注了古埃及城市、古希腊城市、古罗马城市。而在具体的研究过程中,芒福德对这三大文明中的城市进行了区别对待,偏重的问题有很大不同。对待古埃及城市,芒福德重点探讨的是城市功能问题;对待古希腊城市,芒福德重点关注的是城市生态和谐与区域发展问题;对待古罗马城市,芒福德看重的是城市的人文尺度。在芒福德看来,古代城市是研究城市特性、城市问题、城市发展原则的绝佳标本,通过对这些古代文明的城市的共性分析,再融合芒福德的个人喜恶,我们可以从中对城市功能、生态城市、区域城市、人文城市等城市概念有更纯粹的认识。

第一节　从古埃及城市看城市功能

　　古代城市一直是古代史研究的重要问题。国内学者对中国古代城市的研究很多,成果丰硕;对世界古代城市的探讨相对较少,具体到法老时代的埃及城市则鲜有涉及。左文华、陈隆波在 20 世纪 80 年代初的相关研究中对古代埃及城市的产生问题略有论述。[1] 刘文

---

[1] 左文华:《论古代城邦产生与存在的条件》,《思想战线》1982 年第 1 期;陈隆波:《城市、城邦和古代西亚北非的早期国家》,《世界历史》1984 年第 4 期。

鹏在20世纪80年代末专门探讨了古代埃及前王朝时期以前存在城市的证据。[①] 在此基础上,周启迪在20世纪90年代进一步研究了法老时代古王国时期之前的城市性质与作用。[②] 之后国内再无法老时代埃及城市问题的专门研究。[③] 这种情况表明,国内对法老时代的埃及城市缺乏足够认识,研究比较薄弱,今后的研究需要更多地借鉴西方学界的成果。

虽然埃及学自诞生以来主要集中于古代埃及语言研究和神庙、陵墓考古,[④]但西方学界在法老时代埃及城市方面的研究也取得了不小的成就。自19世纪末以来,西方学界不断有学者和机构组织对埃尔-阿玛纳(El-Amarna)、底比斯(Thebes)、孟菲斯(Memphis)等主要城址进行考古挖掘。[⑤] 在此基础上,以亨利·弗兰克福特(Henri Frankfort,1897—1954年)、巴里·约翰·克姆普(B. J. Kemp)、彼得·拉科瓦拉(Peter Lacovara)为代表的一批学者撰写了一系列研究法老时代埃及城市的论文和著作,这为我们进一步深入研究奠定了基础。

在众多研究过法老时代埃及城市的学者中,芒福德值得特别关注。他不是考古学家,也算不上埃及学家,但恰恰是这种学术背景使

---

① 刘文鹏:《古埃及的早期城市》,《历史研究》1988年第3期。

② 周启迪:《试论早期埃及市的性质和作用》,《北京师范大学学报》(社会科学版)1993年第3期。

③ 郭子林:《中国埃及学研究三十年综述》,《西亚非洲》2009年第6期。

④ 国内关于埃及学发展历程的研究很多,可参阅郭黎:《埃及学的历史、现状和展望》,《外国语》1987年第3期;向若:《埃及学的诞生、发展及其在我国的研究》,《世界历史》1994年第1期;令狐若明:《埃及学:一门近代新兴学科的诞生》,《史学集刊》2002年第4期;令狐若明:《埃及学的成长与发展》,《吉林大学社会科学学报》2003年第2期;李晓东:《百年埃及学研究综述》,《东北大学学报》(哲学社会科学版)2004年第6期;令狐若明:《20世纪以来的埃及学研究》,《史学集刊》2007年第3期。

⑤ 其中对埃尔-阿玛纳的城址考古挖掘最为完全、彻底。关于西方学界和埃及的学者、机构对埃尔-阿玛纳、底比斯、孟菲斯等城址的历次考古挖掘可参阅 M. L. Bierbrier, *Historical Dictionary of Ancient Egypt*, Lanham, Md.：Scarecrow Press, 2008, Amarna, Memphis, Thebes。

他具备和形成了异于专业研究者的视野和观点。他通过对世界范围内城市本身的理解来探讨法老时代的埃及城市,这在很大程度上拓展了法老时代埃及城市研究的视野。他用容器、磁体等概念来阐释法老时代埃及城市的形态与功能,这种看法不可谓不新颖。他关于法老时代埃及城市的观点或许论证得不够严密,但这些基于实地考察和文献研究得出的结论绝大部分都被后来的研究成果证明是正确的。概而论之,芒福德的城市观念对当今的法老时代埃及城市研究仍有重要价值。本节打算基于芒福德的城市观念,并结合国内外研究成果就新王国时期埃及城市的功能问题做进一步探讨。

一、关于法老时代埃及城市研究的基础性问题

由于资料的匮乏和对资料理解的偏差,学者们在法老时代的埃及有没有城市、什么时候开始出现城市、哪些定居点可以算作城市等一系列问题上存在分歧。这些都是法老时代埃及城市研究领域的基础性问题,所有致力于这一领域研究的学者都必须先在这些问题上有自己的审慎判断,否则任何深入的研究都会像空中楼阁一般。

在 20 世纪中期,西方学界有不少学者都否定法老时代的埃及存在城市。英国考古学家雅克塔·霍克斯(Jacquetta Hawkes,1910—1996 年)和伦纳德·伍利(Leonard Woolley,1880—1952 年)在将古代美索不达米亚和古代埃及做了相应比较之后明确指出,法老时代统一的埃及王国根本没有城市。[①] 美国埃及学家约翰·阿尔伯特·威尔逊(John Albert Wilson,1899—1976 年)也断言法老时代的埃

---

① Jacquetta Hawkes, Leonard Woolley, eds. , *Prehistory and the Beginnings of Civilization*, New York: Harper and Row, 1963, pp. 414 - 465.

及没有城市。^① 在这些学者们看来,古代埃及在统一王国形成初期没有出现城市;在整个法老时代都没有出现像雅典、罗马那样的政治中心;以底比斯为代表的一些宗教中心只是神庙集群,不算城市。总之,在亚历山大里亚出现之前,埃及没有城市。这些看法不无道理。古代埃及在统一国家形成初期并没有像美索不达米亚地区或古希腊地区那样出现城邦,而是村庄遍布于尼罗河两岸的可耕区域,并置于一个国王^②的统治之下,这与城邦统治的差异很大。^③ 法老时代埃及的首都总是随着王朝的更替不断变化,这也影响了政治中心从集镇向城市的发展。至于以底比斯为代表的一些宗教中心算不算城市则属于城市界定标准问题,但这一问题本身就没有定论。^④ 持异见者往往拿另一套城市界定标准衡量,从而认定法老时代埃及存在城市。像戴维·欧康纳(David O'Connor)这样的批评者更是指出"将法老时代埃及定性为'没有城市的文明'只有在最狭隘理解的'城市'定义下才能被接受。"^⑤

---

① J. A. Wilson, "Egypt through the New Kingdom: Civilization without Cities," in C. H. Kraeling and R. M. Adams, eds., *City Invincible: A Symposium on Urbanization and Cultural Development in the Ancient Near East*, Chicago: University of Chicago Press, 1960, pp. 126 – 135.

② 虽然学界用法老时代来概括古代埃及的王朝时期,但"法老"一词最先出现在新王国时期,对在此之前古代埃及最高统治者的称谓用"国王"更为合适,可参阅郭子林对这一问题的解释,见郭子林:《古埃及国王的丧葬仪式》,《世界宗教研究》2014 年第 1 期。

③ 关于古代埃及国家形成之初有无城市的分析可参阅 Jeffrey Szuchman, "Integrating Approaches to Nomads, Tribes, and the State in the Ancient Near," in Jeffrey Szuchman, ed., *Nomads, Tribes, and the State in the Ancient Near East: Cross-Disciplinary Perspectives*, Chicago: Oriental Institute of the University of Chicago, 2009, pp. 7 – 8。

④ 西方学者关于城市界定的标准很多,莫衷一是,其中最著名的要数戈登·柴尔德的标准,见 V. G. Childe, "The Urban Revolution," *Town Planning Review*, vol. 21, no. 1 (Apr. 1950), pp. 3 – 17. 中译文可参阅柴尔德:《城市革命》,陈洪波译,陈淳校,刊孙逊、杨剑龙主编《都市文化研究》(第 6 辑 网络社会与城市环境),上海三联书店 2010 年版,第 188—196 页。

⑤ David O'Connor, "The Geography of Settlement in Ancient Egypt," in P. J. Ucko, Ruth Tringham, G. W. Dimbleby, eds., *Man, Settlement and Urbanism*, London: Duckworth, 1972, pp. 681 – 698。

致力于法老时代埃及城市研究的学者们都认为这一时期的埃及是存在城市的,这一观点随着 20 世纪 80 年代以来大型定居点遗址考古证据的不断发掘逐渐得到学界的一致认可。考古学家们发现,像埃尔-阿玛纳这样的大型定居点占地面积已有相当规模,而且有明晰的建筑布局、完善的综合设施、明确的功能定位,无论从任何意义上说都能被界定为城市。

不过这些遗址考古证据几乎都来自新王国时期,以至于有学者认为埃及在公元前 1500 年以前根本就没有城市。[①] 的确,考古学家在尼罗河流域并没有发现比新王国时期更早的在最宽泛意义上被理解为“城市”的遗址。被广泛认定为城市的底比斯、孟菲斯虽然在法老时代早期就建立了,[②]但底比斯在第十八王朝被夷平重建,[③]而孟菲斯的大部分地区因为尼罗河改道被冲毁了。[④] 作为逐渐发展起来的城市,它们呈现给我们的主要是自新王国时期以来的面貌,至于在新王国时期之前是否仍能被界定为城市则尚存疑问。

新王国时期之前遗址考古证据的普遍匮乏与建筑材料有很大关系。那时的定居点所使用的主要建筑材料是泥砖。它的主要成分是尼罗河的泥沙,早期掺有零碎的杂草、陶片,从中王国时期开始又加入了石材加工产生的小石屑。[⑤] 这种建材适应干热气候,制造简单,

---

① 转引自 Lewis Mumford,*The City in History：Its Origins，Its Transformations，and Its Prospects*，New York：Harcourt Brace and Company，1961，p. 80.

② 孟菲斯据说在第一王朝由埃及第一位国王美尼斯(Menes)所建,底比斯早期历史不详,但至少在第一中间期就已经存在了,见 M. L. Bierbrier，*Historical Dictionary of Ancient Egypt*，Lanham，Md.：Scarecrow Press，2008，Memphis，Thebes。

③ B. J. Kemp，*Ancient Egypt：Anatomy of a Civilization*，London and New York：Routledge，1989，p. 201.

④ Toby Wilkinson，ed.，*The Egyptian World*，London and New York：Routledge，2007，p. 61.

⑤ B. J. Kemp，"Soil(Including Mud-brick Architecture)," in P. J. Nicholson and Ian Shaw，eds.，*Ancient Egypt Materials and Technology*，Cambridge：Cambridge University Press，2000，p. 81.

但很容易破裂。用这种材料建造的建筑和设施绝大部分未能经受住岁月的侵蚀,最终化为尘土沉积下来,形成被埃及考古学界称为"Tells"的小山堆。[1] 石材大约从中王国时期才开始被使用,但当时主要用于建造神庙和墓穴,真正大规模用于其他建筑和设施的建造则要到新王国时期。[2] 石材在法老时代埃及属于稀缺建材,被废弃建筑所用的石材往往被拆掉用于建造新建筑,这种情况在新王国时期十分普遍。所以,即便是石材建筑,我们所能掌握的新王国时期之前的遗址考古证据也极其有限。

就现有的遗址考古证据来看,我们只能将古代埃及出现城市的最早时期推断到法老时代第十八王朝,但这只是最保守的推断。相比世界其他一些古代文明出现城市的时间,这个时间显然太晚。古代埃及自然条件优越,物产充足,很早便有了剩余产品,具备产生城市的物质基础。古代埃及也很早就有了文字、历法、技术、科学、艺术、阶级、国家、宗教等一系列或能促进城市产生的因素。[3] 从理论上说,埃及的城市应该在新王国时期之前就已经出现了。或许恰如美国学者金斯利·戴维斯(Kingsley Davis,1908—1997年)所说:"最早的埃及城市都用泥砖建成,只是现在都深埋于尼罗河的冲积层中了。"[4]这种可能性是有的,且随着考古证据的不断发掘,这种猜测的可探讨空间会越来越大。对于新王国时期之前没有城市的说法,我们应该像芒福德那样将之视为催促学者们继续发掘的动力,[5]而不是

---

[1] Toby Wilkinson, ed., *The Egyptian World*, London and New York: Routledge, 2007, p. 58.

[2] H. W. Fairman, "Town Planning in Pharaonic Egypt," *The Town Planning Review*, vol. 20, no. 1 (Apr. 1949), p. 33.

[3] 关于古代埃及利于产生城市的因素分析可参阅 A. E. J. Morris, *History of Urban Form: Before the Industrial Revolutions*, London and New York: Prentice Hall, 1994, pp. 26 - 27。

[4] Kingsley Davis, "The Origin and Growth of Urbanization in the World," *American Journal of Sociology*, vol. 60, no. 6 (Mar. 1955), pp. 429 - 437.

[5] Lewis Mumford, *The City in History: Its Origins, Its Transformations, and Its Prospects*, New York: Harcourt Brace and Company, 1961, p. 80.

定论。

这里需要额外说明的是,虽然古代埃及城市出现的最早时期有前推的可能性,但刘文鹏先生指出古代埃及在公元前 4000 年中叶以前就已出现城市的观点是很值得商榷的。[1] 刘先生指出,前王朝以前的文献和文物上出现了[符号]、[符号]、[符号]、[符号]、[符号]、[符号]、[符号]、[符号]等一系列具有"城市"含义的象形文字符号,因而那时已有了城市。这实际上是对这些象形文字符号的误读。以最为典型的"[符号]"为例,对它通常的理解是"封闭的被垂直交叉的两条道路分隔成四部分的圆型区域"。[2] 该符号在前王朝以前就已出现,但在当时并不表示城市,将之理解为"设防的宿营地"更为恰当。[3] 而用"[符号]"组合表示的"niwt"一词最初的含义也不是指城市,而是指"聚集的场所"。[4] 至于该词表示"较大规模的定居点"乃至"城市"的含义则是后来的词意扩展和变化,时间至少在中王国时期以后。[5]

刘文鹏先生还列出了涅伽达(Naqada)、希拉康波里(Hierakonpolis)

---

① 刘文鹏:《古埃及的早期城市》,《历史研究》1988 年第 3 期。

② H. W. Fairman, "Town Planning in Pharaonic Egypt," *The Town Planning Review*, vol. 20, no. 1 (Apr. 1949), p. 39. 也有学者认为这个符号在前王朝时期之前是指流域和水道体系,到中王国时期才开始表示规模较大的定居点,见 V. J. Lepp, "Is the Hieroglyphic sign *niwt* a Village with Cross-Roads?" *Göttinger Mizsellen*, vol. 158, no. 1 (Jan. 1997), pp. 91 – 100。

③ Lana Troy, "Resource Management and Ideological Manifestation: The Towns and Cities of Ancient Egypt," *Essays of "Urban Origins in Eastern Africa" Final Conference in Mombasa*, 1993, p. 3.

④ K. P. Kuhlmann, "Die Stadt ([符号]) als Sinnbild der Nachbarschaft," *Mitteilungen des Deutschen Instituts für Ägyptische Altertumskunde in Kairo*, vol. 47, no. 6 (Sep. 1991), p. 219. 转引自 Lana Troy, "Resource Management and Ideological Manifestation: The Towns and Cities of Ancient Egypt," *Essays of "Urban Origins in Eastern Africa" Final Conference in Mombasa*, 1993, p. 3.

⑤ Michael Atzler, "Einige Bemerkungen zu [符号] und [符号] im alten Ägypten," *Chronique d'Égypte*, vol. 47, no. 5 (Mar. 1972), p. 23. 转引自 Lana Troy, "Resource Management and Ideological Manifestation: The Towns and Cities of Ancient Egypt," *Essays of "Urban Origins in Eastern Africa" Final Conference in Mombasa*, 1993, p. 4.

等"城市"遗址的考古证据,但这些遗址不能被界定为城市。西方学者在研究这些遗址时用到的是"Town(集镇)"一词,与"City(城市)"有规模上的差别,而刘先生正是忽略了这种规模上的差别。在他看来,他探讨的是"原始城市""准城市",是城市发展的早期阶段。而就他所探讨的遗址考古证据看来,他所说的"原始城市""准城市"或城市发展的早期阶段就是指集镇,[①]但集镇显然不是城市。实际上,即便到了古代埃及统一王国建立之初,包括涅伽达、希拉康波里和阿比多斯(Abydos)在内的整个古代埃及定居点在规模上都无法和同时期的古美索不达米亚城市相提并论。[②]

定居点规模是衡量定居点是否能被看作城市的重要指标。芒福德在界定城市时提出了两个重要指标,一个是追求超乎生存与抚育的更高目的,另一个就是定居点要达到一定规模。[③] 至于法老时代的埃及定居点要达到什么规模才算城市,西方学界有一些基本共识。就新王国时期而言,西方学者们一般将埃尔-阿玛纳、底比斯、孟菲斯、比-拉美西斯(Pi-Ramesses)、塔尼斯(Tanis)、赫利奥波利斯(Heliopolis)、萨伊斯(Sais)等一些王朝首都界定为城市。这些首都的区域面积至少在一平方公里以上,居住人口据估测至少在两万人

---

① 刘文鹏先生用的是"城镇"一词,该词是"城市与集镇"的统称,与"乡村"相对应,两者划分的标准是是否以农业经济为主体,将此词用于完全属于农业经济社会的古代埃及显然不合适。"城镇"的含义比"城市"要广,但刘文鹏先生却指出"城镇"规模上比"城市"要小,他显然是用"城镇"一词表达了"集镇"的概念。关于"城镇"一词的含义与用法可参阅刘冠生:《城市、城镇、农村、乡村概念的理解与使用问题》,《山东理工大学学报》(社会科学版)2005 年第 1 期,另见《辞海》关于"城镇"的解释。

② Jeffrey Szuchman, "Integrating Approaches to Nomads, Tribes, and the State in the Ancient Near," in Jeffrey Szuchman, ed., *Nomads, Tribes, and the State in the Ancient Near East: Cross-Disciplinary Perspectives*, Chicago: Oriental Institute of the University of Chicago, 2009, pp. 7 - 8.

③ Lewis Mumford, *The City in History: Its Origins, Its Transformations, and Its Prospects*, New York: Harcourt Brace and Company, 1961, p. 61.

以上，①这种规模在古代世界已经可以算作城市了。不过，埃及考古发掘从神庙、陵墓向城址的拓展也只是近30年的事情。当前的城址发掘主要集中于埃尔-阿玛纳、底比斯和孟菲斯，至于其他城市，现有的考古证据还主要局限于神庙和陵墓，很难将它们作为城市加以探讨和研究。②

　　鉴于文献资料的匮乏，对法老时代城市的研究主要依靠城址发掘的考古证据，这也决定了西方学界在这一领域的研究范围当前主要集中于新王国时期的埃尔-阿玛纳、底比斯、孟菲斯这三处地点。③ 埃尔-阿玛纳因为城址保存完整、发掘最为透彻而被当成法老时代埃及城市研究中的典型。底比斯、孟菲斯城区布局相对零散，但通过学者们的努力也能呈现给我们大致的城市图景。关于这些城址的研究构成了新王国时期城市研究的主要基础。至于这些城市在多大程度上代表着新王国时期乃至整个法老时代的城市，学者们尚有争论。④ 但有一点不可否认，即基于城市间综合考察的定居点模式研

---

① 不同学者对新王国时期个别王朝首都的区域面积或人口数量的估测有些差异，笔者在综合比较之后保守地选取了最低估值。相比之下，各诺姆首府或中心规模太小，一般被定义为集镇。相关数据见 E. P. Uphill, *Egyptian Towns and Cities*, Princes Risborough: Shire Publications, 1988, p. 66; F. A. Hassan, "Town and Village in Ancient Egypt: Ecology, Society and Urbanization," in Thnrstan Shaw, Paul Sinclair, Bassey Andah, Alex Okpoko, eds., *The Archaeology of Africa*, *Food*, *Metals and Towns*, London and New York: Routledge, 1993, p. 563; A. B. Lloyd, ed., *A Companion to Ancient Egypt*, vol. I, Chichester: Wiley-Blackwell, 2010, p. 331.

② 关于法老时代埃及各个城市的城址考古概况可参阅 S. R. Snape, *The Complete Cities of Ancient Egypt*, London: Thames & Hudson, 2014, pp. 140 – 225; Peter Lacovara, *The New Kingdom Royal City*, London and New York: Kegan Paul Internatinal, 1997, p. 5.

③ 有学者甚至只将这三处地点界定为城市，见 Wilma Wetterstrom, "Foraging and Farming in Egypt: The Transition from Hunting and Gathering to Horticulture in the Nile Valley," in Thnrstan Shaw, Paul Sinclair, Bassey Andah, Alex Okpoko, eds., *The Archaeology of Africa*, *Food*, *Metals and Towns*, London and New York: Routledge, 1993, pp. 558 – 559.

④ 例如关于埃尔-阿玛纳代表性的争论，见 Peter Lacovara, *The New Kingdom Royal City*, London and New York: Kegan Paul Internatinal, 1997, p. 4.

究(Settlement Pattern Studies)①对于从更宏观层面上理解新王国时期的城市大有裨益。作为新王国时期的著名城市,埃尔-阿玛纳、孟菲斯、底比斯具有一定代表性,通过对这些城市的研究来进一步探讨新王国时期城市的功能也具有一定价值。

二、宫殿和神庙是城市容器的核心构建

城市形态学将城市的有形形态分为集中型和分散型两类。新王国时期的埃及城市自然被归为分散型城市。② 这不仅是因为作为主要研究对象的埃尔-阿玛纳、孟菲斯、底比斯的城市布局相对零散,更因为这些城市没有城墙。城墙在古代世界主要是作为城市防御设施出现的,其首要功能就是防御,但当时的埃及人在建造城市时显然并不需要考虑防御因素。从政治环境上说,新王国时期的埃及长期处于稳定、统一状态,城市没有必要建造城墙防范平民暴乱或部族攻伐。从地理环境上看,埃及北临地中海,南据埃塞俄比亚高原,两侧被沙漠包围,这种地形封闭,利于防守。在没有海上威胁的情况下,埃及人只需扼守位于尼罗河三角洲东部和努比亚地区的边隅要塞就能有效防御异族入侵,③处于内地的城市再建城墙便显得多余。古代

---

① 关于定居点模式研究可参阅 Peter Lacovara, *The New Kingdom Royal City*, London and New York: Kegan Paul Internatinal, 1997, pp. 1, 18 – 23。

② 关于法老时代埃及城市形态的探讨可参阅 Lewis Mumford, "Forms and Function," in D. L. Sills, ed., *International Encyclopedia of the Social Sciences*, New York: Macmillan, 1968, p. 450。

③ 尼罗河三角洲东部地区的边隅要塞用于防范西亚人的入侵,这一地区的要塞遗迹因为现代开发毁坏严重,我们对之所知甚少。努比亚地区的边隅要塞用于防范南边非洲人的入侵,西方学界对这一地区的要塞埃利芬汀(Elephantine)进行了深度发掘,学者们对这一要塞也有深度研究,较全面的考察可参阅 Abteilung Kairo, *Elephantine: The Ancient Town*, trans. by M. E. Krauss, Cairo: German Institute of Archaeology, 1998. 值得一提的是,新王国时期的埃及城市没有城墙,但埃利芬汀的城墙却 （转下页）

城市的城墙在一些当代学者看来还有隔绝城乡、管控城市的作用,[①]但古人建造城墙时是否考虑过这些因素尚存疑问。防御是古人建造城墙的主要动机,如果不考虑防御因素,古人就没有必要耗费巨大人力、物力建造城墙。

城墙的缺失并不能否定城市的存在,将城墙作为古代城市界定标准的做法并不科学。[②] 从有形形态上看,城市是各种建筑、设施集聚到一定规模后的产物,包括城墙在内的任何一种建筑或设施都只是城市或有或无的组成部分,不能界定城市本身。古代城市不应该被看成一个有城墙的大型定居点,而应该被看成一个无形的容器,它并非无所不包,而是只容纳居者所需。需求有无与强弱决定了城中建筑与设施的种类、规模与布局,进而明确了城市的功能定位。反过来,要探讨城市的功能就必须先对城中建筑、设施的种类、规模与布局有清晰的认识。

就新王国时期的埃及城市而言,埃尔-阿玛纳提供了一个最好的研究范本。它虽然没有城墙,但自然屏障和界碑明确了城市的区域范围,也确定了完整的城市空间。它的绝大部分区域不在洪泛区,避免了被河水侵蚀的命运。它新建在一片处女地上,建成后只使用了十几年便被废弃,现存城市遗址除罗马时期的几座小型要塞外几乎完整地保留了新王国时期的城市风貌。虽然它在荒废后也被后世法老用作建造新城的石材来源,但城中的建筑和设施结构保存完好,布局清晰可辩。更重要的是,通过考古学家自 19 世纪 90 年代以来的数次大规模发掘,我们获得的信息足以将城中建筑、设施的种类、规

(接上页)厚达八米,这突出了该要塞的防御性质,见 Toby Wilkinson, ed., *The Egyptian World*, London and New York: Routledge, 2007, p. 63。

① 芒福德甚至认为城墙对宗教也起到了某种作用,见 Lewis Mumford, *The City in History: Its Origins, Its Transformations, and Its Prospects*, New York: Harcourt Brace and Company, 1961, p. 67。

② 关于城墙是否能作为古代城市界定标志的问题探讨可参阅李月:《城市起源理论新探——从刘易斯·芒福德的观点看》,《史林》2014 年第 6 期。

模与布局比较完整地呈现出来。所有这些条件都是其他城市不可比拟的。

　　埃尔-阿玛纳建于公元前 1348 年,[1]位于底比斯西北 275 公里处的尼罗河东岸,[2]南北界碑之间的直线距离约 10 公里,东西直线距离约 5 公里。[3] 城市布局松散,总体呈带状分布于尼罗河边,由北向南主要分为北城、北宫和中心城区三部分。北城是法老居住的地方,建有河滨宫殿、守卫营房、仓库,另有几处法老近臣的住宅。北宫是为一位重要的王后及其家人专门修建的王宫,建有大厅、含有卧室和浴室的住宅,以及一座小型、露天的阿吞神庙(Aten Temple)。城市的主要建筑与设施位于中心城区。一条宽 40 米、[4]南北走向的道路始于北城,途经北宫,直达中心城区,这是唯一一条连接城市三个主要区域的道路,是城市的主干道。由于此道是法老出行的通道,学者们一般将其诠释为御道(Royal Road)。

　　中心城区的主要建筑都分布于御道两侧。西侧是大宫殿区,它几乎占据了中心城区临河的全部区域,建有庭院、议政厅、加冕大厅,还有法老妻妾的休息室。东侧由北向南依次是大神庙区、作坊区、王宫区、小神庙区。各区域都大致呈方形规则布局,彼此都有明显间隔。大神庙区是一个由围墙围起来的规则的长方形区域,[5]长 760

---

① M. L. Bierbrier, *Historical Dictionary of Ancient Egypt*, Lanham, Md.: Scarecrow Press, 2008, Amarna.

② B. J. Kemp, "The City of El-Amarna as a Source for the Study of Urban Society in Ancient Egypt," *World Archaeology*, vol. 9, no. 2 (Oct. 1977), p. 123.

③ E. P. Uphill, *Egyptian Towns and Cities*, Princes Risborough: Shire Publications, 1988, p. 58.

④ 数据见 E. P. Uphill, *Egyptian Towns and Cities*, Princes Risborough: Shire Publications, 1988, p. 61。

⑤ 在法老时代埃及,神庙建造围墙可能是出于宗教的考虑,而不是出于防御的目的,相关分析可参阅 Kate Spence, "Royal Walling Projects in the Second Millennium BC: Beyond an Interpretation," *Cambridge Archaeological Journal*, vol. 14, no. 2 (Jul. 2004), p. 265。

米,宽 270 米,①这里坐落着埃尔-阿玛纳最大的阿吞神庙。该区域主要是开阔的空地,阿吞神庙建于东部,西部是一个布满供台的多柱大厅。作坊区主要进行石材加工和工艺品制作,建造阿吞神庙所用的小块规则砂岩就是在这里加工制作的。② 王宫区是法老在中心城区独处休憩的地方,也是法老处理政务的地方。王宫临御道而建,由小宫殿、庭院和贮藏室组成,入口在西侧,下面通往御道,上面有一座泥砖桥通往大宫殿区,紧连法老妻妾的休息室。王宫以东紧邻一片由若干小房间组成的办公区域,就此地出土的古代文献来看,这里有两个房间分别是保存有外交信函的"通信处"和誊抄、保存卷轴古书的"藏书馆",其他房间的功能不详。办公区域以东是马厩、营房,可能是法老守卫休息的地方。小神庙区紧邻王宫南侧,基本是大神庙区的缩影,不过面积要小得多。它也由长方形围墙包围,内设庭院和一座小型的阿吞神庙,一些有法老参与的小型宗教活动可能在这里举行。

　　居民区分布于中心城区的北郊和南郊。北郊建筑密集,格子布局,空间拥挤,临河位置有一处渡口通往西岸农耕区,③据此判断,这里居住的主要是农民。南郊是城市的主居住区,建筑布局总体呈带状沿河岸向南延伸,平民、贵族都在此居住。就现已发掘的区域来看,建筑群呈格子布局;平民住宅在建筑结构、室内空间方面和北郊

---

① 数据见 B. J. Kemp, "How Religious were the Ancient Egyptians?" *Cambridge Archaeological Journal*, vol. 5, no. 1 (Mar. 1995), p. 33. 另有学者认为宽度为 290 米,见 Charles Gates, *Ancient Cities: The Archaeology of Urban Life in the Ancient Near East and Egypt, Greece, and Rome*, London and New York: Routledge, 2003, p. 114。

② A. B. Lloyd, ed., *A Companion to Ancient Egypt*, vol. I, Chichester: Wiley-Blackwell, 2010, p. 330.

③ 据克姆普(B. J. Kemp)估测,与埃尔-阿玛纳相对的尼罗河西岸有近 162 平方公里的耕地,见 B. J. Kemp, *Ancient Egypt: Anatomy of a Civilization*, London and New York: Routledge, 1989, p. 269。

的居民住宅差别不大；贵族居所要大许多，一般设有庭院、花园、作坊、仓库、大厅、祭室、浴室、贮藏室，还有仆人的房间。

除上述区域外，埃尔-阿玛纳的区域范围内还有一些零星建筑。最广为人知的是南部界碑附近的玛鲁-阿吞（Maru-Aten），它的中心区域是一处浅湖，周围是祭室、庭院，外围建有围墙。其他建筑还有西南方河岸边的河谷庙、东北边缘的北墓群、东南边缘的葬祭庙以及南墓群。这些建筑虽远离城市中心，但也属于城市的一部分。

整体来看，埃尔-阿玛纳城区分明，存在一定程度的城市规划。有分析称，北城、中心城区的设置是刻意而为，别有深意。黎明时分，阿吞神从东方的地平线升起，法老从北城的宫殿启程，两者在中心城区的中心相会，随后开始在各自世界的平行统治；黄昏时分，当神祇与法老离开，宇宙与城市陷入宁静与黑暗，等待两位统治者的再次到来。[1] 另有学者认为，城市正交型的规划显示出了古代埃及人的秩序观念。[2] 这些观点都是学者们基于城市布局的猜测，无法从文献中得到印证。不过功能区域布局清楚地表明，宫殿与神庙是城市的核心组成部分。仅就这一点而言，底比斯、孟菲斯现有的发掘成果可以提供相应的佐证。

底比斯在新王国时期是阿蒙（Amun）的崇拜中心，这里有大大小小的神庙分布尼罗河两岸，几条由石砖铺就的节日游行大道将卡纳克（Karnak）、卢克索（Luxor）、代尔拜赫里（Deir el-Bahari）等几个主要神庙区域连接起来，使底比斯看起来是一个整体。城市中心位于尼罗河东岸的卡纳克，这里不仅坐落着巨大的阿蒙神庙，还建有穆特（Mut）、洪苏（Khonsu）、孟特（Montu）等许多其他

---

① David O'Connor, "Urbanism in Bronze Age Egypt and Northeast Africa," in Thnrstan Shaw, Paul Sinclair, Bassey Andah, Alex Okpoko, eds., *The Archaeology of Africa, Food, Metals and Towns*, London and New York: Routledge, 1993, p. 582.

② Peter Lacovara, *The New Kingdom Royal City*, London and New York: Kegan Paul Internatinal, 1997, p. 23.

神祇的神庙。① 卡纳克区域范围内找不到宫殿遗址，但铭文记载这里确实存在一座宫殿。② 西岸许多神庙附近的宫殿遗址也支持了这一说法。从整体来看，底比斯就是由宫殿与神庙组成的建筑群。

孟菲斯的核心组成部分也是宫殿与神庙。作为新王国时期重要的权力中心，图特摩斯一世（Thutmose I，约公元前1504—约前1492年在位）、麦伦普塔赫（Merenptah，公元前1213—前1203年在位）等许多法老都在这里建有恢宏的宫殿。③ 作为普塔（Ptah）崇拜中心，这里也遍布大大小小的普塔、塞克迈特（Sekhmet）、阿比斯（Apis）以及其他神祇的神庙。献给普塔的豪特-卡-普塔（Hout-ka-Ptah）神庙位于城市的中心，是孟菲斯面积最大、最突出的建筑物。其他神庙以及宫殿、民房、作坊、仓库、军营、港口、船厂都零散分布于它的四周。由此可见普塔神庙在孟菲斯的重要地位。

三、宫殿和神庙是城市磁体的必要磁极

就城市超乎生存与抚育目的的建筑而言，新王国时期的埃尔-阿玛纳、底比斯、孟菲斯所呈现给我们的主要是宫殿和神庙。作坊几乎是作为它们的附属物存在的，那里主要进行石材加工和宗教工艺品制作，以供宫殿和神庙所需。④ 工匠从农民中的分离并没有促进商品

---

① 各神庙及布局详见 R. H. Wilkinson, *The Complete Temples of Ancient Egypt*, New York: Thames & Hudson, 2000, pp. 153 - 154。

② D. B. Redford, "Studies on Akhenaten at Thebes. I. A Report on the Work of the Akhenaten Temple Project on the University Museum, University of Pennylvania," *Journal of the American Research Center in Egypt*, vol. 10, no. 1 (Jan. 1973), pp. 87 - 90。

③ 关于麦伦普塔赫所建宫殿的最早记载见 Herodotus, *The Histories*, II, 112。

④ 新王国时期的手工业产出主要是宗教附属品，表现为贵金属制作的宗教工艺品，见 B. J. Kemp, "How Religious were the Ancient Egyptians?" *Cambridge Archaeological Journal*, vol. 5, no. 1 (Mar. 1995), p. 34。

交换,集市与货币的缺失有力地证明了这一点。① 低迷的贸易没能对城市发挥应有的人口集聚作用,物资的集聚和再分配成为了神庙的附带功能。

城市是人的城市,定居点在人口集聚达到一定规模后才可能被视为城市。人们来到城市是为了生活,人们居住在城市是为了生活得更好。② 而所谓的更好就是如芒福德所说满足超乎生存与抚育的更高追求。莫里斯(A. E. J. Morris)说,城市有形形态产生的主要推动力是贸易、政治和宗教。③ 但就新王国时期的埃及城市而言,我们只看到了政治和宗教的推动作用,宫殿是统治阶级必不可缺的,神庙是所有人都迫切需要的,是它们主导了城市人口、物资的集聚过程。换言之,如果说新王国时期的埃及城市是一个磁体,宫殿和神庙就是它的磁极。

宫殿和神庙作为城市的核心和磁极是自然演变的结果。在城市出现之前,规模较大的定居点都是围绕宫殿或神庙建立的。④ 对于底比斯、孟菲斯这样自然形成的城市来说,它们从集镇到城市的发展过程就是随着生产力的发展对宫殿和神庙进行不断扩建、增建的过程。对于埃尔-阿玛纳这种平地而起的城市,其城市规划也受到了之前其他城市或定居点建造格局的影响。⑤ 宫殿和神庙是最先被建造的建

---

① 法老时期并不存在货币的概念,贸易是通过金、银、铜等金属作为一般等价物进行物物交换,见 J. J. Janssen, *Commodity Prices from the Ramessid Period*, Leiden: Brill, 1975, p. 101。

② 亚里士多德语,见 Aristotle, *Politics*, 1252^b。

③ A. E. J. Morris, *History of Urban Form: Before the Industrial Revolutions*, London and New York: Prentice Hall, 1994, p. 12.

④ 甚至作为边境要塞的埃利芬汀(Elephantine)都是如此,见 E. P. Uphill, *Egyptian Towns and Cities*, Princes Risborough: Shire Publications, 1988, p. 19; Werner Kaiser, "Elephantine," in K. A. Bard, ed., *Encyclopedia of the Archaeology of Ancient Egypt*, London and New York: Routledge, 1999, pp. 340 - 341。

⑤ 例如玛尔卡塔(Malkata)的许多特征就与阿纳玛类似,可参阅 David O'Connor, "The University Museum Excavations at the Palace-City of Malkata," *Expedition*, vol. 21, no. 2 (Oct. 1979), pp. 52 - 53。

筑,也是城市的核心。

宫殿是最高统治者(国王或法老)居住和处理政务的地方。作为政治中心的宫殿有议政、行政的官僚;维护着王权威严与区域安全的守卫;随时听候差遣的仆役;进行建造、修缮工作的工匠,还有供应食物的农民。他们人数众多、分工明确,共同保障着宫殿的运转和秩序。他们的住宅围绕宫殿分布,继而形成一个定居点。历朝历任的最高统治者们都喜欢建造属于他们自己的宫殿,而且大多另择新址。新宫殿的建成意味着旧宫殿被废弃,政治中心的转移意味着人口迁徙,以宫殿为中心的新定居点的兴起往往以旧定居点的衰落为代价。

神庙是古人敬奉神祇的地方,也是古人的精神归宿。古代埃及人对宗教有着特殊的感情,希罗多德说他们痴迷于宗教,其程度胜过世界其他任何民族。[1] 古代埃及宗教是典型的多神教,据说底比斯帝王谷一处陵墓的墙壁上记载了741位古代埃及神祇。[2] 在整个古代埃及,各路神祇的神庙遍布尼罗河两岸,人们总是临近居住,以求日常供奉,沐浴神恩。一些主神有其传统的崇拜中心,例如底比斯是阿蒙的崇拜中心;孟菲斯是普塔的崇拜中心;赫利奥波利斯是太阳神拉(Ra)的崇拜中心;塔尼斯(Tanis)是塞特(Seth)的崇拜中心;阿比多斯(Abydos)是奥西里斯(Osiris)的崇拜中心;等等。在这些崇拜中心,处于核心地位的是恢宏壮观的大神庙,它们是神祇的居所,也是神祇与人类沟通的地方,这种功能是其他地方的小神庙所不具备的。[3] 每逢宗教节日,这些大神庙成为了信徒的汇聚之所,也是供品的集散之地。

宫殿和神庙在埃尔-阿玛纳、底比斯、孟菲斯城址中的集中布局

---

[1] Herodotus, *The Histories*, II, 37.

[2] Jill Kamil, *Luxor*, London and New York: Longman, 1983, p. 132.

[3] 关于古代埃及大小神庙间的功能区分可参阅 B. J. Kemp, "How Religious were the Ancient Egyptians?" *Cambridge Archaeological Journal*, vol. 5, no. 1 (Mar. 1995), p. 30。

显示出政治和宗教因素对新王国时期城市具有重大影响。如果再结合这几座城市的相关背景，我们还会发现政治和宗教因素对各城市的影响是有差别的。

埃尔-阿玛纳的兴建是埃赫那吞（Akhenaten，公元前1379—前1362年在位）在宗教改革背景下的一项政治决策。关于这场宗教改革的性质，学界一般认为是在宗教外衣下统治阶级内部的政治斗争。[①] 为推进宗教改革，埃赫那吞需要一个阿吞神崇拜中心；为削弱阿蒙祭司集团的政治影响，他又需要另择新都，所以埃尔-阿玛纳在兴建之初就有宗教和政治的双重动因。它既是"太阳圆盘的地平线"（"The Horizon of the sun-disk"），[②] 又是埃赫那吞之城（The City of Akhenaten），宗教功能和政治功能对它而言同等重要。而且这两种功能联系紧密，当宗教改革失败，政治功能也失去了它的支点，随着继任者将都城回迁，这座城市也就荒废了。

底比斯的发展主要得益于其在政治扶持下不断扩大的宗教影响力。在新王国时期，阿蒙的地位由地方保护神上升为全国信奉的主神，大量战利品、田产、工艺品被作为供品敬献给阿蒙。在这种背景下，底比斯的区域面积相比中王国时期得到很大扩展，[③] 新建的神庙也更恢宏大气。阿蒙祭司由兼职转为全职，并进一步形成人数众多、等级森严的祭司集团。许多平民在神庙附近聚居，他们依附神庙，或在神庙附属的作坊里工作，或耕种着底比斯周边区域大量被划归庙产的农田。

---

① 关于埃赫那吞改革，国内已有一些研究，可参阅周启迪：《关于埃赫那吞改革的若干问题》，《北京师范大学学报》（社会科学版）1984年第4期；江立华：《试论埃赫那吞改革的性质——兼论一神教产生的条件》，《河北师范大学学报》（哲学社会科学版）1993年第2期。

② 埃尔-阿玛纳一词的原意，见 B. J. Kemp, "The City of El-Amarna as a Source for the Study of Urban Society in Ancient Egypt," *World Archaeology*, vol. 9, no. 2 (Oct. 1977), p. 123。

③ B. J. Kemp, *Ancient Egypt: Anatomy of a Civilization*, London and New York: Routledge, 1989, p. 203.

宗教的发展离不开政治的支持，法老对阿蒙神崇拜的支持是底比斯发展的基础。从第十八王朝中期开始，法老每逢宗教节日都会驾临底比斯，以显示对阿蒙的敬重。底比斯的宫殿就是他们在节日期间的临时居所。祭司也会诚请法老参加宗教仪式，还会为新继位的法老举行加冕仪式，以显示对王权的支持。这种王权与神祇的密切联系赋予了底比斯一定的政治影响力。从第二十王朝末期开始，阿蒙祭司集团实质上获得了自治，底比斯也成为了南方地区的政治中心。[①]

相比埃尔-阿玛纳、底比斯，孟菲斯的发展模式或许更为典型，它是在以前的主神崇拜中心基础上发展起来的政治中心。塔尼斯、赫利奥波利斯等其他被界定为城市的地点可能都属于这种情况。孟菲斯是一个历史悠久的定居点，它自第一王朝时期就已经出现，长久以来一直是普塔的崇拜中心，在古王国时期还一度是重要的政治中心。不过由于生产力水平所限，当时的孟菲斯还远达不到学者们普遍认定的古代城市规模。到新王国时期，孟菲斯这个古老的主神崇拜中心因为几任法老都定居于此而再次焕发生机，区域扩大，人口增多，成为拥有两万人以上的城市。[②]

综上所述，通过对新王国时期埃尔-阿玛纳、底比斯、孟菲斯的综合考察，我们或许可以推断，宫殿和神庙是新王国时期城市的核心组成部分，政治和宗教是城市发挥的主要功能，而这两种功能也是人口、物资集聚的主要动因。政治、宗教因素对城市的形成与发展产生着重大影响，具体到不同城市又有不同差异。但无论如何，新王国时期的埃及城市是政治、宗教因素综合作用的结果，其功能定位是政

---

① M. L. Bierbrier, *Historical Dictionary of Ancient Egypt*, Lanham, Md.: Scarecrow Press, 2008, Thebes.

② F. A. Hassan, "Town and Village in Ancient Egypt: Ecology, Society and Urbanization," in Thnrstan Shaw, Paul Sinclair, Bassey Andah, Alex Okpoko, eds., *The Archaeology of Africa*, *Food*, *Metals and Towns*, London and New York: Routledge, 1993, p. 563.

治、宗教的双重定位。

第二节　从古希腊城市看城市生态与区域

自 20 世纪 60 年代城市史学成为一门独立学科以来，城市史研究范围不断扩展，涉及政治、经济、文化、地理、生态、人口、环境、城乡关系等等，无所不包；研究方法也有人口学、社会学、人类学、地理学、生态学、心理学等不同学科方向的尝试。不过这种研究范围、方法的扩展主要体现在近当代城市的研究中，并未对古代城市研究造成深刻影响。[①] 在古希腊城市研究领域，学者们的研究范围仍主要集中在城市政治、经济，以及社会文化生活，研究方法也仍主要局限于历史学和考古学方法。[②] 在这种背景下，芒福德关于古希腊城市的论述在今日看来仍然视角新颖，仍具学术价值。

作为一位博览群书、视野广阔，并对城市史有着宏观思考的人，芒福德对古希腊城市的研究有其独到之处，尤其是他能以一种跨学科、跨领域的视角去分析古希腊城市问题。正因为如此，他对某些问题的关注在当时是超前的。时至今日，他所关注的一些问题仍能对当今的古希腊城市史研究以思路上的启发。当代学者基于芒福德的一些异于大众学者的视角，结合自身更加专业的学术素养，加之更加丰富、前沿的研究成果，一定可以在吸取芒福德古希腊城市观念营养的基础上把某些问题研究得更深刻、更透彻。本节即打算就学术界较少研究而芒福德却有所涉猎的生态与区域这两个视角对古希腊城市做一些尝试性探索。

[①] 关于城市史学作为一门学科自 20 世纪 60 年代的形成与发展，国内较系统、全面的介绍可参阅于沛主编：《现代史学分支学科概论》，中国社会科学出版社 1998 年版，第 111—148 页。

[②] 关于西方学界对古希腊城市的研究概况可参阅解光云：《欧美学者对古希腊城市研究简述》，《世界历史》2005 年第 1 期。

一、自然对古希腊城市形成与发展的影响

对于古希腊城市,芒福德首先关注到的是自然对古希腊城市形成与发展的影响。在芒福德看来,地形、生态环境、自然资源影响了城市的规模、分布,以及城市生活。对这些问题的探讨本身属于城市地理学的研究范畴,该学科萌芽于 19 世纪末 20 世纪初,到 20 世纪 30 年代渐成体系,至 50、60 年代已是集城市体系研究、城市形态研究、城市集群研究于一体的成熟学科。反观这一学科半个多世纪的发展历程,在其代表人物法国地理学家拉乌尔·布朗夏尔(Raoul Blanchard,1977—1965 年)、德国经济地理学家沃尔特·克里斯塔勒(Walter Christaller,1893—1969 年)的影响下,城市地理学多与社会学、经济学相关联,研究近当代城市问题,极少涉及历史上的城市。因此,可以说,芒福德是最早将城市地理学融入城市史研究的先驱之一。

芒福德认为,地形对古希腊城市空间的扩展起到了制约作用。在他的印象中,爱琴海地区山峦叠嶂,根本没有多少用于建城的空间。[①] 这一论述主要基于他实地考察的直观感受,分析并不严谨,从地理学上说缺乏时期上的界定。爱琴海地区地处非洲板块与欧洲板块的交汇地带,地壳活动十分活跃。那里的地形一直在板块挤压中渐进式变化,随着时间的推移,现代希腊地区与古代希腊地区存在较大差异。没有意识到或忽略这种差异可能会在研究过程中产生疑惑,且得到的结论也可能存在偏差。例如,由于板块挤压,山峦隆起,现在的温泉关地区相比古希腊时期的地形已有很大变化,那里如今已不再是地理上的咽喉要道、兵家必争之地。以现代的地形为基础去分析,我们可能很难理解那里为什么会在古代发生战争。芒福德

---

① Lewis Mumford, *The City in History: Its Origins, Its Transformations, and Its Prospects*, New York: Harcourt, Brace and Company, 1961, p. 120.

的研究以实地考察为基础,也确实游历过希腊地区,①但他缺乏地理学家、考古学家的那些专业的分析工具和考证方法,因而可能并未意识到这一问题。

通过地层推理,以及包括花粉分析在内的沉积物透析,再结合古代作家在各种作品中对地形的记述,②考古学家与地理学家对古希腊地区的地形已有较为清晰的认识。他们一般将古希腊地区划分为六个生态区:平原、可耕种的山麓、不可耕种的山麓、高山、沼泽和海洋。③ 基于这一生态区域划分,像芒福德那样将城市的空间发展限制简单地归因为地形因素是不恰当的。

诚然,地形因素确实对古希腊城市产生了显而易见的影响。平原面积广大的地区更有利于积聚人口,也更容易形成大城市。古希腊地区的丘陵和山地遍布以石灰岩为主的坚硬岩石,不易改造,空间拓展成本很高。在克里特岛南部地区,由于阿拉德赫那(Aradhena)海峡的存在,最终呈现在我们面前的是隔海相望的阿雷登(Araden)、阿诺波利斯(Anopolis)两座小城,而不是一座城市。但古希腊地区并非都是小国寡民,城市在规模上差异很大,诸如雅典、斯巴达这样的大城市几乎都克服了地形的限制,这两座城市都涵盖了古希腊的全部六种生态区。因此,城市规模的大小也需要考虑其他因素。

地区的人口承载能力是除地形外最需要考虑的因素。地层考古的资料显示,古希腊地区在有人类活动记载之前就已经持续存在严

---

① D. L. Miller, *Lewis Mumford: A Life*, New York: Weidenfeld & Nicholson, 1989, p. 461.

② 关于古代作家对古希腊地区的相关叙述,苏联历史学家波德纳尔斯基做过系统的梳理,可参阅波德纳尔斯基:《古代的地理学》,梁昭锡译,商务印书馆2011年版。

③ Oliver Rackham, "Ancient Landscapes," in Oswyn Murray, Simon Price, eds., *The Greek City: From Homer to Alexander*, Oxford: Oxford University Press, 2002, pp. 101 – 102.

重的水土流失。① 到古典时期,古希腊许多可耕种区域的土壤并不肥沃,诸如米诺斯(Minos)、阿克兴(Arkesine)等许多古希腊城市都位于贫瘠的土地上。对于沼泽地区,现代希腊已将沼泽抽干,使之变成肥沃的农田,但在古希腊时期,沼泽并不适宜耕种,古希腊人并不像古埃及人或古美索不达米亚人那样有严密的组织、强制的手段去大规模改造自然。对于丘陵地区,现代学者有过古希腊人在丘陵地带开垦梯田的设想,但由于年代久远,仅凭 19 世纪发现的一些梯田遗迹无法令人信服,而学者们也苦于在古代文献中找不到切实的证据。

芒福德认为,爱琴海地区有得天独厚的条件,那里有丰富的物产可以减轻农民的耕作之苦,尤其是橄榄和板栗,人们还可以以鱼类为食,因而并不完全依赖谷物,以至于连农民都知道如何去度过闲暇,享受生活。② 如果未经深究,我们很容易陷入这种"靠山吃山,靠海吃海"的惯性思维,也不会觉得芒福德的分析有何不妥。以此类推,地区的人口承受能力并不受制于土地的耕种面积和产出。然而事实并非如此,但凡了解古希腊贸易的人都会意识到谷物对于古希腊人是多么重要。有学者就指出,古希腊人饮食过于单调,过分依赖谷物制品,根本没有充分利用那些可替代的食材。③

林·福克斯豪(Lin Foxhall)的研究表明,橄榄虽然在古希腊地区被广泛种植,但并未被大量种植,土地的零散分布和多样化利用也

---

① Oliver Rackham, "Ancient Landscapes," in Oswyn Murray, Simon Price, eds., *The Greek City*: *From Homer to Alexander*, Oxford: Oxford University Press, 2002, p. 110.

② Lewis Mumford, *The City in History*: *Its Origins*, *Its Transformations*, *and Its Prospects*, New York: Harcourt, Brace and Company, 1961, pp. 119 - 120.

③ 关于古希腊地区饮食对谷物的依赖可参阅 Lin Foxhall and H. A. Forbes, "'Sitometreia': The Role of Grain as a Staple Food in Classical Antiquity," *Chiron*, vol. 12, no. 1 (Jan. 1982), pp. 41 - 90。

使得橄榄无法做到规模化生产。[1] 他关于橄榄在古希腊地区内部消费的研究也表明,橄榄主要用于榨油,很少被用来直接食用。[2] 至于芒福德所说的板栗则主要产自山区,并不作为古希腊人的主要食物来源。而且,鱼也不是古希腊人的主食,有些地区的希腊人甚至很少吃鱼。[3] 排除这些食材,我们最终还是要在食物供给问题上回归到谷物制品上来。

谷物制品是古希腊人日常生活中的主食。由于消耗量大,古希腊地区可耕种土地绝大部分都被用来种植谷物。尽管如此,到所有可耕地资源都已开发殆尽的古典时期,[4]谷物生产仍然不能满足古希腊人的日常需求。古希腊地区地形复杂,各地差异很大,土地的肥力也有很大差别,雅典的兴起在很大程度上得益于阿提卡地区的平原耕地较多,土地也相对肥沃,能够有更多的谷物产出,养活更多的人。

由于对谷物的依赖,古希腊人需要在普通的年景播下足够多的种子,生产足够的粮食,而在年景好的时候,他们要想着填满仓库,以应对可能面临的歉收。这种顾虑是十分必要的。好的年景和差的年景一般取决于降水量的变化,而这一气候指标在古希腊地区十分不均衡,即便对于现代希腊来说也是如此,更何况古希腊时期的气候并不像现代那么温和。据色诺芬记载,古希腊的猎人必须面对霜冻、降

① 关于古希腊地区橄榄种植的内容可参阅 Lin Foxhall, *Olive Cultivation in Ancient Greece: Seeking the Ancient Economy*, Oxford: Oxford University Press, 2007, pp. 97 – 129。

② 关于古希腊地区橄榄生产与消费情况可参阅 Lin Foxhall, *Olive Cultivation in Ancient Greece: Seeking the Ancient Economy*, Oxford: Oxford University Press, 2007, pp. 85 – 95。

③ 除地域、季节、价格等常规因素的影响外,古希腊人对鱼的消费甚至受宗教、风俗等因素的制约,可参阅付晓倩:《古希腊食鱼风俗的历史考察》,《农业考古》2015 年第 1 期。

④ 古希腊土地得到完全开发的时期界定是根据古代勘察记录中城乡界限和山区定居点地理位置的标注来判断的,见 Oliver Rackham, "Ancient Landscapes," in Oswyn Murray, Simon Price, eds., *The Greek City: From Homer to Alexander*, Oxford: Oxford University Press, 2002, p. 101。

雪,甚至暴雪。[①]

　　综合以上食物来源、土地使用和产出情况,以及气候因素,我们不难想象,古希腊地区的食物供给并非如芒福德所想的那么充足。实际上,彼得·加恩西(Peter Garnsey)在后来的相关研究中也已经充分证实了古希腊地区的食物供给情况:饥荒倒十分罕见,但食物危机却时有发生。[②]

　　食物供给是地区人口承载能力的重要指标,在古代世界更是城市发展的重要瓶颈。到古典时期,像雅典那样人口众多的大城市已经很难做到自给自足了。当人口积聚雅典,谷物制品已经不能满足需求,雅典只能依靠进口,而为了维持进出口平衡,雅典控制的矿产和当地生产的陶瓷制品成为出口的对象。埃及是向古希腊地区出口谷物的主要出口地,黑海沿岸的产粮区也是重要的出口地之一。这种贸易关系甚至一直持续到古罗马晚期。对于那些没有资源出口换取食物的地区,他们往往在有限的土地上种植更具经济价值的橄榄或其他经济作物,继而以贸易为生,但这在一定程度上减弱了古希腊本土的谷物自产能力。

　　当人口增长到达一定限度,古希腊城邦的惯常做法便是殖民。虽然向外殖民可能有着各种动因,并非如芒福德所想只是因为农业上的压力,[③]但正如尼古拉斯·普塞尔(Nicholas Purcell)所说,在资源匮乏的情况下,这种通过殖民或人口迁移进行的再分配,在古希腊相当长的时期内构成了主要的原动力因素。[④] 人口的外迁是地区人口承载能力达到极限的一种综合反映。古希腊时期虽已经历过第三

---

① Xenophon, *Kynegetikos*, IV. 9.
② Peter Garnsey, *Famine and Food Supply in the Graeco-Roman World*, Cambridge: Cambridge University Press, 1988, pp. 8–42.
③ Lewis Mumford, *The City in History: Its Origins, Its Transformations, and Its Prospects*, New York: Harcourt, Brace and Company, 1961, p. 124.
④ Nicholas Purcell, "Mobility and the Polis," in Oswyn Murray, Simon Price, eds., *The Greek City: From Homer to Alexander*, Oxford: Oxford University Press, 2002, p. 52.

次社会大分工,但农业仍是吸纳人口的主要行业。当农民无地可耕,地区依靠自产和进口仍然无法满足人们的日常饮食需求,外迁殖民寻找出路便是一种合理的选择。

迁移对于古希腊人来说是十分普遍的现象。希罗多德(Herodotus)说,整个希腊族群就是"一个主要依靠移民而形成的群体"。[①] 修昔底德(Thucydides,公元前 471—前 400 年)说,"迁移和稳定是解释希腊过去的基础"。[②] 从地理学上解释,我们很容易从复杂的地形、匮乏的资源、不定的气候中找到答案。限于有限的空间,古希腊的城市规模都不大,更多的平原和山麓需要被用作农田。由于山峦与海峡的隔断,定居点之间往往相互隔绝,失去了合并发展的可能。地形的不可改造使人们失去了积聚、协作的动力,而耕地资源匮乏且分散,气候也不适宜谷物生长等因素则进一步加剧了人口积聚的难度。正是这些独特的地理环境使爱琴海文明呈现出了另一种有别于古埃及文明和古美索不达米亚文明的城市形态:人口没那么多,占地没那么大,适应自然,融于自然,小而精致,未尝不是另一种城市之美。

二、乡村对古希腊城市形成与发展的影响

对于影响古希腊城市形成与发展的自然因素,芒福德的分析只能算浅尝辄止。相比之下,他对古希腊的城乡关系有着更深刻的理解。以他惯有的城市文化思维,再基于他对赫西俄德(Hesiod)的《工作与时日》(*Works and Days*)中所描述的劳作情景的理解,在他看来,爱琴海地区的城市与殖民地就是从赫西俄德所描述的这种乡村

[①] Herodotus, *Histories*, I, 56.
[②] Thucydides, *History of the Peloponnesian War*, I. 2.

文化中发展起来的。[①] 这与他关于城市起源的论述是一致的,也符合城市从村庄扩展至城市的发展规律。

古代世界的城市在一定程度上可以理解为城市的初级阶段。与古埃及、古美索不达米亚地区的城市不同,古希腊的城市规模小,人口少,更接近于城市发展的最初形态。在城市起源问题上,国内外许多学者都对城市本身进行了界定,并试图明确村庄转变为城市的界限。按照许多学者的说法,古希腊地区的许多城邦的核心聚居点都很难被界定为城市。至少在人口规模上,一些城邦的核心聚居点根本算不上城市。而就国内学者比较看重的城墙问题而言,古希腊人在波斯人入侵之前很少建造围墙,甚至在波斯人入侵以及伯罗奔尼撒战争之后,许多大型定居点仍然没有城墙,甚至像斯巴达那样的大城市都没有城墙。[②]

芒福德认为,界定一处大型定居点是否算得上城市不应该看它有多少人口,也不能看它有没有城墙,而应该注重它所发挥的艺术、文化和政治作用。[③] 不过连芒福德自己也没有对古希腊定居点该归为城市还是村庄的问题深入研究,更谈不上评判和定论。除诸如雅典、斯巴达、科林斯等一些被广泛认可的城市以外,古希腊地区的城市与村庄的界定并没有十分明确的标准。一些所谓的城市可能只是规模稍大的村庄,另一些大型的村庄也可能已经可以被视为城市了。

作为城市的最初形态,村庄有成为城市的潜质,城市也保留着浓厚的村庄气息。在芒福德看来,希腊就是一种十分典型的村庄联合,

---

① Lewis Mumford, *The City in History*: *Its Origins*, *Its Transformations*, *and Its Prospects*, New York: Harcourt, Brace and Company, 1961, p. 126.
② 关于国内外学者对城市起源和城市界定标准等问题的探讨可参阅李月:《城市起源理论新探——从刘易斯·芒福德的观点看》,《史林》2014 年第 6 期。
③ Lewis Mumford, *The City in History*: *Its Origins*, *Its Transformations*, *and Its Prospects*, New York: Harcourt, Brace and Company, 1961, p. 125.

他把它称为"联村城市"（Synoecism）。① 这种判断有其历史依据。以雅典为例，它的十将军委员会的产生方式即是由十个部落各选一名30岁以上的成年男性组成，这本身就很好地解释了芒福德所谓的"联村城市"的内涵。城市中的这种开会协商、联合执政的民主作风一开始就盛行于古希腊地区的乡村之中。

古希腊城市的形成与发展是一个渐进的过程，不同地区的不同定居点从村庄发展为城市的进程是不一致的。从一定程度上说，古希腊地区的许多定居点还处于从村庄向城市过渡的阶段，而那些已经被视为城市的定居点还明显外露着村庄的痕迹。在城市发展过程中，人们如亚里士多德所说为追求更好的生活从乡村来到城市生活，② 使城市得以发展，规模扩大。但与此同时，从乡村而来的人又将村庄的乡土气息融入到了城市的有形构造与无形生活之中。

仍然以雅典为例，城市的核心部分是建于山丘之上的卫城，那里是雅典的宗教圣地，以帕特农神庙（Parthenon Temple）为中心。雅典卫城有自己独立的城墙，战时是最后的要塞防线，是雅典市民的避难所。出了著名的山门，在卫城的南坡上有市民活动中心、露天剧场和长廊。卫城的西北侧也有广场、剧场、竞技场。居民区则积聚于山下。这种布局可归结为两个特点：第一，各个区域自成体系，相互独立；第二，公共空间位于居民区之外。总体来看，各区域是联合成一座城市，而不是融合成一座城市。这样的布局与村庄没有本质区别。如果把比雷埃夫斯港（Piraeus）也考虑在内，这种感觉会更加明显。从雅典城到比雷埃夫斯港口沿线的居民区域实质上就是乡村。

雅典市民的生活也没有完全脱离乡村气息。尽管商业发达，分工细化，但许多雅典市民仍以土地为生。在雅典城郊的可耕地区域

---

① Lewis Mumford, *The City in History: Its Origins, Its Transformations, and Its Prospects*, New York: Harcourt, Brace and Company, 1961, p. 126.

② Aristotle, *Politics*, 1252^b.

零散分布着村庄农舍,许多雅典市民在需要时从郊区的农舍里出发前往雅典城内参加公民大会等公共活动,傍晚再回到郊区的农舍居住。一些古代文献也能证明,在雅典城内传经布道、演说陈辞的许多学者在郊区都有很多田地,而且他们中有不少人会亲自耕种。①

鉴于这种城市与城郊乡村地区的人口流动性,估测雅典城邦的人口相比估测雅典城内的人口更具价值,也更实际。伯罗奔尼撒战争的战例也表明,雅典城无法容纳、安置整个城邦的人口。当斯巴达人兵临城下,烧毁城郊的村庄、农田,居于城郊的雅典人退到城内,城市便显得拥挤不堪,瘟疫也接踵而至。事实上,也正如芒福德所评价的,雅典在城市规划和卫生设施方面相当落后,街道只能算是小巷,垃圾、粪便到处都是,定期处理的办法也只是将它们堆积在城郊,消毒基本靠阳光。② 从这一点来看,雅典在伯罗奔尼撒战争期间的那场大瘟疫的悲剧是必然会发生的。

雅典可能是我们所能获取关于城市与乡村信息最多的城邦,但它能在多大程度上代表整个古希腊地区的情况却很难评判。作为古希腊地区最大、最知名的城市之一,雅典具有一定的代表性,至少可以代表古希腊城市发展的成熟阶段。但就整个古希腊地区而言,发展成雅典那么大规模的城市并不多。因此,虽然雅典所表现出来的城乡联系可以映射其他地区,但鉴于古希腊地区特异的地形特征,以及不均衡的资源分布,在结合现有古希腊城市、乡村考古证据的基础上考察其他地区的城乡关系也十分必要。

在这一方面,由安东尼·斯诺德格拉斯(Anthony Snodgrass)与约翰·宾特里夫(John Bintliff)共同主持,以庇奥提亚(Boeotian)地

---

① Anthony Snodgrass, "Survey Archaeology and the Rural Landscape of the Greek City," in Oswyn Murray, Simon Price, eds., *The Greek City: From Homer to Alexander*, Oxford: Oxford University Press, 2002, p. 114.

② Lewis Mumford, *The City in History: Its Origins, Its Transformations, and Its Prospects*, New York: Harcourt, Brace and Company, 1961, p. 130.

区为范本进行的城乡区域分布研究很有代表性。他们通过合理的理论建构,并结合一些技术手段对庇奥提亚地区进行了长期、系统、科学的考察,因而也得到了许多有价值的信息。其中尤为重要的一点是,他们的研究再次映证了西方学者基于古希腊城邦问题的研究得到的一点共识,即城市与乡村是密不可分的联合体。[①] 作为古希腊城市发展的次级形态,庇奥提亚地区的城乡关系十分密切。位于忒拜(Thespiai)和哈里阿托斯(Haliartos)周围的村庄十分密集,尤其是忒拜,有三个村庄明确位于它的领地之内。[②]

　　基于雅典的案例、安东尼·斯诺德格拉斯、约翰·宾特里夫等人的区域分布研究,再结合古希腊地区的地形与城市发展概况,不难想象,在古希腊地区,城市源于乡村,依赖乡村,最终又融入乡村。只是古代大多数学者、作家用了更多的笔墨在文本与碑铭上记录着雅典等少数几个古希腊城市的鼎盛与辉煌,而作为城市根基的乡村被有意识或无意识地忽略了。

三、城市与自然、乡村的和谐发展

　　正如我们所看到的,芒福德关注到了自然因素对古希腊城市形成与发展的影响,也分析了古希腊城市与乡村的密切联系,尤其是城市对乡村的依赖。芒福德研究古希腊城市的这两大关注点在他研究时的 20 世纪 50 年代无疑是前瞻性的,甚至在现在看来也属于前沿视角。对于古希腊城市的研究,芒福德或许只是浅尝辄止,但他研究

---

① Anthony Snodgrass, "Survey Archaeology and the Rural Landscape of the Greek City," in Oswyn Murray, Simon Price, eds., *The Greek City: From Homer to Alexander*, Oxford: Oxford University Press, 2002, p. 113.

② Anthony Snodgrass, "Survey Archaeology and the Rural Landscape of the Greek City," in Oswyn Murray, Simon Price, eds., *The Greek City: From Homer to Alexander*, Oxford: Oxford University Press, 2002, pp. 125 – 127,132.

古希腊城市的这两大视角显示出他在城市研究中的敏锐洞察力。

从芒福德的学术背景来看,他在古希腊城市研究中的这种独特视角在很大程度上源于他的兴趣广泛和博学。早在1916年,芒福德在创作《制衣业的地理分布与分析》一文时就已经注意到了地理因素对城市功能布局的影响。后来他试图模仿格迪斯的《城市发展》(*City Development*,1904)一书将此文扩展成书。为此,他在1916年秋开始了地理学方面的学习和研究。[①]

米勒的记录证实,芒福德当时对地理学表现出了十分浓厚的兴趣,之后他花费了近两年的时间专门研究地理因素对城市的影响。[②]在此期间,他主要接触了美国和法国地理学家的著述,尤其受到了法国著名地理学家和区域理论家查尔斯·布朗(Charles Brun)的影响。在经过大量的探索研究之后,芒福德已经意识到了地理因素对城市形成与发展的巨大影响。在与米勒进行的一次访谈中,他直言当时就已经相信,城市发展的出路在于区域疏散,最终的出路便是在尊重土地、气候、植被、动物资源、产业分布以及历史传统的基础上组成的区域。[③] 芒福德对于古希腊城市的分析在很大程度上就基于对这些地理因素的考察。

基于对地理学的兴趣,并结合城市学的研究,芒福德很快就接受了法国学者奉行的区域理论,并有意将他们的区域理论应用到美国社会发展的实际之中。他对区域理论的关注为他后来的城市学研究奠定了一定基础。之后他围绕区域问题撰写了一系列文章和著作,继而成为美国区域城市理论的代表人物之一。

---

① D. L. Miller, *Lewis Mumford : A Life*, New York: Weidenfeld & Nicholson, 1989, p. 81.

② D. L. Miller, *Lewis Mumford : A Life*, New York: Weidenfeld & Nicholson, 1989, p. 82.

③ D. L. Miller, *Lewis Mumford : A Life*, New York: Weidenfeld & Nicholson, 1989, p. 81.

区域城市理论的核心理念之一便是将城市置于更广阔的区域中加以考察。芒福德倡导这一理念,在他看来,解决城市问题的关键不在于城市本身,而是应当用更广阔的视野将这些城市问题置于新的格局之中。这里所谓的新格局就是突破城市的范围,将视野投向乡村。自第一次工业革命以来,城市飞速发展,这种发展其实是以牺牲乡村为代价的。英国著名的圈地运动将农民赶出了家园,赶进了城市,其结果是城市变得拥挤,而乡村变得冷清,步入衰退。

城乡关系的失衡造成的不利影响早已引起了学者们的关注。霍华德的"田园城市"("Garden City")、格迪斯的"区域城市"("Regional City")本质上就是在解决城乡协调问题。芒福德本人在城市中长大,但对乡村却有着特别的情感,因而在霍华德与格迪斯的理论风靡美国时,他很快便接受了这些时髦理论,并成为这些理论本土化的积极倡导者和实践者。基于这一学术背景,我们便不难理解芒福德为什么要专门去探讨古希腊的城乡联系。

芒福德在古希腊城市研究中关注地理和乡村因素有其学术背景,而这两种因素并非孤立,均统一于芒福德所倡导的区域城市理论之中。按照芒福德对区域城市的理解,城市在形成过程中应当充分考虑自然环境对城市的影响,城市在发展过程中应当充分考虑与乡村的统筹协调。

通过对古希腊城市的分析,芒福德指出了自然环境对城市形成与发展的限制,更指出了城市与乡村的密切联系,还特别强调了城市对乡村的依赖。芒福德基于他对现代的区域城市理论的理解,以古代的、原始的、初级的城市为蓝本探索了城市形成与发展面临的问题,这在很大程度上是返璞归真,是对城市本质的探讨。通过比较,我们甚至可以体会到他借古喻今的意味。

古希腊地区的地形并不像古埃及和古美索不达米亚平原那样有利,且限于技术水平低下,古希腊人也缺乏改造复杂地形的能力,因而古希腊城市发展受到了很大制约,规模上并不如古埃及和古美索不达米亚地区的城市那么宏伟壮观。但古希腊城市在如此不利的环境中形成与发展起来了，他们的发展不以大肆改造自然为代价，而是顺应自然，形成了独具地区特色的城市形态。

古希腊城市相比古代社会其他地区的城市发展得并不成熟，他们从村庄发展而来，但还没有完全脱离村庄，有形形态与无形形态都保留着浓厚的乡村气息。而且，古希腊城市对村庄十分依赖，这种依赖程度相比其他地区的城市可能更为明显。人们的日常生活还没有完全脱离乡村的节奏，很多时候，城市与村庄并没有十分明显的界限。就古希腊城市而言，西方学者的许多城市界定标准可能都不适用，城市与乡村联系十分紧密，以城市为中心，囊括其周围的广阔乡村的整个城邦区域才是一个整体。城市源于乡村，依赖乡村，古希腊城市就是最好的例证。因而城乡统筹才可能协调发展，否则城市发展会被乡村所累，乡村发展更会被城市所毁。

古希腊城市的形成与发展证明了自然环境和乡村对城市的巨大影响，而这两大因素渐渐被我们忽视了。自第一次工业革命以来，古代城市表现出来的那种与自然和谐共处，与乡村紧密联系的关系被破坏了。工业革命极大提高了人类的生产力水平，同时也破坏了人与自然和谐共处的平衡。城市的发展也不再是顺应自然，而是以改造自然，甚至破坏自然为代价。

城乡关系也是如此。当人类文明从农业社会过渡到工业社会，城市作为工业中心居于更重要的地位，城市的工业发展在很大程度上需要以牺牲乡村的农业经济为代价。在古希腊地区，城市作为区域的中心被广大的乡村地带包围，但自第一次工业革命以来，城市不断扩展，与乡村争地，发展至芒福德所处的 20 世纪 50、60 年代，乡村反而成了城市与城市之间的绿色孤岛。

忽略自然、无视乡村地发展城市无疑是错误的，破坏自然、毁坏乡村更是大错特错。但这种发展模式自第一次工业革命以来一直在持续。这种违背了自然规律的发展模式给城市带来了许多问题，而解决这些城市问题的根源就在于重新审视城市与自然、乡村的关系，恢复旧有的平衡，使人与自然、城市与乡村和谐发展。然而，在经济高速发展，城市飞速扩张的时代，这样的观念并不会得到太多的回应，只因为无利可图。

回归城市的原始形态，探索城市的本源，我们才会发现自然环境、乡村对于城市发展有多么大的影响，忽略这些因素会造成多么坏的后果。芒福德试图用古希腊城市的形成与发展来证明城市、自然、乡村和谐发展的重要性，继而向我们证明工业时代以来的城市正朝着违背自然规律的错误方向发展。时至今日，当自然开始报复城市，乡村开始制约城市，当不利影响和后果已如此清晰地呈现在我们面前，我们应该反思，对照古希腊城市的蓝本，回归城市与自然、乡村和谐共存的正途。

第三节　从古罗马城市看城市人文

罗马帝国幅原辽阔，城市遍布帝国各地，远非爱琴海一隅可比；帝国鼎盛时期的罗马城繁华似锦，各地出产云集于此，奇珍异宝，应有尽有，即便辉煌时期的雅典也无法与之相提并论；相比古希腊城市，古罗马人建筑技艺高超，建筑材料丰富、充足，建造的城市建筑也更加恢宏大气。

毫无疑问，古罗马城市有许多值得论述的地方，就现有的考古证据来看，罗马城和庞培城有许多东西值得深入挖掘和探讨；就具体研究领域而言，单城市建筑的技艺就值得大书特书。芒福德对古罗马城市有过深入研究，从城市形态学的角度来看，他的研究十分全面。他关注到了城市的有形形态和无形形态，对其中典型的城市规划布局、构造、建筑类型、城市生活都有过论述，并且提炼出了古罗马城市的共性特征，这种关于古罗马城市共性特征的探讨时至今日仍有价值。

许多西方学者都喜欢用"Greco-Roman"（"古希腊罗马"）一词来反映古希腊文明与古罗马文明的联系。在城市学研究中，古希腊城市与古罗马城市也有许多相通之处，连芒福德也承认，除伊特鲁里亚（Etruria）文化以外，古希腊文化是古罗马城市的文化基石另一大源泉。[①]　而且，他还认为，古罗马城市在规划方面学到了希腊化城市基于实践基础的美学形式，[②]这多少也与古希腊文化有些渊源。因此，将古希腊城市与古罗马城市相结合去研究有其一定的学理基础，国内外有学者就循此思路解决了许多问题。例如，安德鲁·贝尔（Andrew Bell）探索了古希腊罗马城市的政治权力问题；[③]裔昭印研究了古希腊罗马城市的经济特征问题；[④]等等。

　　但芒福德对古罗马城市的论述并非基于古希腊城市与古罗马城市之间的共通之处，反而是基于它们之间的差异。在称赞了和谐、自然的古希腊城市之后，芒福德对古罗马城市的研究笔调上有了明显变化。"大都市变为死亡之城"的概论奠定了芒福德论述古罗马城市的基调。[⑤]　在芒福德看来，如果说融入自然，融入乡村是古希腊城市的特质，值得称赞，那么古罗马城市表现出来的种种迹象就需要无情批判了。对我们而言，只有基于这样一种基调去看待芒福德的论述才能沿着他的思路去理解古罗马城市。如此，我们能够深入探讨罗马荣耀之下的城市的另一面，以此作为古罗马城市研究的一种补充，

① Lewis Mumford, *The City in History: Its Origins, Its Transformations, and Its Prospects*, New York: Harcourt, Brace and Company, 1961, p. 206.

② Lewis Mumford, *The City in History: Its Origins, Its Transformations, and Its Prospects*, New York: Harcourt, Brace and Company, 1961, p. 207.

③ Andrew Bell, *Spectacular Power in the Greek and Roman City*, Oxford: Oxford University Press, 2014.

④ 裔昭印：《从古希腊罗马看古代城市的经济特征》，《上海师范大学学报》（哲学社会科学版）1995年第3期。

⑤ Lewis Mumford, *The City in History: Its Origins, Its Transformations, and Its Prospects*, New York: Harcourt, Brace and Company, 1961, p. 205.

也更能理解和透析芒福德如此批判古罗马城市的根源与初衷。

一、不合理的城市构建

相比对古希腊城市的称赞,芒福德对古罗马城市的评价总体上是负面的。就城市构建而言,城市布局、城市建筑取得了举世瞩目的成就,令后世的许多人都赞叹不已,但芒福德则看到的是它们不好的一面。

首先,从城市布局来看,芒福德认为古罗马城市建造得过于标准化了。罗马帝国建造城市首先从城墙开始,城墙决定了城市的区域面积,总体呈现矩形结构,这种结构也是罗马军团野外露营的标准形式。古罗马人建造城墙时会在城墙两侧预留狭长的空地,不建任何建筑。从宗教的角度来说,这些空地被称为环城圣地,从军事的角度来说,它又被称防御缓冲区。这种布局形式可能源于意大利北部伊特鲁里亚人的定居点模式,很可能从新石器时代就延续下来了。而罗马帝国所做的便是将这种布局模式发扬光大,扩展应用到帝国疆域里新建或改建的各处城市。即便在帝国安定时期,一些新建的城市没有建造城墙,但整体的矩形布局却是完整保留的。

城市容器的形状是一样的,容器里的内容也是标准化的。每当我们提起一座古罗马城市,我们会联想到拱廊、街道、广场、剧场、竞技场、公共浴室、高架渠、公厕,因为这是每一座古罗马城市的标配。这些公共设施呈棋盘式的布局,这也是一种标准。甚至连这些公共设施的外观都有一种标准,以至于我们看到一处剧场或竞技场就能明确判断它是否是罗马式的。在芒福德看来,除了公共浴室和超大规模的竞技场,其他的公共设施都不是创新,他们或许源于某一地区的传统,只是在罗马帝国的辉映下被普遍化、标准化了。[1]

---

[1] Lewis Mumford, *The City in History: Its Origins, Its Transformations, and Its Prospects*, New York: Harcourt, Brace and Company, 1961, p. 208.

无论是外观或内容，古罗马城市自有它独特的一套标准。只要是在帝国的统治区域内，城市都是按照这一套标准新建或改建的。无论这样的标准确立是基于政治控制、宗教习惯，还是出于军事目的，它忽略了不同地区、不同文化对当地城市的影响，在确立帝国城市共性的同时抹灭了地区城市的特性。正如芒福德所说，罗马帝国就是单纯扩张城市权力的产物，它本身就是一个非常庞大的城市建设集团，它改变了旧有的城市风格，替之以自己的城市秩序。①

　　鉴于对《城市文化》一书的理解，我们不难判断芒福德对这种城市标准化的态度。城市是文化的载体，它有着传承文化的作用，古罗马城市的这种标准化进程无疑抹灭了原有城市本身所存在的文化基因，使之移植或嫁接上了一种原本不属于它的城市文化。在原有城市文化的基础上融入新的文化或许有利于城市文化的传承，但以摧毁旧文化为代价，以移植或嫁接新文化的方式构建城市文化本身就是一个错误。

　　其次，从城市设施来看，芒福德认为古罗马城市的一些公共设施的设计建造并不合理。这其实可以被看成对古罗马城市公共设施评判的另一种视角。我们往往慨叹条条大道通罗马，也会惊奇古罗马时期供水、排水系统可以沿用至今。但芒福德对于这些往往有更为消极的理解。

　　就道路建设而言，古往今来，许多学者都在称赞罗马帝国创造的这一伟大成就。斯特拉博（Strabo）曾说，"罗马人为人们提供了道路，而这正是古希腊人所忽略的。"②在中世纪，"条条大道通罗马"成为一句谚语，人们以此来标榜古罗马帝国时期道路的便利。近代以来，也有学者对古罗马帝国时期的道路建设赞叹不已，例如意大利史

------

① Lewis Mumford, *The City in History: Its Origins, Its Transformations, and Its Prospects*, New York: Harcourt, Brace and Company, 1961, p. 205.
② Strabo, *Geography*, V. 3. 8.

学家罗慕若·奥古斯托·斯塔齐约里(Romolo Augusto Staccioli)就称赞罗马帝国建立了真正的道路体系,并对之进行了最系统的管理,而且这其中的技术与创新无与伦比。[①]

然而,在芒福德看来,罗马帝国的道路建设也有诸多不足之处。罗马帝国建立了庞大的道路交通网,这种建设忽略了地形、地貌的影响,遇山开山,遇水架桥,显示出了古罗马人强大的改造自然的能力。芒福德并不觉得这有多么值得称颂。在他看来,这种改造自然的能力实质上也是一种破坏自然的能力,更是罗马帝国的一种权力象征。[②] 但无论如何,这种道路体系的确使罗马帝国交通便利,城市间的联系也因此更为紧密,人口、物资的流通更加通畅,城市生活因而也更丰富多彩。如果仅将这种庞大的道路建设网络视为破坏自然、彰显权力的工程,芒福德的观念未免有些狭隘。

罗马帝国建造如此庞大的交通网有其政治、经济、军事的多重目的。[③] 人们基于各种目的频繁往来,作为道路节点的城市则使交通压力倍增。然而,古罗马城市内部的道路建设服从棋盘式的方正格局。两条主要街道正交于城市中心,而城市中心往往是人货云集的广场与市场所在。芒福德认为,这种城市道路布局明显造成了城市的交通拥挤,在设计上并不合理,而最合适的办法是建造环城路。[④] 不过限于交通工具落后,日行距离有限,短途流动多于长途流动。而且对于长途流动,作为交通网络节点的城市往往起到驿站的作用。因此,建造环城路仍然解决不了一些古罗马城市基于现有道路格局所造成的拥挤。

---

① R. A. Staccioli, *Roads of Romans*, Los Angeles: L' erma di Bretschneider, 2003, p. 5.

② Lewis Mumford, *The City in History: Its Origins, Its Transformations, and Its Prospects*, New York: Harcourt, Brace and Company, 1961, p. 205.

③ 可参阅冯定雄对这一问题的研究,见冯定雄:《罗马道路与罗马社会》,中国社会科学出版社 2012 年版,第 289—332 页。

④ Lewis Mumford, *The City in History: Its Origins, Its Transformations, and Its Prospects*, New York: Harcourt, Brace and Company, 1961, p. 211.

另一个让芒福德诟病的是古罗马城市的供水、排水设施。许多古罗马城市的供水是通过高架渠解决的,这在古代世界实属一大创举。芒福德也承认这种工程成就巨大,但同时也指出,这种生活设施使用情况并不合理,时好时坏,效益不高。[1] 事实也确实如此。以罗马城为例,古罗马人在罗马城共建有 11 条高架渠,这 11 条高架渠每天可向罗马城供应 8400 万加仑的水,但由于漏水、断水等情况,实际的供应量仅为 3800 万加仑。[2] 而且,高架渠引入还存在市民偷水现象,不利于水资源的合理分配,虽然罗马城建有专门的水利部门进行监督,还拥有专门的奴隶队伍保护水流通道,但效果并不理想。

　　与供水系统相对应的是排水设施。罗马城工程浩大的排水沟系统建造时间甚至早于高架渠,因为在城市人口猛增之前,井水就能解决市民的用水问题。在芒福德看来,这一庞大的排水工程形同虚设,因为它未能完美解决居民的排水问题。罗马城的排水沟不与高层住宅二楼以上的厕所相连,甚至根本不与居住拥挤的公寓相连。[3] 家中解决的大小便往往需要被倾倒在居民区公共的粪池里,再由掏粪工定期运走,因而生活用水到户并没有改善家庭的卫生问题以及居民区的卫生状况。

　　再次,从城市规模来看,芒福德认为像罗马城那样的大城市过于庞大了。其实城市生活设施存在的道路拥挤问题、水源供给和城市卫生问题都可以归结为城市人口过盛,城市超负荷运转的问题。现代大都市通过划分区县来缓解人口压力,居民以区县为中心就能满足日常生活需求,如此便可以减少区域人口流动,缓解人口流动压

---

① Lewis Mumford, *The City in History: Its Origins, Its Transformations, and Its Prospects*, New York: Harcourt, Brace and Company, 1961, p. 216.

② A. D. Winspear, *Augustus and the Reconstruction of Roman Government and Society*, Madison: University of Wisconsin, 1935, p. 210.

③ Lewis Mumford, *The City in History: Its Origins, Its Transformations, and Its Prospects*, New York: Harcourt, Brace and Company, 1961, p. 215.

力。现代大都市大多以主干道作为区县划分依据。但在古罗马城市中,主干道并没有隔离区域的作用,因而也谈不上区域内的生活内聚力。至于水源供给与卫生状况,人口增多自然会增加供水负担和卫生维持成本。

相比交通、供水、卫生上的困境,吃住可能是更为迫切的问题。就罗马城而言,它的人口很久以来一直在增加,但城市的面积却没有扩大。人均占有面积相应的就会减少。罗马帝国强盛之时,罗马城成为世界性城市,它吸引着帝国境内的人前来观光,也吸引着地中海沿岸其他地区的人前来游览,这增加了城市的流动人口。渴望成为罗马公民的人绞尽脑汁希望进入罗马城,有人甚至愿意去罗马城为奴,只因为权贵们许诺可以在若干年后给他们公民身份。这些进入罗马城的人绝大部分都是穷人,他们在生活方面只能依靠执政当局,这无疑带来了严重的住房问题。

罗马城的居民区分布有明显界限,富人一般居住在山丘之上,穷人居住在山谷。与富人的宽敞住宅相比,大量穷人聚居在贫居窟似的居民区里,居住空间十分狭小。为解决更多人的住房问题,当局甚至把一些沼泽地抽干建造住房。地势低洼的居住区过于潮湿,容易受疟疾的影响。意大利地区洪水、地震等自然灾害频发,地势低洼的地区往往受灾最为严重。由于穷人住房排布密集,他们甚至连阳光都享受不到。与富人建房用的大理石材不同,穷人住宅的建筑材料常以木材为主,极易发生火灾。总体来说,罗马城的穷人的住房条件十分恶劣,而这种状况,当局既无心,也无力去改变。

最能反映古罗马城过于庞大的还是粮食供应问题。罗马城的粮食供应一直都是一个难题。在奥古斯都时代,罗马城每年需要从行省输入 1500 万浦式耳(Bushel)谷物,仅埃及每年就要向罗马城供应 500 万浦式耳谷物。[①] 罗马城每年需要输入如此多的谷物才能维持

---

① 汤普逊:《中世纪经济社会史》(上),耿淡如译,商务印书馆 1997 年版,第 2 页。

城市运转,但这种供应却是不稳定的,一旦发生行省动乱、海盗抢劫、商人囤粮,罗马城就会出现粮食危机。虽然罗马当局制定了出售国库粮稳定粮价、设立监察官保障供应等措施,但罗马城的粮食供应一直难以得到长期保障。

与古希腊城市海外殖民、人口分流不同,古罗马城市在城市发展方面并不节制。仍然以罗马城为例,如芒福德所说,罗马城这个容器容纳的东西太多,它把来者不拒作为自己生存的理由。[①] 一座城市的发展需要一定的物质基础,这种基础是由生产力水平、可获得的自然资源决定的,不考虑现实因素,盲目扩大必然会带来诸多问题。面对城市发展失控,人口急剧增长所带来的资源短缺问题,罗马帝国通过征服、掠夺来解决。但这种野蛮的手段本身的残酷性和不稳定性制约了罗马城的健康、有序发展,以这种方式维持一座城市的运转注定不能长久,因此,罗马城的衰落也注定不可避免。

二、堕落的城市文化

如果说古罗马城市在城市建设方面的成就还值得称颂,芒福德对此的批判还值得辩驳,那么古罗马城市生活的腐朽就无可否认了。

关于古罗马人的日常生活,让·诺埃尔·罗伯特(Jean Noël Robert)有过这样几句总结:"他们整天无所事事,游手好闲,东游西荡,肚子饿了才回家,吃饭也是细嚼慢咽,尽情享受丰盛菜肴。"[②]这种描述形容古罗马人的城市生活十分贴切。在国势强盛之时,罗马人通过征服与掠夺获得了巨大财富和众多奴隶,这足以让罗马帝国上至王公贵族,下至市井公民享受衣食无忧的生活。

---

① Lewis Mumford, *The City in History: Its Origins, Its Transformations, and Its Prospects*, New York: Harcourt, Brace and Company, 1961, p. 236.
② 罗伯特:《古罗马人的欢娱》,王长明、田和、李变香译,广西师范大学出版社 2005 年版,第 1 页。

通过东征西讨,罗马帝国所掠取的财富绝大部分都集中在作为上层阶级的元老和骑士手中。他们在生活中追求奢华的个人享受。作为贵族,他们有宽敞的住宅,众多的随从、佣人、奴隶和食客,家中有各种金、银、铜器皿,还有精致的毛绒制品、珍贵的希腊艺术品。他们会经常在家中举办宴会,有丰盛的食物和美酒,还有动人的舞蹈和各种新奇的表演。

市井公民无法像贵族那样过着酒池肉林般的生活,但他们的生活并非自食其力,而是带有寄生性。他们中大多是贫困的无产者,但这并不影响他们的生活品质。他们或投身于贵族门下,成为食客,或直接依靠国家的救济粮为生。这类居民数量庞大,在公元前 1 世纪中叶,靠吃国家救济粮的无产者就有 50 万之多。[①] 除了保障这些市井公民的基本生存需求以外,罗马帝国还为他们提供各种文化娱乐活动,以此作为维系内部稳定的一种手段。这种不劳而获、注重欢娱的生活方式突出反映古罗马城市生活的堕落性。

古罗马城市文化的堕落体现在城市的各个公共场所之中,人们用闲散的心态、过剩的精力在公共场所里呈现着道德的败坏与人性的丑恶。城市能提供给他们多样的消遣形式,而他们在公共场所里所表现出来的暴力、狂燥、欲望塑造了古罗马城市堕落的形象。

最具代表性的公共场所是竞技场,如前文所述,这是古罗马城市的标配,芒福德对此给予了特别的关注。他认为,古罗马人对屠杀有着浓厚的兴趣,他们会嫌弃古希腊体育运动有些女人气,认为其缺乏流血和恐怖的气氛。[②] 他也描述了竞技场里的一些残暴的场景,更指出了这种残暴的表演是多么受欢迎,而且在人们心中的地位是多么重要,甚至成为强制性的定俗,连帝国时期的罗马皇帝也必须遵守,

---

① 《不列颠百科全书》(第 15 卷),中国大百科全书出版社 2007 年版,第 1068 页。

② Lewis Mumford, *The City in History*: *Its Origins*, *Its Transformations*, *and Its Prospects*, New York: Harcourt, Brace and Company, 1961, p. 234.

以免触犯众怒。① 不过罗马帝国皇帝极少不好此道,反而以此为乐。盖乌斯·尤里乌斯·恺撒·渥大维(Gaius Julius Caesar Octavianus)就酷爱观看角斗表演,他曾三次以他自己的名义,五次以他儿子、孙子的名义举办大型角斗表演。②

角斗表演历史悠久,源远流长,伊特鲁里亚的壁画就记录了角斗士角斗的场景。到罗马帝国时期,在竞技场里上演的角斗比赛十分盛行,广受欢迎。角斗士不是囚犯就是奴隶,或者就是战俘。他们存在的价值就是不断训练,以便在竞技场上有更激烈的打斗,最大限度地带给观众欢娱。他们中大多数人的下场就是在竞技场里被野兽或其他角斗士结束生命,只有极少数人能够在竞技场上数次取胜,最终获得自由。

对于角斗表演,古罗马人有自己的理解。小普林尼(Pliny the younger)曾说,"角斗表演可以使男子变得坚强,视死如归,看到流血和伤口就会感到兴奋,而奴隶和囚犯则会在角斗中痴迷荣誉与胜利。"③但这样的意义并不能掩盖这种行为残暴、血腥的本质,也掩盖不了人们以此为乐的目的。每一位角斗士既要面对残酷、毫不留情的对手,也要面对观众席上众人的苛责。角斗士们俨然成为了观众娱乐的受害者,他们在观众的欢呼声中杀死对手,或被对手杀死。每逢节日,这种血腥的场面就会在竞技场里上演,有时甚至在非节假日里也会有竞技场角斗表演。

在没有竞技场表演的时间里,人们大多混迹于酒馆,这种娱乐场所遍布古罗马城市,甚至和公共浴场一样多。古罗马城市的酒馆属于廉价的消费场所,在其中饱餐一顿并不需要花太多的钱。当人们无所事

---

① Lewis Mumford, *The City in History*: *Its Origins*, *Its Transformations*, *and Its Prospects*, New York: Harcourt, Brace and Company, 1961, p. 231.
② 李雅书:《罗马帝国时期》(上),商务印书馆 1985 年版,第 10 页。
③ 转引自罗伯特:《古罗马人的欢娱》,王长明、田和、李变香译,广西师范大学出版社 2005 年版,第 74 页。

事,闲散无聊的时候,在酒馆里喝上古罗马人最爱的热糖酒是最好打发时光的方式。这种地方也鱼龙混杂,小偷、罪犯、奴隶经常出没。人们去酒馆喝酒,玩骰子,看艳舞表演,借着酒兴,伴着音乐边喝边唱。在狂欢中开始,在群殴中结束几乎成为了酒馆的常态。光顾酒馆的不光是穷人,也有达官贵族,他们在这里可以毫无顾忌地寻求淫乐与放松。

另一处遍布古罗马城市的休闲去处便是公共浴场。据公元前33年的统计,罗马城的公共浴场多达170个,到公元5世纪早期,这一数字增加到856个,这还不包括11个大型浴场。① 公共浴场一般在午后时分开放,到晚上很晚才关闭。人们在浴场开放之后会陆续前来,一般会在那里消磨至少两个小时。到罗马帝国时期,到浴场消遣已成为一种习惯,甚至是日常生活非常重要的一部分。公共浴场被认为是穷人的天堂,因为收费很低,以至于既便是穷人也可以经常光顾。马库斯·维普萨尼乌斯·阿格里帕(Marcus Vipsanius Agrippa)执政以后,公共浴场彻底免费开放了。

在古罗马城市里,公共浴场不仅仅只是为了方便人们洗浴,人们光顾那里更主要还是为了休闲、放松、聚会。公共浴场一般分为热水室、温水室和冷水室,大型的浴场还额外设有休息室、运动场,更大型的甚至会有商店、图书馆、讲演台。因而对公共浴场的定性更多应偏向于社交场所,而非生活设施。既便是拥有私人浴室的富人也会经常到这种公共场所去,他们和其他人一样,去公共浴场并不主要是为了洗浴,更多是为了追求那份乐趣。

古罗马城市里的公共浴场是纵情享乐的地方。人们进入公共浴场,先泡温水浴,再泡冷水浴,手头宽裕的人可以在冷水浴之前请按摩师按摩,按摩一般只按肌肉,使之放松,而且按摩的时间很长。② 如

---

① D. S. Potter and D. J. Mattingly, *Life*, *Death*, *and Entertainment in the Roman Empire*, Ann Arbor: University of Michigan Press, 1999, p. 246.

② 罗伯特:《古罗马人的欢娱》,王长明、田和、李变香译,广西师范大学出版社2005年版,第34页。

有需要,按摩师还会给顾客涂上香脂、精油。公共浴场甚至有专门的脱毛师用镊子专门给有需要的顾客脱毛。穷人在公共浴场也有自得其乐的方法。他们可以在公共浴场里自由喊叫、吆喝,在里面寻衅滋事、故意找茬打架的也比比皆是,他们以这种方式来消耗过剩的精力。

　　古罗马城市里的公共浴场也是情色泛滥的地方。起初,浴池是不分男女的,因而城市居民在这里进行的日常聚会便成了一种裸体社交,带有浓厚的情色氛围。许多洗浴者无所顾忌,男女亲热之事时有发生,而且噪音很大,气氛在今人看来或许十分尴尬,但当时的古罗马人或许已习以为常。因为允许男女混浴,在公共浴场发生性关系也得不到禁止,因而大群的低级妓女也会时常在浴场接客,致使公共浴场丑事百出,成了古罗马城市里的淫乱之地。这种现象持续了相当长时间,直到公元 2 世纪普布利乌斯·埃利乌斯·哈德良(Publius Aelius Traianus Hadrianus,公元 117—138 年在位)执政时期下令禁止男女混浴,这种劣迹才大为改善。

　　公共浴场里表现出来的淫乱在罗马共和初期是不可想象的。那时国家提倡一夫一妻制,婚外性关系既受道德谴责,也受法律制约。但到了共和末期、帝国初期,古罗马人的性生活从满足于夫妻性关系向追求各种性感官刺激过渡。道德每况愈下,性关系就会变得随意,淫乱成为城市生活的常态。[①] 性娱乐成为生活的一种追求,每逢宴饮,女奴或娼妓作陪、款待宾客已是惯例。为此,城市里有着庞大的娼妓群体,据说马尔库斯·乌尔皮乌斯·涅尔瓦·图拉真(Marcus Ulpius Nerva Traianus,98—117 年在位)统治时期,古罗马城拥有 3.2 万名娼妓。[②] 同性恋、通奸在当时也十分盛行,他们把这种无节

---

① 关于古罗马人的性观念和性生活可参阅罗伯特:《古罗马人的欢娱》,王长明、田和、李变香译,广西师范大学出版社 2005 年版,第 165—194 页。

② 拉尔夫、勒纳、米查姆、伯恩斯:《世界文明史》(第一卷),赵丰等译,商务印书馆 1999 年版,第 32 页。

制、无限制的性生活、性娱乐看成对沉闷现实生活的一种解脱。

虽然芒福德关于古罗马城市堕落生活的分析不够全面，但他一针见血地指出这种生活的寄生本质，并对这种寄生式的生活形式进行了猛烈的批判。在他看来，这种寄生关系对寄主本身往往同对榨取寄生营养的生物同样是毁灭性的，如果说寄生生物失去了自由运动和自我供养的能力，那么寄主反而会变得依赖性很强，而为了使较弱小的生活能活下去，它必须更加尽心尽力。① 正如我们所看到的，在罗马城，数十万人终生过着寄生虫般的生活，罗马帝国的职能之一便是维持这种人们早已习以为常的状态，而唯一的维持手段便是通过征服掠夺将贡品、奴隶、牲畜、矿产、艺术品源源不断地输送进来。

芒福德认为，古罗马城市以市政的形式维持自身的状态，更以面包加杂耍的双重施舍使这种寄生状态具有坚固的集团基础，罗马帝国因此铸就了它最大的错误，即在政治、经济上剥削其他地区。② 寄生经济和掠夺政治共同形成了罗马式的城市组织形式，正是这种形式将城市的经济生活与政治生活结合在了一起。③ 在芒福德看来，这种形式是罗马帝国城市文化堕落的根源。

三、灭亡的城市宿命

总体来说，芒福德对古罗马城市的评价是负面的、消极的，在他看来，古罗马城市是注定要灭亡的。在对古罗马城市的论述中，他最

---

① Lewis Mumford, *The City in History：Its Origins，Its Transformations，and Its Prospects*, New York：Harcourt, Brace and Company, 1961, p. 228.

② Lewis Mumford, *The City in History：Its Origins，Its Transformations，and Its Prospects*, New York：Harcourt, Brace and Company, 1961, p. 229.

③ Lewis Mumford, *The City in History：Its Origins，Its Transformations，and Its Prospects*, New York：Harcourt, Brace and Company, 1961, p. 229.

后写到:"无论从政治学还是从城市化角度来看,古罗马城市的发展都是值得汲取的一次教训:古罗马城市的历史不止一次地发出明确的危险信号,警告人们城市发展的方向并不正确。"①

但我们不禁要问,古罗马城市的发展真有芒福德所说的那么不堪吗?就物质文明来说,罗马帝国建造了众多的城市,并在城市中建造了大量大型建筑和公共设施,古罗马人的城市建筑技艺高超,建筑艺术雕刻也出神入化。无论是出于何种目的,古罗马人在发展城市方面不遗余力,他们的努力也创造出了令世人赞叹、众人向往的城市,这是古代世界城市发展辉煌的成就。在精神文明方面,古罗马城市生活也并非完全一无是处,在众多的节日中,古罗马人在城市中也举行着各种宗教仪式,观看着各种戏剧表演。甚至连芒福德自己也承认,带有罗马遗风的杂耍、马戏、街头表演在欧洲人心中留下了深刻的记忆,蕴含着文化记忆的传承。②

任何事物都有它的两面性,我们既可以全面、客观地论述,也可以积极或消极地评判,其关键还是在于侧重点有所不同。相比古罗马城市发展的辉煌,芒福德更侧重于叙述古罗马城市发展消积的一面。因为在芒福德看来,古罗马城市的发展并不符合他关于城市发展的理念。基于这一点,我们很容易能理解他为什么会将古希腊罗马城市分开论述,区别对待,并且表现出了截然不同的态度。如前文所述,芒福德欣赏古希腊城市在于古希腊城市适应自然、联系乡村,这符合他关于城市生态与区域城市的理念。而对于古罗马城市,也正如本节所说,无论是对城市的有形形态,还是对城市的无形形态,芒福德都进行了尖锐的批判,其根源还是在于古罗马城市的发展忽略了他所倡导的人文关怀,甚至可以作为这方面的反面教材。

---

① Lewis Mumford, *The City in History: Its Origins, Its Transformations, and Its Prospects*, New York: Harcourt, Brace and Company, 1961, p. 242.
② Lewis Mumford, *The City in History: Its Origins, Its Transformations, and Its Prospects*, New York: Harcourt, Brace and Company, 1961, p. 235.

在芒福德的惯有思维里,城市首先是人的城市。城市是由人创造的,也是人们生存的空间。城市的发展首先要顾忌人在物质与精神上的感受。但在他看来,古罗马城市并没有顾忌城市发展的人文因素。

首先,就城市的标准化而言,它忽略了城市的地方特色,限制了城市传承地方文化的功能。在芒福德看来,城市生活应有尽有了,只是无法体现罗马帝国的幅员辽阔和丰富多彩,无法将帝国无尽的人文资源充分浓缩于这些几平方英里的土地上。①

其次,就城市的扩展而言,芒福德反对古罗马城市在这方面的毫无节制。问题的症结在于,古罗马城市的城市空间面积没有明显扩大,但人口在不断激增,从而带来了交通、住房、粮食、供水等诸多问题,继而降低了城市生活的质量。所以尽管为解决人口增多带来的城市问题,罗马帝国执政者们在公共设施与管理制度上做出了许多努力,但芒福德认为这不过是治标不治本的举措,并无太大价值。而实际的效果也正如我们所看到的,占城市人口大多数的平民生活仍然恶劣不堪。芒福德认为,问题的根源还是在于罗马帝国从未将限制、禁止、有秩序的安排、平衡等原则应用到它的城市与实际生活中去,它未能照顾到每个公民集团的利益,因而无法改善大城市的生活。②

再次,芒福德对古罗马城市堕落的城市生活深恶痛绝。关于这方面的论述,芒福德也有所侧重,相比酒馆里的争吵、公共浴场里的淫乱,他更关注竞技场里的血腥。当一种血腥的竞技表演形成固定的规制,甚至还有着在城中游行那样的仪式,俨然成为一种城市文化,对于芒福德而言,这是不可理喻的。因为死亡格斗的血腥表演通

---

① Lewis Mumford, *The City in History: Its Origins, Its Transformations, and Its Prospects*, New York: Harcourt, Brace and Company, 1961, p. 210.

② Lewis Mumford, *The City in History: Its Origins, Its Transformations, and Its Prospects*, New York: Harcourt, Brace and Company, 1961, p. 210.

常发生在下午,他把这种扭曲的城市文化称为"下午的死亡"。① 的确,如果一座城市的娱乐生活是以杀人取乐,那么这座城市还有什么人文关怀可言。

基于对古罗马城市的种种不好印象,芒福德认定这样的城市注定要走向灭亡。在芒福德看来,城市不断扩展,人口不断增多,以至于城市问题日益突出是城市发展到一定极限的表征;城市生活空虚、腐朽、堕落则是城市开始衰落的另一种表现形式。城市从无到有,从小到大,发展到一定的极限,面临各种问题,继而灭亡,回归原始,从旧城的废墟中重新复生,开始新一轮城市发展之路。这是格迪斯提出、芒福德所倡导的城市循环发展周期论。在芒福德看来,古罗马帝国的灭亡是古代世界的终结,也是城市发展周期死与生的终点和起点。

基于对城市发展循环周期论的理解,芒福德合理衔接了古罗马城市与现代城市共同的困境,从而通过对比指出他所处的时代正经历新一轮的城市灭亡与重生的循环。从这一意义上说,芒福德在对古罗马城市的研究中找到了现实的意义。在他看来,现如今的城市生活情况与古罗马城市别无二致:竞技场、高耸的公寓楼房、大型比赛和展览、足球赛、国际选美比赛、因广告而无所不在的裸体像、感官刺激、酗酒、暴力等等,诸如此类都是地道的罗马传统,而滥建浴室、筑造公路,以及着迷于各种耗资巨大却转瞬即逝的时尚活动也是地道的罗马风格,只是在新时代以新技术呈现出来罢了。② 通过这种古今联系,芒福德在警示世人,历史可能重演,我们的城市正走向错误的方向,正在步古罗马城市的后尘,走向灭亡。

---

① Lewis Mumford, *The City in History：Its Origins，Its Transformations，and Its Prospects*, New York：Harcourt, Brace and Company, 1961, p. 227.
② Lewis Mumford, *The City in History：Its Origins，Its Transformations，and Its Prospects*, New York：Harcourt, Brace and Company, 1961, p. 242.

第四章

从中世纪城市看城市规划

　　中世纪城市部分前承古典时期的城市基础,后继工业时代的城市基调,基本奠定了现代西欧城市地理格局,是西欧城市发展史上的重要一环。基于时代和地域的不同,中世纪城市有着许多与众不同的特征,这赋予了它浓厚的历史文化底蕴。从公元 7 世纪到 9 世纪开始成型,到 11、12 世纪开始大规模兴起,再到 13 世纪凸显成熟形态,最终到 14 世纪达到饱和状态,中世纪城市经历了漫长的历史发展过程。在这一过程中,城市融合了宗教、军事、商业的发展,也出现了大学、市政厅、行会等新的城市元素。毫无疑问,研究中世纪城市对于探索城市发展历史和审视现代西欧城市具有重要意义,而如何看待中世纪城市则是摆在城市史家、城市规划学者们面前的重要课题。

　　西方学者对中世纪城市问题已有不少研究。亨利·皮雷纳(Henry Pirenne,1862—1935 年)的《中世纪城市》[①]堪称研究中世纪城市史的经典之作。诺尔曼·庞兹(Norman Pounds)的《中世纪城市》[②]则刷新了人们对中世纪城市的认识。还有许多学者另辟蹊径从一个特殊的角度去探索中世纪城市,如约瑟夫·吉斯(Joseph Gies,1916—2006 年)和弗朗西斯·吉斯(Frances Gies,1915—2013 年)

---

① Henry Pirenne, *Medieval Cities: Their Origins and the Revival of Trade*, Trans by F. D. Halsey, Princeton: Princeton University Press, 1946.

② Norman Pounds, *The Medieval City*, London: Greenwood Press, 2005.

只从城市生活的角度去研究一个具有代表性意义的中世纪城市。^①
戴维·尼古拉斯(David Nicholas,1939—)甚至只专注于研究一个中
世纪城市的家庭生活。^② 这样研究中世纪城市的著作不胜枚举,他们
细致而丰富的研究为我们呈现了一幅极其丰富多彩的中世纪城市
画面。

　　研究中世纪城市并非只是历史学家的工作,城市规划学家们也
对中世纪城市表现出了兴趣。莫里斯(A. E. J. Morris)、詹姆斯·
E·万斯(J. E. Vance)呈现了中世纪与众不同的城市形态。^③ 对历
史学家们来说,这无疑是另一个独特的视角。从城市设计理念去探
索中世纪城市往往是城市规划学家们的长项,但实际上,他们似乎更
专注于现代城市的设计,对中世纪城市这种历史中的城市缺乏足够
的关切。亦或者是,在一些城市规划学家们看来,中世纪城市大多自
然形成,自生自灭,根本谈不上规划。虽然这样的论点并非所有城市
规划学者都很认同,但中世纪城市规划确实不受城市规划学者们重
视。我们很难想象弗雷德里克·吉伯德(Frederik Gibbered)只用了
一页半的篇幅就论述完了中世纪城市的城市设计问题。^④

　　总体来说,无论是历史学家还是城市规划学家都未能从城市规
划角度认真且细致地审视中世纪城市,这便凸显了芒福德城市理论
的价值。他参考历史学家们关于中世纪城市的研究成果,切入了城
市规划的视角,并结合自身的城市观念大篇幅地探讨研究了中世纪

---

① Joseph Gies and Frances Gies, *Life in a Medieval City*, London: Barker, 1969.

② David Nicholas, *The Domestic Life of A Medieval City: Women, Children, and the Family in Fourteenth Century Ghent*, Lincoln: University of Nebraska Press, 1985.

③ A. E. J. Morris, *History of Urban Form: Before the Industrial Revolutions*, London and New York: Prentice Hall, 1994, pp. 92 - 102; J. E. Vance, *The Continuing City: Urban Morphology in Western Civilization*, Baltimore, Md.: Johns Hopkins University Press, 2007, pp. 108 - 122.

④ Frederik Gibbered, *Town Design*, London: The Architectural Press, 1970, pp. 14 - 15.

的城市规划问题。最重要的是,他利用中世纪城市这一研究对象深刻表达了他对城市设计的理解和喜恶,从而赋予了中世纪城市研究的现实价值和意义。

第一节 中世纪城市总体规划

中世纪城市首先是历史上的城市,它需要在历史中有清晰的界定,尤其是时间上和空间上的限定,否则就会面临许多问题。中世纪的时间划分是公元 5 世纪到 15 世纪,但中世纪城市的时间界定显然不能那么长。一般认为,中世纪城市从公元 9 世纪开始成型,但那时的那些定居点是否能被界定为城市则是一个疑问。按照皮雷纳的观点,这是一个城市界定问题,"如果把城市界定为只有商业活动,没有农耕劳作,那么当时就不能被界定为城市,如果界定为有公民、法律、制度的定居点,那么也不能被界定为城市,但如果界定为一个行政中心、一个要塞,那么就可以被界定为城市。"①就城市规划而言,公元 9 世纪的定居点即便能被界定为城市也很难诠释中世纪城市在规划上表现出来的独特魅力,因此,本文对中世纪城市的探索范围是公元 13 世纪在规划上已十分成熟的城市。

中世纪城市在空间上的概念也没有特别清晰的答案,但就西方学者研究的地域范围来说,大体的范围涵盖了现在西欧和北欧地区,主要研究对象集中于现今意大利、英国、法国和德国地区里的城市。庞兹对中世纪城市的研究集中于中世纪英国的城市,极少拿其他地区的城市作为中世纪城市范本,这与他的学术背景有关。不过在他看来,中世纪城市总体上符合模式,细节上不必深

---

① Henry Pirenne, *Medieval Cities*: *Their Origins and the Revival of Trade*, Trans by F. D. Halsey, Princeton: Princeton University Press, 1946, p. 56.

究,篇幅有限,不做专门考察和扩展。①

如果从历史学的角度去判断,庞兹的这种解释十分迁强,因为中世纪城市在各方面的差异性还是挺大的。例如在城市权力方面,意大利地区的城市几乎完全自主自决,德国地区的城市接近于自主自决,法国地区的城市不同程度地受到封建体制的束缚,而英国则几乎完全处于封建王族的控制之下。又如在城市起源方面,一些城市是在罗马帝国旧城的基础上扩建而来,一些城市是从乡村自然发展而来,一些城市原本只是一座军事要塞,还有一些城市是按照国王或领主的意志择址新建的。但如果从城市规划的角度来看,庞兹的说法则很有道理,虽然中世纪城市在城市风景上各有特色,但在规划布局上几乎千篇一律,在城市建筑、机构设置上也趋于一致,莫里斯、万斯等西方规划学家也正是基于这种时代造就的共性进行着中世纪城市形态的模式研究。因此,如果单从城市规划的角度去分析中世纪城市,我们可以对中世纪城市做整体性考察,如此,中世纪城市的规划特色反而更加清晰。

如果把中世纪城市看成一个整体,我们很容易从规划层面上找出中世纪城市的标志性特征。城墙、主教堂、集市是中世纪城市必备的公共建筑,它们实际上也是许多历史学家在论述中世纪城市时重要的章节分类依据。

城墙是中世纪城市的显著特征,它是中世纪城市的标配,有着丰富的历史底蕴和实际功用,对中世纪城市的存在与发展起到了各种或正面或负面的作用。西罗马帝国衰亡以后,西欧大陆陷入动荡,随之而来的是蛮族劫掠,群雄割据,战火纷争不断。在这种背景下,安全成为居民关注的核心要素,城墙作为古代传统的防御工事得到恢复。无论是罗马帝国时期的旧城,还是择址新建的新城,城墙的修复、新筑和维护总是当务之急。

---

① Norman Pounds, *The Medieval City*, London: Greenwood Press, 2005, p. xxix.

城墙的直接功用在于防御劫掠，间接后果是人口集聚。这里，我们仍然可以拿芒福德的"容器-磁体"论做更形象的解释。城市之所以存在是因为它能满足人们的某种需求，作为城市一部分的城墙就满足了人们寻求安全庇护的需要，因而城市的容器功能激发了城市的磁体效应，导致了周边寻求安全的农民纷纷进入有城墙保护的城市。这种人口集聚最终为许多中世纪城市的产生奠定了人力基础。在公元 9 世纪，城市的支柱产业——手工业和商业——还没有兴起，城市中的绝大部分居民仍以种地为生，他们本质上仍是农民，只是为了安全考虑，他们把地种在了有城墙包围的区域而已。

不过中世纪城市最重要的产业便是手工业和商业。城墙内的农业会随着城内人口急剧增长而变得不可持续，一些后来无地可耕的农民会转而从事手工业。这种产业其实源于农村，从农村向城市的转移并不受固定生产资料的限制，因而手工业兴起能够很好解决因城墙限制而带来的土地稀缺问题。手工业的兴起催生了工匠阶层，他们逐渐完全脱离农业劳作，通过手工业制品换取耕地者的富余粮食和蔬菜，贸易也随之兴起。从这个意义上说，城墙的地域限制催化了中世纪城市支柱产业的兴起，奠定了中世纪城市手工业和商业的发展基础。

城墙将城市与外界的广大蛮荒地区隔绝，在动荡年代起到了保护城内居民生命财产安全的作用，但随着外部安全形势的相对改善，城墙又变成了限制城市扩张的障碍。伴随着日耳曼人的归化，维京人劫掠的减少，商业得以迅速发展。相应的，城市人口也在不断增加，城内的耕地逐渐被房屋取代，居民的粮食供给开始依靠城市周边地区和贸易运输。当城墙内的土地难以满足居民的居住需求，城市就会产生扩张的动能，这种动能的主要阻碍，甚至可以说唯一的阻碍便是城墙。

中世纪城市存在城墙外扩的情况，但这种情况并不多见，这类事情仅发生在诸如佛罗伦萨这种需求强烈、自主性高、财力雄厚的城市。中世纪初期的动荡随着时间的推移只是减弱了,但并未消失。人们对城墙的防御需求一直存在,甚至在某些时期因为领主间有组织的攻伐而得到强化。城市的扩张需要拆毁城墙的同时在更宽广的区域兴建更大的城墙,而且城墙在中世纪后期随着攻城武器装备的更新存在更高的建筑要求。建造城墙是一项工程浩大、耗资不菲的工程,它需要城市当局的决断力和商人阶层的巨额资助,然而在中世纪很少有城市能够做到这一点。

城墙的限制影响到了中世纪城市的整体规划布局。中世纪城市的街道十分狭窄,而且曲折弯曲,街道两旁的房屋密集排布,莫里斯戏称相邻两栋楼的居民可以通过窗户相互握手。[1] 这样的布局显示出城市居民人口增多带来的用地紧张问题。

街道狭窄反映了中世纪城市生活的实际功用。当时城市居民出行主要依靠步行,因此街道并不需要多么宽阔,街宽一般不超过三到四米。[2] 到中世纪晚期马车开始变得常见时,城市中开始出现专门供马车行驶的道路,但一般也不超过七米,这种宽度仍然可以用狭窄来形容。[3] 这样的街道宽度设计反映了最小限度的土地使用。

曲折弯曲的街道是中世纪城市布局的主要特色之一。由于早期的中世纪城市出于防御的需要将新建城市建在易守难攻的险要地带,城市中街道布局曲折弯曲部分受地形影响。不过最主要的影响来自入住居民的乱建乱盖。中世纪城市与其他时期、其他地区的大多数城市不同,它是先有居民住宅,然后才有街道。原有住宅限制了街道的布局,引导了街道的走向。

---

[1] A. E. J. Morris, *History of Urban Form: Before the Industrial Revolutions*, London and New York: Prentice Hall, 1994, p. 99.

[2] 数据见 Suzi Yee and Joseph Browning, *A Magical Medieval City Guide*, New York: Expeditious Retreat Press, 2003, p. 8.

[3] 数据见 Suzi Yee and Joseph Browning, *A Magical Medieval City Guide*, New York: Expeditious Retreat Press, 2003, p. 8.

居民住宅布局有着中世纪城市的历史印记,从规划层面上说可谓中世纪城市建筑的败笔。最早的中世纪城市定居者来到城市里圈地建房,虽无统一规划,但由于建造者的社会背景,房屋空间设计趋于一致,即在屋后保留了一片空地,可能用于种植瓜果蔬菜。随着城市人口的不断增多,房屋建造日益密集,临街位置近乎见缝插针式地建造新居,而屋后的空地因为已被私人圈占用作菜地而无法改造利用。随着手工业和商业的发展,工匠阶层可以通过商业贸易交换获取日常所需,可以完全脱离土地,屋后空地因而只能被改作花园,这对于整体用地紧张的中世纪城市来说显得十分奢侈。

房屋临街密集分布,间距过小在现在看来或许十分平常,但对于中世纪城市来说则存在严重的安全隐患。由于就地取材,中世纪城市民居基本都是木质结构,加上长期用蜡烛照明,寒冬要用火取暖,很容易发生火灾。[1] 由于房屋密集,一旦火灾发生就会出现"火烧连营"的情况。但凡研究中世纪城市史的历史学家都会专门谈到中世纪城市的火灾问题。在经历许多次大火的摧残之后,直到13世纪,居民才开始利用石灰水刷墙隔火,并鼓励用石材建房。然而这种补救措施并不能从根本上解决中世纪城市居民区频频失火的问题。

主教堂是中世纪城市的标志性建筑之一,其对中世纪城市发展的影响丝毫不亚于城墙。一般而言,主教堂位于城市的市中心。这里的市中心概念并不是地理意义上的城市正中心,而是街道汇聚的中心焦点。芒福德认为,把主教堂放在城市中心区的位置上体现了中世纪城市规划的特点和关键。[2]

基督教在古代晚期和中世纪与欧洲地区的城市有着密切的联系。最早的基督教团体就出现在罗马帝国治下的大城市里。最初的

---

① 房屋材质构造详见 J. E. Vance, *The Continuing City：Urban Morphology in Western Civilization*, Baltimore, Md.：Johns Hopkins University Press, 2007, p. 121。

② Lewis Mumford, *The City in History：Its Origins, Its Transformations, and Its Prospects*, New York：Harcourt, Brace and Company, 1961, p. 54.

基督教传播也是从罗马帝国的一座城市传向另一座城市。因为在当时,城市思想传播比农村要快,而且乡村主要是异教徒的领地。恰如庞兹所说,当时的基督教其实是一种城市信仰。[①] 当罗马帝国崩坏,人们处境艰难,基督教深得人心。越是动荡时期,基督教教义所能带来的精神慰藉越具有吸引力。

中世纪城市有些是围绕基督教堂建立的,有些是城市建立之后在城中建造起来的,但无论是哪种情况,主教堂都位于城市的中心区域,这并不是基于地理位置的考虑,更多是基于该公共建筑的普世价值和象征意义。到中世纪时,基督教已成为欧洲的普世宗教,几乎人人都是虔诚的基督徒。在战火纷飞、物质匮乏的时期,基督教所能提供的精神指引显得弥足珍贵,这种精神上的依附直接体现在居民对基督教堂建造的慷慨上。人们会用核心地带的广阔区域建造主教堂,教堂正门前配有广场,这对于用地紧张的中世纪城市来说十分奢侈,也直接影响到了市场的布局。人们会用稀缺的石材建造教堂,技艺精湛的工匠会给教堂嵌以最华丽的装饰,以至于后人考察中世纪城市的教堂会将它当作艺术品一样欣赏。人们会把主教堂建得很高,以至于在城市的任何角落都能看到主教堂的尖顶,这样的天际线满足了人们虔诚的朝敬需求。

主教堂的建筑和布局体现出宗教是中世纪城市的核心功能之一,这使中世纪城市充满了宗教文化色彩。主教堂前广场是城市里少有的公共集会场所,集会自然也主要出于宗教目的。人们在宗教节日到这里朝拜,宗教游行也以这里为起点和终点。12 世纪时,城市的主教堂前广场还成为了演出圣迹剧的地方。[②] 将宗教完全融入城市生活既是中世纪城市的共同之处,也是它的特色之一。

---

① Norman Pounds, *The Medieval City*, London: Greenwood Press, 2005, p. 85.
② A. E. J. Morris, *History of Urban Form: Before the Industrial Revolutions*, London and New York: Prentice Hall, 1994, p. 102.

教堂之于中世纪城市的功用不仅仅局限于此,它还深刻影响到了城市的经济生活。教堂是人力与物资的汇聚地,其承载的宗教因素是人力与物资汇聚的原因,这一点和古希腊的德尔菲(Delphi)圣所或古代埃及的诸神庙的功用没什么区别。如前所述,中世纪一些城市就是围绕教堂建立起来的。作为当时惟一正统的宗教,其宗教功能吸引周边的人口。

在城市建立初期,居民在物资紧缺的情况下仍然会拿出自己的口粮供应教堂,并为教堂的建造出钱出力。随着经济的发展,家资日益丰足的商人阶层会向教堂资助财物,或直接出资建造新教堂,以换取内心的安宁。城市中的教堂没有自己的地产或其他可移动资产,其日常运转需要居民的持续资助,如果周边居民太少,或经济能力太差,一个教堂就难以生存。因此,中世纪的人口衰弱、经济衰落对教堂的影响很大,到中世纪末,有近一半的教堂消失了。①

除了位于核心区域的主教堂,中世纪城市还分布着其他的小教堂。这反映了教堂建造的规划思想。即当原有教堂无法满足更多人口的精神需求时,人们会选择另建小教堂,而不是扩展原有的教堂。小教堂并不需要多么宏伟、亮丽,它更注重实用性,即满足周边人口的敬拜需求。这种规划思路确立了教堂与人口的正向关系。人口增多时,会有新的教堂出现,人口减少后,教堂自然也就消失了。

集市是中世纪城市的重要公共场所,它和教堂被莫里斯称为中世纪城市的两大核心。② 市场是商人聚居的原因。因为市场的存在才造就了城市里富贵的商人阶层。而又因为商人阶层的存在,中世纪城市才出现新修的教堂、救济院、医院、大学等一些公共机构。这使得中世纪城市的公共空间不再稀少,从而充满更多的人文魅力。

---

① Norman Pounds, *The Medieval City*, London: Greenwood Press, 2005, p. 89.
② A. E. J. Morris, *History of Urban Form: Before the Industrial Revolutions*, London and New York: Prentice Hall, 1994, p. 102.

不过中世纪的集市并不算固定设施,它位于主教堂附近的空地,而且空间布局受主教堂以及周边民居占地的影响,因而呈现出各种不规则的几何图形,包括椭圆、长方形、三角形、多边形等等。中世纪城市的许多集市主要用于大规模的商品交易,而且并不是常年存在。有些集市一年才有一次,在每年固定的一天,一些游商长途跋涉齐聚一座城市的集市进行贸易,之后又各奔东西。

手工业者一般会在自己的住宅兼作坊里生产商品,然后在临街的窗口出售。这或许可以解释中世纪城市的民宅为什么总是临街安置。出售商品的窗户十分简单,一块木板平放下来就可以摆上自家的商品,晚上把东西收拾好后再用木板把窗户封住,这基本是中世纪城市坐商的经营方式。有时候,一些大的集市就是这样的街道的扩展。

集市是人们世俗生活必不可少的部分,城乡之间的货物交换主要通过集市来完成。中世纪城市城乡布局和集市有一定联系。一般来说,位于乡村的人距离最近城市的集市不会超过一天的路程。因此,中世纪城市在欧洲大陆上的整体布局趋于小而散。除了个别有着悠久历史的城市以外,城市间的同质性使城市人口趋于分散,当一座城市无法容纳更多的人口时,人们会倾向于另建新城,在新城中的生活质量与原来的城市没有太大区别。因此宗教的精神需要和世俗的贸易需求在任何一个邻近城市都能得到满足。

第二节　芒福德对中世纪城市规划的解读

中世纪一直被历史学家们视为黑暗的时代,中世纪城市也一直被许多学者看成脏、乱、差的典型。事实也的确如此。中世纪城市的卫生系统一直为学者们诟病。起初,人们直接将生活垃圾甚至粪便倒在大街上,致使中世纪城市里充满了臭味。由于中世纪城市的街道许多都没有贯通,空气不容易流通,因此臭味也很难消散。时不时发生的火灾倒间接地起到了给城市消毒的作用。这种情况直到中世纪晚期才得到改观。但通行的做法是,专人在夜里把各家的垃圾和粪便收集起来运往城郊,直接倒在城墙外面,这又使得城郊环境恶化。恶劣的生存环境使中世纪城市居民的死亡率很高。

中世纪城市的拥挤也是十分严重的。土地紧张、人口众多、道路狭窄、建筑密集,城市公共空间十分有限,这样的生存环境甚至比不上罗马帝国时期的城市。随着人口的不断增加,这种情况就变得更糟。虽然由于城墙的限制,当城市人口达到极限,人们会选择另建新城,但中世纪也产生了许多人口众多的大城市。城墙的外扩虽然成本高昂,但也不失为解决城市用地紧张问题的一种途径。

中世纪城市的治安情况也很差。小偷横行,在一些城市,小偷甚至有自己的行会,进行着有组织的偷窃。杀人、抢劫的事也十分常见,而这些在今天看来的重犯往往能够逍遥法外,因为破案难度太大。市政厅有义务维持城市的治安,但他们显然在这方面投入的精力有限,因为市政厅里的议员都是城市贵族,他们只想着如何征税,以及如何与领主和国王周旋,对于市内的治安兴趣不大,而且他们也没有专门的强力机构和那么多的人手。即使在佛罗伦萨那样的有自己军队的城市里,犯罪率也居高不下。

芒福德对中世纪城市却似乎有不同的印象,他对中世纪城市的正反两面都有过论述,但整体来说对中世纪城市赞美有加,这并不是基于理想主义色彩对中世纪城市的美化,而是基于规划思想和自己对城市规划的理解做出的中肯判断。

首先是中世纪标志性的街道,芒福德对于这种曲折弯曲的街道极力辩护。在芒福德看来,相比笔直、不求变通的街道,这种弯曲的道路更符合地形的考虑和选择。[①] 芒福德的观点是,中世纪的城市即

---

① D. L. Miller, ed., *The Lewis Mumford Reader*, New York: Pantheon Books, 1986, p. 114.

便在建城之初采用了几何式的道路设计,也因地形和环境因素进行了适当的变通和修改。由于中世纪早期的城市出于防御需要都在险要之地选址建造,街道的布局因地形崎岖而出现弯曲也处于情理之中。芒福德认为,这可能是古代放牛的小路延续应用的结果。[①] 这种联想暗含了一种有机的概念,即街道的形成源于牛本能的选择,而在芒福德看来,牛在崎岖山路上本能的选择往往是最实惠的选择。[②]

芒福德认为,街道的曲折弯曲还可以带来一种额外的好处,即给城市风景增加一种美感。中世纪城市的民居总是面向街道,几乎每户民居都有不同的朝向,推开窗户,每户人家都能面对着不同的街景。如果是笔直的街道,站在街首便可看到整条街道的景色,从而失去了走下去的兴趣。而弯曲的街道则相反,每进一步都是一个探索的过程,每转一个弯都能发现不同的风景。不过这种感觉应该只适用于一个外来的游客,当地人在对每个弯弯道道都了然于心的情况下很难有这样的新鲜感。就这一点而言,芒福德对于中世纪城市街道的视觉和感受有些美化了。实际上,他对于欧洲中世纪古城的印象大多是以游客的身份去游览后感知的。

在芒福德看来,街道除了视觉上的新鲜感外还有御寒的实用功用。中世纪城市的街道狭窄,有许多死胡同,芒福德认为这种街道设计有利于躲避严冬的寒风,使冬季的户外活动更为舒适。[③] 这种理解可能有些偏颇,显然只适用于北欧地区,并没有考虑到西欧和地中海沿岸的气候条件。西欧地区是温带海洋性气候,因为有暖流经过,西风从海面吹来,温暖潮湿,全年有雨,冬雨较多。地中海沿岸地区是

---

① D. L. Miller, ed. , *The Lewis Mumford Reader*, New York：Pantheon Books，1986，p. 114.

② D. L. Miller, ed. , *The Lewis Mumford Reader*, New York：Pantheon Books，1986，p. 114.

③ D. L. Miller, ed. , *The Lewis Mumford Reader*, New York：Pantheon Books，1986，p. 121.

地中海气候,冬季也是温和多雨。也正因为多雨,中世纪街道上都有挑檐,用于避雨。此外,街道的狭窄封闭设计也有许多弊端,例如通风不畅,使夏天不容易散热,也不利于疫病的消散。

芒福德对中世纪城市的教堂也情有独钟。在他看来,这显示了一座城市的文化功能和底蕴。芒福德认为,无论中世纪城市有多么丰富的现实生活需求,在其繁忙激荡的生活中,它首先还是教会举行各种仪式的一个舞台,中世纪城市的精彩之处和理想成就也在于此。[1] 祷告、弥撒、盛装游行、宗教仪式、露天表演是城市生活的一部分,而教堂是这些城市生活的核心、起点和终点。因为教堂的存在,城市的社会生活才变得如此丰富多彩。

在城市规划上,主教堂位于城市的核心位置,位于各条街道的汇聚点,这样的布局显然是为了强调教堂在人们心中的地位多么重要。这其实是芒福德一直倡导的城市规划的人文尺度。他曾经用伊特鲁斯坎(Etruscan)和1811年的纽约的矩形结构做比较,两者都用了矩形结构布局,但前者意在强调宇宙秩序和法则,而后者只为在不动产投机方面寻求最大利益。[2] 形态相同,但表达的意义却是迥异的。中世纪教堂的规划设计显然属于前者,即象征意义大于实际功用。

教堂在规划上的核心布局还给人一种神秘的美感。按照芒福德的意境描述,千转百回之后,宏伟壮丽的教堂突然出现在你的面前,给人一种视觉上的即视感和神秘感。[3] 据此,他认为后来 19 世纪巴黎圣母院的改造将附近的建筑一律拆除是一种错误,这样的做法破坏了中世纪城市的这种精妙设计,破坏了他的隐秘性和出其不意,也

---

① Lewis Mumford, *The City in History*: *Its Origins*, *Its Transformations*, *and Its Prospects*, New York: Harcourt, Brace and Company, 1961, p. 277.

② D. L. Miller, ed., *The Lewis Mumford Reader*, New York: Pantheon Books, 1986, p. 114.

③ Lewis Mumford, *The City in History*: *Its Origins*, *Its Transformations*, *and Its Prospects*, New York: Harcourt, Brace and Company, 1961, p. 114.

破坏了它的跌宕起伏和变幻无穷。①

　　教堂被芒福德欣赏的另一个原因是它所起到的文化传承作用。在时局混乱的中世纪,古典文明的精神财富的确是通过教堂这种媒介保存下来的。古希腊罗马时期的许多古典文献经教堂教士之手保存下来,流传至今。教堂在城市中的存在赋予了城市的文化传承职能,对于诸如巴黎圣母院那样的著名教堂,其建筑风格和雕刻艺术,以及留存的文献典籍具有永恒的价值,是城市独特魅力的一种具体体现。而且,正如芒福德所说,教堂也是城市的公共保险箱,一些贵重的物品和契约都一度珍藏于此。出于对基督教的普遍信仰,城墙不能抵御的外敌却能被教堂拒之门外,这就是宗教文化融于城市能给城市带来的好处,也是文化得以传承的根本。

　　芒福德对中世纪城市的民居和布局也有特别的好感。由于一座城市的民居建造时间跨度很大,在中世纪不同时期建造的民居风格也有差异。加之火灾多发生在民居密集的地区,这在很大程度上加剧了民居更新和风格转换的速度。在芒福德看来,这给人一种独特的美感。在他看来,不同风格的建筑挤在一条街道上不仅不会减损其审美价值,反而能够交相辉映,相得益彰。② 风格不同源于历史原因,不同风格的建筑正好呈现出一个地区经历了不同时期的历史记忆,一条有着不同风格建筑的街道是一部活生生的中世纪城市建筑史。不过,风格不同,高低不同的建筑挤在一起也能给人一种杂乱无章的感觉。美感或杂乱一定程度上取决于建筑的价值,年久失修、破败不堪、毫无历史价值和艺术价值的建筑往往表达不出历史遗存下来的美感。相反,维护完好、体现传统建造技艺、富有艺术气息的建筑能够被保存下来,让人赏心悦目。芒福德的欧洲城市之旅见到的

---

① D. L. Miller, ed., *The Lewis Mumford Reader*, New York: Pantheon Books, 1986, p. 118.

② D. L. Miller, ed., *The Lewis Mumford Reader*, New York: Pantheon Books, 1986, p. 124.

往往是后者。

　　芒福德也十分欣赏中世纪城市里相同职业者的集中居住。中世纪居民的经济生活受行会的制约,在规划层面上也集中布局,城市的功能分区十分鲜明。芒福德认为,从某种意义上说,中世纪城市是许多小团体聚居区组成的区域的集合,每个区域都是享有一定的自治和自给自足的经济体系。[1] 的确,中世纪城市从区域划分来看并不像是一个整体,更像是一块块区域拼接起来的。与现代城市区划不同,中世纪城市的区域分布具有明确的功能划分,明确的功能划分又将整座城市联结成一个整体。区域虽然独立,但彼此联系密切,至少空间上如此。如果没有城墙的限制,一座城市可以通过增加区域来扩张。不过在大的分工门类有限的情况下,门类齐全的城市也不会进行大规模扩张。

　　芒福德十分看重中世纪城市在空间扩张上的节制,并对此有专门、系统的论述。[2] 如前文所述,中世纪城市扩张的主要限制条件在于城墙。不过芒福德认为,城墙并不能从根本上限制城市的扩张。[3] 中世纪也的确发生过城墙外扩的事情。不过城墙的限制作用还是很大的。在中世纪早期,城市防御的是冷兵器的进攻,简易的城墙就足够了,这样的城墙在面临城市外扩需求时也很容易拆除。但随着军事技术的革新,尤其是火炮的发明和更新,以及攻城装备的革新,城墙便建得越来越坚实和复杂。而且城外还开挖了护城河,这使许多中世纪城市成为一个孤岛。城市要进行扩张,要拆除坚实的城墙,并填平护城河,如此成本太高,很难做到。

---

① D. L. Miller, ed., *The Lewis Mumford Reader*, New York: Pantheon Books, 1986, p. 122.

② Lewis Mumford, *The City in History: Its Origins, Its Transformations, and Its Prospects*, New York: Harcourt, Brace and Company, 1961, pp. 312 - 314.

③ Lewis Mumford, *The City in History: Its Origins, Its Transformations, and Its Prospects*, New York: Harcourt, Brace and Company, 1961, p. 312.

除了城墙的因素,芒福德找到了城市不扩张的其他更深层次的原因。他认为,中世纪城市发展受限部分是因为自然和社会条件,而不完全是因为一道城墙。① 中世纪的农耕技术有了大幅度提高,例如6世纪的水磨、7世纪的重犁、8世纪的三圃制、9世纪的挽具等等,这些农业革新带来的大量剩余农产品促进了手工业和商业的振兴。但欧洲的可耕地不多,且常常受劫掠和战乱之苦,实际的农产品产出十分有限,加之储备和运输的困难,城市的人口受周边地区农产品产量的限制。至于芒福德提到的水源问题,中世纪城市缺水的情况倒不多见,而且中世纪许多城市都建在河边,以利用河流进行防御,并利用水磨进行农产品加工。水井在一些并不依水而建的城市十分常见,在当时,城市的手工业和商业对水的需求不大,地下水并未被过度开发和污染,加之气候湿润,雨水充沛,井水足以满足人们的日常生活需求。

　　中世纪城市虽然地域不同,各有特色,但基本都提供的是同质化的公共服务,排除风土人情因素,居民在任何一座中世纪城市里生活都能满足他们的基本需求。因此,城市人口呈现分散化趋势,各城市人口也并不多。芒福德给出了一些城市的人口数据,虽并不准确,但大致说明了中世纪城市小城寡民的事实。②

　　对于中世纪城市的整体规划,芒福德提到了有机规划的概念。按照他的解释,有机规划并不向一个预先形成的目标出发,一种社会需求形成了,它就应运而生,而且随新需求不断发展,随新机遇丰富更新,经过一系列的调整综合,最终产物本身变得越来越调和一致、紧凑严密,同时又体现出自身明确的目的性,因而最终生成一个极其

---

① Lewis Mumford, *The City in History: Its Origins, Its Transformations, and Its Prospects*, New York: Harcourt, Brace and Company, 1961, p. 313.

② Lewis Mumford, *The City in History: Its Origins, Its Transformations, and Its Prospects*, New York: Harcourt, Brace and Company, 1961, p. 314.

丰富的城市设计产品。^① 在他看来,中世纪城市正是有机规划的杰作。的确,中世纪城市虽各有特色,但在城市规划方面都无一例外地形成了近乎完全统一的形制,整合了中世纪时代要求城市应当具备的各种要件。例如,出于防御需求,许多中世纪城市建在险要之地,在无力改造自然条件之时惟有适应自然条件,其建设过程近乎采用遇山依山,遇水搭桥的思路,而不是遇山平山,遇河填河的方案。方案的选择,究其原因是生产力水平低下所致,并非本能要融入自然,与自然和谐一致。

中世纪城市建设主要用于满足人们的迫切需求。城墙用于防御,教堂用于祈祷,民居用于手工业生产和居住。与古希腊罗马时期拥有宽阔广场、宏伟雕像的城市不同,中世纪城市的布局以实用性为第一准绳。但中世纪城市在匆忙建造之初确实没有市政机构进行统一规划,平民圈地建房也的确给后来的城市发展带来了不便。在芒福德看来,民居后院的花园是融入自然、城乡结合的产物,但这种布局恰恰说明了建城之初的无序圈地导致的土地空间再利用问题上的不便。当中世纪晚期的城市拥挤不堪,而后院原本的菜地只适合改建成花园,我们便能从中体味到中世纪城市随遇而安式的无序布局带来的空间改造问题。

芒福德认为中世纪城市是美丽的,因为它几乎融合了芒福德所喜欢的所有城市元素,那里有乡村气息,城市分工有序,宗教文化体现在城市建筑上,并融入到了城市生活中。在他的想象中,中世纪的城市有着清晨教堂的钟声、吟游者的欢唱、工匠和女仆的低吟,还有自然界的声音,公鸡的鸣叫、鸟儿的叫声。^② 但概观中世纪城市,历史上的中世纪城市远没有芒福德所想象的那般美好。

---

① D. L. Miller, ed., *The Lewis Mumford Reader*, New York: Pantheon Books, 1986, p. 115.
② Lewis Mumford, *The City in History: Its Origins, Its Transformations, and Its Prospects*, New York: Harcourt, Brace and Company, 1961, p. 297.

第三节　中世纪城市规划的现实启示

芒福德对中世纪城市的描述或许有些美化,但他从城市规划的角度进行的正面评价让人感受到了中世纪城市规划的实用价值。按照芒福德一贯的纵览古今的思维,中世纪城市规划具有很大现实意义,至少可以作为他捍卫自己某些城市观念的工具。以有机规划为例,他以中世纪城市为范本介绍有机规划,其核心目的不在于称道中世纪城市规划多么好,而在于反驳那些否定和摒弃有机规划的人。在他看来,中世纪城市规划的成功范例驳倒了这种拘泥形式的种种错觉和误解。[①] 在分析芒福德对中世纪城市的论述中,我们能够从中发现许多他对于城市规划的观念,以及他对一些规划设计方案的态度。这就回归到了一个"什么样的城市才是美好城市"的常规问题的思考,中世纪城市在芒福德看来正是探讨这一基础问题的工具或媒介,而他在对中世纪城市的评述过程中所迸发的思想火花已经超越时代局限为城市问题本身提供了现实的借鉴与思考。

1. 因地制宜。按照芒福德对中世纪城市的论述,他看中的并不是中世纪城市的自由发展,而是中世纪城市的因地制宜。城市的建设应该适应地形、地貌、气候,要能够充分考虑到周边的自然资源,达到与自然界融合的境界。这是芒福德一贯的主张,无论是在对火鲁奴奴进行规划的建议书中,还是在对太平洋西北地区的城市改造报告中,这一点都是核心要素。因地制宜在规划层面上首先表现出来的是特色构建。不同的城市应该有不同的特色,这种特色的构造部分是因地制宜的结果。

[①] D. L. Miller, ed., *The Lewis Mumford Reader*, New York: Pantheon Books, 1986, p. 115.

威尼斯是世界上著名的特色城市。在威尼斯,河系纵横,居民临河而居,出行全靠舟船,成为一大特色,给人留下深刻印象。现在的威尼斯有 118 个小岛组成,177 条水道由 401 座桥梁连在一起。这个在中世纪初期就已出现的城市至今已是世界历史文化名城,也是世界上唯一一个没有汽车的城市。威尼斯因水而生,因水而美,拥有"桥城""水城"等美称。正是适应了这样的独特的地形特征才赋予了威尼斯独特的城市魅力。反观中国江南地区同样水道众多,却很难将江南的城市与水联系起来,独特的地理条件却不能合理地融合利用。

中国的城市化建设速度很快,一座座城市迅速被钢筋混凝土覆盖,但这并不是城市特色。我们每到一个地方,游览城市的景区,品尝当地的小吃,但无法体味到城市的特色。因为除了历史遗留的还有盈利价值的建筑或区域外,整座城市都是均质化的产品,钢筋混凝土建造的街道、高楼构成了城市的主要景观,惟一不同的是这些街道的名称和高楼的形状。

城市特色还体现在特异的风土人情上。语言、习俗、节日都是能够体现城市特色的内容。就中国而言,城市在风土人情上的差异主要体现在各地的方言上。位于不同地区的不同城市往往有着不同的方言,但从根本上说这属于区域的语言,极少源于城市,也不可能是一座城市所独有的,而且这种在一座城市里所能感受到的语言差异正随着外来移民的日益增多而弱化。

源于某一城市或地区的传统曲艺形式在城市中失去了落脚之地,具有地方特色的戏剧仅在极小的区域范围内流行,公共演出空间被钢筋混凝土建造的大剧院取代,取而代之的是来自世界各地的流行音乐和西方歌舞剧。如果你在任何一座城市都能看到同一出歌剧,听到同一场交响乐,那么这就不算城市特色。如果某一种曲艺形式发源于一座城市,流传于其他城市,乃至世界其他地区,但只有回到其发源的城市才能感受到这种曲艺形式的真正魅力,才能感受到它的正宗与传统,甚至能回味到它悠远的历史韵味,这才是这座城市的特色,才是这座城市宝贵的文化财富,才是这座城市文化软实力的体现。

然而现实是,在上海,沪剧的普及度并不高,而且并没有与城市融入一体,人们更爱听交响乐,斥巨资兴建恢宏大气的歌剧院呈现和传播的不过是源于其他国家和地区的城市的艺术形式。当人们听着交响乐,想到的可能是维也纳,而不是上海。天津的相声、北京的京剧也有着同样的境遇,具有城市特色的艺术形式应该随着城市的发展而兴盛,而不是在多元包容的氛围下,在外来流行艺术形式的挤压下随着城市的发展而逐渐退入博物馆。

2. 功能明晰。城市之所以能够吸引人与物集聚是因为它能满足人们超越生存的更高追求,进而具备相应的功能。中世纪城市就有很明晰的功能定位,当时的城市用城墙进行防御,用教堂进行祈祷,这是中世纪城市的核心功能,即满足人们物质保障和精神需求。而随着生产力水平的日益提高,人类科技成果的日新月异,城市所承担的功能越来越多,相应的,所发挥的磁体作用越来越明显。人们或出于教育,或出于医疗,以及其他诸多物质和精神需求来到城市,致使城市越扩越大,城市人口也越来越多。

中世纪城市功能的均质化使各座城市在基本需求方向的吸引力相差无几,但现代城市所能提供的需求却差异化明显,这是导致当前城市越扩越大、人口越来越多的重要原因。如果一座城市相比另一座城市在基础医疗、教育、薪资、公用设施方面有太多的优势,那么人们出于本能会去选择更好的城市。这样的人口净流入会直到人口膨胀到一定程度,带来诸多城市问题,使该城市吸引力下降之后才会有人口反向流出的情况。与中世纪城市不同,现代城市的扩张可能只受地理空间、省际区划的限制,大规模生产和迅捷物流已经能够超越地理限制解决城市人口的日常饮食问题。但城市人口密度的增大会带来诸多的城市问题,比如城市拥堵,公共资源紧张,这些问题只有人口减少才能从根本上解决,而解决这一问题的根源又在于降低城市功能的磁体效应。

随着城市的不断发展,城市所承担的功能越来越多,越来越细,人们对城市功能的期许也出现差异化。弱化城市的某个或多个功能,与此同时强化某个或多个功能可以降低城市在某些方面的吸引力,并且确立城市的功能特色。中国在现代化城市建设中全面开花,务求各方面都精进有成,如此,既产生了巨大投入,又无城市特色。相反,如果一座城市发展有明确的城市定位,那么只会造成相应的人力与物力的集聚,既能形成自身的区域比较优势,又能为区域内其他城市预留发展空间,促进区域功能整合与协同,最终促进城市带的发展。

城市内区域的功能明晰也很重要。相同产业的集中布置有利于降低通勤需求,减少通勤成本,还有利于减少公共设施的重复建设,更有利于发挥产业的规模效应。各行政区划也应结合自身的发展历史和要求确立自身的特色支柱产业。但涉及居民日常生活的公共设施应进行均质化分配。以教育为例,作为一种城市公共服务资源,偏向性太强会引导与之相关群体的消费取向,建立重点学校直接导致了相关区域的资源紧张问题,从而增加了人口流动、交通流量,以及其他的城市生活成本。城市的各个区域应该能够在关系居民日常生活的问题上做到均质化服务,减少舍近求远、跨区域流通问题,降低城市交通压力。从这一点上说,中世纪城市确实是良好典范。

3. 人文尺度。芒福德对中世纪城市的欣赏的重要原因之一便是城市的公共设施都很注重人性化尺度的把握。除具有城市标志和象征意义的主教堂外,其他教堂均呈现均质化分布,规模都不大,以周边的实际居民人数为重要参考指标。如果来祈祷的人过多,神父不能保证每个人的精神诉求得到满足,那么教堂存在的价值便会降低。除了教堂以外,救济院、医院都维持着这一尺度,建得很小,最大的救济院、医院也不会超过 75 个床位。^① 现代城市的基础公共服务也应该充分考虑到周边常住人口的需求量,并在各区域提供均质化的公共服务,以防止资源分配倾斜引起的人口流动,增加局部压力。

　　城市的发展应该充分考虑到城市居民最基本的生活需求和生活品质,毕竟人是城市的核心要素。如果一座城市失去了对人的吸引力,那么这座城市也离死亡不远了。当前,中国在城市化建设过程中出现了许多新城,但在新城建设过程中只顾房地产开发,以及其他盈利性强的项目,但忽略了人在其中所能享受到的工作、生活、医疗、教育等各方面的基本需求。因而,许多新城建立之时便成为了"死城"。以人的角度为基本出发点去建造新城才能使之具有吸引力,才能促进大城市人口的分流,促进城市化进程的有序推进。

---

① 数据见 Suzi Yee and Joseph Browning, *A Magical Medieval City Guide*, New York: Expeditious Retreat Press, 2003, p. 9。

第五章

从现代城市看城市趋势

到 20 世纪 50、60 年代，城市发展呈现出了郊区化、扩大化的新趋势。对于这种日益明显的新情况，芒福德通过郊区化和特大城市等城市概念对这一趋势进行了深入研究，继而表明了观点和态度。在芒福德看来，郊区化不可过度，特大城市的神话必将破灭，城市发展正朝着错误的方向。这种观点的存在有其一定的时代背景和学术渊源，也融合了芒福德自己的城市发展原则和标准，本章即通过芒福德的这两大城市概念、两种观点对芒福德的城市史观做进一步剖析。

第一节　郊区化观念及其思想渊源

作为一种分散型城市化，郊区化始于 20 世纪 20 年代，盛行于第二次世界大战后的发达国家。在西方国家的发展过程中，由于城市中心区建设密度不断增大，人口产业等城市要素向郊区扩散，促进了城市外围地区的增长，同时缓解了城市中心区的压力。随着郊区人口和经济不断增长，城市规模扩大，推动了西方大都市区的形成。西方国家的郊区化先后经历了居住郊区化、工业郊区化、商业郊区化和办公郊区化的"四次浪潮"。

鉴于郊区化的发展形势，欧美学界对郊区化现象也产生了浓厚的兴趣，他们在郊区的居住空间重构、郊区化住房选择与分异、郊区化背景下的通勤行为、郊区化与居民生活空间、郊区化的社会影响等各方面展开了研究。在这一背景下,芒福德结合各种郊区化观念以及自然的感悟形成了自己的见解。

一、芒福德郊区观的基本观点

芒福德对郊区有着特别的好感。在他对工业城市造成的脏乱差进行着近乎夸大的抨击中,我们就应该可以预感到他对逃离城市、定居郊区的态度。正如他所说"有了足够财富能从那个环境中逃出来是一个人成功的标志"。[①] 对于郊区,芒福德有一定的研究和理解,继而对郊区的功能定位和未来发展有一些论断。

芒福德认为郊区景色优美,适宜居住。那里有"新鲜的空气,洁净的水、毫无噪音和干扰,田野开阔,可以骑马、打猎、射箭,或是在农村中漫游,正因为如此,各地的贵族才得以身体健康和富有自信心。"[②]相比郊区,芒福德的这种描述更像是中世纪领主的庄园生活,或者完全是乡村生活,其用意不过是将郊区的优点最大限度地美化。人们限于城市环境恶化逃往郊区,但并不是去拥抱自然,而是将城市向大自然延伸,进一步侵蚀自然,改造自然。随着郊区的发展,公路不断向外延伸,汽车成为郊区与城市的通勤工具,随之而来的汽车尾气排放也污染了郊区的空气,地下水也受到污染。与城市相比,这些污染的程度很低,但绝不是芒福德所想象的新鲜空气、洁净的水,以及毫无噪音。人们在郊区居住,开车前往市区工作,或直接在郊区上班,并不会骑马、打猎、享受自然。相比市区,唯一具有的明显优势是地域开阔,土地资源相对富余,这是芒福德推崇的地方,也是不争的事实。

城市由于人多地少,地价昂贵,郊区地价相对便宜,人们迁往郊

---

① Lewis Mumford, *The City in History*: *Its Origins*, *Its Transformations*, *and Its Prospects*, New York: Harcourt, Brace and Company, 1961, p. 482.

② Lewis Mumford, *The City in History*: *Its Origins*, *Its Transformations*, *and Its Prospects*, New York: Harcourt, Brace and Company, 1961, p. 488.

区会有更宽敞的住房,因此可以在建造住房之外有额外的空间建造奢侈的花园。对此,芒福德十分兴奋地评论到,"过去只有皇帝才能享有的特权,现在普通人只要有土地就也能享有"。① 在芒福德看来,拥有更多的土地可以带来许多生活上的便利,也可使郊区变得更加有吸引力。实际上,芒福德对郊区的功能定位和郊区优点的评价都是以此为基础的。他在文中不止一次地评论道,住宅和花园的共存使人明显感受到了农舍的传统美德。②

在对郊区花园式住宅的赞叹之余,芒福德指出了郊区的功能定位之一,即满足抚育儿童的需要。在芒福德的视野里,郊区居民点都是很宽阔的树林和田野组成的绿带,这里的孩子们可以安全地玩耍,甚至无需看管。这种看法首先考虑到的是远离汽车的危害。汽车造成的车祸无疑对肆无忌惮、到处乱跑的孩子们来说是一种威胁。郊区的交通状况显然要好很多,但也并不像芒福德所说的那样毫无顾忌。由于汽车是郊区居民出行的主要方式,郊区定居点也多沿公路线延伸分布,汽车在郊区生活的地位更加重要,认为郊区可以避免汽车带来的安全隐患是不现实的。

芒福德认为郊区是抚育孩子最佳环境的另一个原因是郊区相比市区离大自然更近。在他看来,带有自然属性的环境才是孩子应该玩乐的地方,而一切非自然的娱乐方式都是无意义的。他直言不讳地说,大规模消费和娱乐刺激下产出的是标准化的、失去自然属性的环境。③ 因而郊区才显得格外珍贵,因为它的娱乐方式更亲近大自然,可以获得巨大的自由,体悟到更多的东西。

---

① Lewis Mumford, *The City in History: Its Origins, Its Transformations, and Its Prospects*, New York: Harcourt, Brace and Company, 1961, p. 488.
② Lewis Mumford, *The City in History: Its Origins, Its Transformations, and Its Prospects*, New York: Harcourt, Brace and Company, 1961, p. 490,492.
③ Lewis Mumford, *The City in History: Its Origins, Its Transformations, and Its Prospects*, New York: Harcourt, Brace and Company, 1961, p. 490,495.

芒福德认为,郊区是一个十分专业化的社会,它为人类提供的是娱乐,甚至专门以娱乐为目的。[①] 这与城市产生了极大的反差。在芒福德任编剧拍摄的六集系列影片《城市》(*The City*)中有这样的两个场景:第一个场景是几个小孩在城市中的狭窄的道路上玩耍,他们随时可能面临来自汽车的威胁,不远处工厂的烟囱排放着浓烟,路边是污水沟,还有随处可见的垃圾;第二个场景郊区宽阔的草坪,几个小孩骑着自行者在草坪间的石板路上游玩,还有几个小孩靠在路边的大树下休憩。这两种反差巨大的场景突显了芒福德对郊区抚育小孩的功能定位,更指出了郊区才是孩子们的游乐场,在这里度过的童年才是美好的。

　　芒福德对郊区津津乐道的还有它的隐蔽性,这也是他在关于郊区的论述中反复提及的。[②] 隐避性一直被芒福德认为是城市必要的要素。在他看来,城市应该给人除居所以外的隐避空间,使人可以独处、冥思。然而,在芒福德所处的年代,城市发展使隐避的空间越来越少,这使芒福德感到不安。郊区的发展符合了芒福德对城市隐避性的要求。他认为,郊区应该谋求的目标之一即是不受干扰的隐居和与外界隔绝的独处。[③]

　　基于对郊区隐避性的追求,芒福德对郊区的发展提出了两点建议:

　　第一,反对过度市郊化。他拿当年的美国西进运动来比喻当时的市郊化趋势。大批人涌往西部荒野损坏了西部地区的魅力,[④]相应地,大批人涌往郊区也会损坏郊区隐避性的特质。铁路线的贯通会

① Lewis Mumford, *The City in History*: *Its Origins*, *Its Transformations*, *and Its Prospects*, New York: Harcourt, Brace and Company, 1961, p. 495.

② Lewis Mumford, *The City in History*: *Its Origins*, *Its Transformations*, *and Its Prospects*, New York: Harcourt, Brace and Company, 1961, p. 491,493.

③ Lewis Mumford, *The City in History*: *Its Origins*, *Its Transformations*, *and Its Prospects*, New York: Harcourt, Brace and Company, 1961, p. 491.

④ Lewis Mumford, *The City in History*: *Its Origins*, *Its Transformations*, *and Its Prospects*, New York: Harcourt, Brace and Company, 1961, p. 491.

带来人口的定居，会带来汽车，会带来各种喧闹的因素。最终，城市气息会笼罩郊区，哪怕与市区相比淡了许多，但这些仍然都不是芒福德所希望看到的。过分的市郊化使定居郊区再也享受不到幽静独处的好处了。

为了使城市人口有限度地外迁，以免郊区变得像城市一样不堪。芒福德进一步认为郊区应当远离公路，远离铁路车站，以维持郊区的人口规模。他认为，郊区所需要的正是它的规模之小，在融入周边的农村中达到半农村化的完满程度。[1] 相反，如果规模扩大，人口增多，郊区就变成侵入乡村，而不是融入乡村了。在芒福德看来，把公路，甚至立交桥修到郊区是对郊区的破坏，随着公路的延绅而来的汽车流量更是对郊区巨大的打击。若真如此，郊区与市区的差异便模糊了。他指出，一旦这一界限模糊了，郊区就不再是城市居民的隐退场所了，而是变成了城市的触须。[2] 如此以来，郊区的存在就只是在证明城市有多么拥挤。

第二，反对密集分布。对此，芒福德的观点鲜明，直截了当。在芒福德的想象中，郊区生活是寄居山水之间，它能够脱离公路的束缚，建筑能够坐落在诗情画意的风景之中，并与周围的景观融为一体。这种融入乡村的建筑分布模式与城市的密切分布形成了强烈反差。这里，芒福德借用了雷蒙·昂温（Raym ond Unwin）的理论，并试图用他的理论来为自己的观点找到支撑。虽是如此，他与昂温的观点还是有一些差异。昂温主张取消不必要的公共设施，进而增加绿地，其涉及更多的是城市公共设施建设。而芒福德更多的是关注郊区居民住宅是否能够配置花园，甚至通过法律强制建筑物留出足够的绿地。

---

[1] Lewis Mumford, *The City in History: Its Origins, Its Transformations, and Its Prospects*, New York: Harcourt, Brace and Company, 1961, p. 505.

[2] Lewis Mumford, *The City in History: Its Origins, Its Transformations, and Its Prospects*, New York: Harcourt, Brace and Company, 1961, p. 505.

芒福德所谓的郊区稀疏布局并非没有限制。邻里社区也是芒福德在郊区意图实现的一个目标，这就意味着住宅区不可能过度分散，以至于社区如同一盘散沙。所谓的邻里社区，在芒福德看来，即把家庭和学校日常所需的全部设施置于步行距离之内，把运送与邻里无关的人和货物的繁忙交通干道置于邻里步行区之外。① 这一界定并非芒福德自创，而是完全借鉴了当时在城市规划界比较流行的邻里规划观念。这种观念之所以能够被芒福德接受，其原因在于它符合了芒福德追求步行生活的要求。不过，除了转述几位城市学家关于邻里观念的分析之外，芒福德并未对邻里进行太多研究，在郊区确立邻里观念不过是芒福德的"郊区稀疏分布"这一主张的注脚罢了。

　　综合芒福德关于郊区的看法，我们可以勾勒出芒福德所想象的理想郊区模式：规模小、位置隐避、远离公路、融入自然，介于城乡之间，兼具城市的便利和乡村的美丽，是孩童成长的乐园，也是大人休憩的良所。为实现这样的一种郊区模式，芒福德反对公路大量向郊区延伸，反对人口大量向郊区迁移，反对汽车对郊区的侵蚀。那么如何在确保郊区生活品质的基础上满足更多人希望居住在郊区的需求呢？芒福德提出了区域城市的主张。在芒福德看来，城市的无序扩张最终会使原本的郊区成为市区，原来的乡村变成郊区，又变成市区，最终的结果是，郊区的美好被市区的扩展所毁坏，而城市与乡村则在更大范围内失衡。因此，芒福德强调一座城市一旦达到它的最佳规模后便不能再继续扩展它的面积和人口，而应安于成为更大的体系的一部分。② 区域城市，最终成为解决郊区问题的一种方案。

---

① Lewis Mumford, *The City in History：Its Origins，Its Transformations，and Its Prospects*, New York：Harcourt, Brace and Company, 1961, p. 501.

② Lewis Mumford, *The City in History：Its Origins，Its Transformations，and Its Prospects*, New York：Harcourt, Brace and Company, 1961, p. 516.

二、时代背景：美国郊区化的兴起

早在 19 世纪的美国，郊区就作为城市的附属物存在，不过当时的郊区发展受通勤条件的限制，一座城市的郊区仅限于从市中心向外步行一小时的距离，这与中世纪的城市规模限定极其类似。而且，郊区的延伸总是沿着铁路线排列一些零星的住宅建筑。到 20 世纪初，美国开始了郊区化进程，与此同时，美国城市化不断推进。1920 年，美国城市人口超过乡村人口，在这种人口变化中，郊区相比城市做出了更大的贡献。在 20 世纪头十年，郊区人口增长速度比市区快 17％，1910 年代快 36％，1920 年代则快一倍。[①] 不过在这一时期的城市化大背景下，郊区发展并不受太多重视。

第二次世界大战以后，城市郊区化进程大大加快，人口开始大规模向郊区迁移，而 20 世纪 50 年代是当时美国郊区人口增长最迅速的时期。根据美国人口统计，在美国郊区化进程的黄金 30 年（50 年代至 70 年代）里，50 年代郊区人口增长率为 56.4％，60 年代是 37.7％，70 年代是 34.3％。[②] 随着人口迁往郊区，郊区经济活动开始活跃起来，城市重心也在往郊区转移。郊区人口增长激励了消费，促进了以购物城为代表的城市商业机构的外迁，[③]也带去了人口就业。在郊区外迁工厂里工作的人也会选择就地居住。许多人实现了郊区居住、郊区就业，郊区人口流动也趋于稳定。

在 20 世纪 40、50 年代，美国郊区化趋势明显，且处于发展历史高峰期，这是芒福德后来特别关注郊区问题的主要原因。事实上，如果我们分析这一时期郊区化发展的原因和基本特征，我们可以很容

---

① 杨生茂、陆镜生：《美国史新编》，中国人民大出版社 1994 年版，第 157 页。
② 数据转引自王旭：《美国城市史》，中国社会科学出版社 2000 年版，第 178 页。
③ 关于美国购物城问题的分析可参阅王旭：《郊区化与美国购物城的兴起》，《史学月刊》2001 年第 2 期。

易体会到芒福德郊区观受到的美国郊区化进程的影响。

　　促进美国郊区化的因素在 20 世纪初就已经存在,只是其对郊区化的影响有一个逐渐显现的过程。而第二次世界大战导致的经济结构变化对于美国郊区化产生了一定的迟滞作用。因此,虽然美国郊区化在二战后才有井喷式发展,但其根源在这个世纪初就已经存在了。因为这些因素的存在,美国郊区化 20 世纪的发展已是大势所趋,不可阻挡。

　　郊区化兴起最重要的促进因素是汽车的普及。在 19 世纪末,通勤交通是限制郊区发展的重要因素,郊区建筑往往选择铁路沿线零星分布,这种情况因为汽车在 20 世纪初的逐渐普及开始得到改观。汽车的普及提高了人们的行动能力,在市区环境恶化的情况下,汽车给了人们实现远离市区的动能。福特式的汽车量产化大大降低了汽车造价,油价也长期在低位徘徊,加之早期的汽车构造简单,维修保养方便,中产阶级一般都愿意而且能够负担得起用车产生的相应开销。到 20 世纪 30 年代,汽车在美国成为大众消费品,平均每五个人就拥有一辆汽车。①

　　汽车产业的发展和需求的扩大刺激了公路的兴建。1916 年,美国国会通过了《联邦援建公路法》,此法案起初只限于乡村公路,二战后扩大到城市公路建设,而且援助金额相比之前有大幅提高。到 1956 年,新的援建公路法已计划铺设 4.1 万英里的高速公路,而且资助额已高达 90%。② 公路网络的完善无疑会增加汽车的使用量,郊区到市区的汽车通勤时间会因为道路状况的改善而大大缩短,因而会有更多的人选择在郊区居住,市区工作。虽然汽车的增多会造成空气污染和道路拥堵,但这些通勤成本具有外溢性,其个人边际成本

---

① 数据转引自王旭:《美国城市史》,中国社会科学出版社 2000 年版,第 188 页。
② US Department of Commerce, Bureau of the Census, Historical Statistics of the United States, *Colonial Times to* 1950, Washington, 1957, p. 456.

低于社会边际成本。因此,郊区随着公路,尤其是高速公路的修建会越来越具有吸引力。[①]

汽车普及的一个附带作用是扩大了市区的辐射区域,人们借助汽车可以从更远的地方到达市中心。市中心的影响范围扩大致使市中心成为商家必争之地,随之而来的是地价飞涨,一些无力负担市中心地价、房租的企业开始往成本更加便宜的地区转移,占地面积广大的工厂因为级差地租因素最先外迁。工厂的大量外迁促使就业人口外移,这意味着居住在郊区的人员不用往返市郊,一定程度上减轻了交通压力。

郊区化兴起的另一个原因是美国政府的住房政策扶持。第二次世界大战结束之后,美国军人转业复员,其人数庞大,有 1600 万之众。随之而来的是结婚潮、婴儿潮,拥有妻室的退伍军人对于住房有着迫切需求。然而,美国当时的房地产行业并不景气,建造住宅几乎无利可图,房荒成为了当时的一个重大社会问题。在这种背景下,联邦政府推出了一系列政策鼓励建造住房,以满足退伍军人的住房需求。1945 年后,联邦住房管理局投资基金(Investment Fund of Federal Housing Authority)推出了"低首付、长期按揭和混合按揭"等优惠购房政策,以鼓励购房。由于有政府担保,金融机构十分乐意向购房者提供贷款,这使得很多家庭有能力购买住房。由于贷款条件宽松,居民也愿意贷款购房。

考虑到市区用地紧张,地价昂贵,新建住宅大多建在郊区。相比市区,郊区住宅也有一定的吸引力。那里的住宅面积大,带有小花园,配套设施齐全,而且居民借助汽车经高速公路可以很方便到达市区。二战后,以莱维敦(Levittown)为代表的新型郊区居民区应运而生,那里的房屋独门独院,空间宽敞,居住舒适,是美国人偏好的居住

---

① 关于通勤成本的经济学解读可参阅奥沙利文:《城市经济学》,苏晓燕、常荆莎、朱雅丽等译,中信出版社 2003 年版,第 255 页。

方式。从 1946 年到 1960 年,美国建造了 1400 万套独门独院的住房,而建于同一时期的出租式公寓只有 200 万套。①

除了郊区的各种舒适和便利,市区居住环境的恶化是推动郊区人口增多,郊区兴起的又一原因。用地紧张、交通拥挤、空气污染在 20 世纪上半期几乎成为市区的通病,有经济能力迁出的群体都希望能够迁出市区,寻找更舒适的居住环境。从经济能力上说,富人阶级是最早迁出的群体,到 20 世纪 40、50 年代,迁往郊区的主力是中产阶级。

中产阶级向郊区的迁移有物质因素的考虑。他们有一定的经济能力,对于居住环境有更高要求。郊区向他们提供了安宁的环境、清新的空气、休憩的空间。除此之外,迁移至郊区也有社会学和心理学的动因。对少数族裔、低收入群体的恐惧,以及对自身所处社会阶级的认定使他们希望摆脱市区,迁往郊区。美国城市高度异质化,种族、民族、文化、阶级的多元性,以及对个性自由的强调使城市陷入各种社会冲突之中,城市生活的动荡与追求稳定的中产阶级格格不入,迁往郊区可以摆脱这些问题。② 在 20 世纪 40、50 年代,郊区兴起时的种族成份比较单一,居住区基本属于白人社区,存在十分严重的种族隔离。之后在相当长的时期里,美国的郊区化都存在种族隔离问题。③

除了种族成份单一,20 世纪 40、50 年代的郊区还有小孩抚育比例高的特点。生育小孩往往是中产阶级迁往郊区的直接动因。市区的出租公寓仅能满足单身人士的居住需求,由于空间有限,那里也不

---

① 数据见王旭:《莱维敦:美国郊区化的理想模式》,《厦门大学学报》(哲学社会科学版) 2003 年第 3 期。

② 关于美国城市里的种族冲突问题可参阅 K. T. Jackson, *The Crabgrass Frontier: The Suburbanization of United States*, New York: Oxford University Press, 1987, p. 122。

③ 关于这一问题可参阅孙群郎:《美国郊区化进程中的黑人种族隔离》,《历史研究》2012 年第 6 期。

是抚育小孩的绝佳场所,况且小孩也往往不受房东欢迎。所有市区居民在有小孩后往往最先考虑的是迁往郊区。像莱维敦那样的典型郊区城镇就被看成"抚育子女的理想之地,不断产生希望和信心的地方,特别是当年轻夫妇希望他们的子女受到良好教育时更是如此。"在第三个莱维敦的1.2万人口当中,绝大部分是年轻家庭,平均有两个不满18岁的孩子。[①] 在郊区,汽车的威胁大大减少,孩子们有花园草坪可以玩耍,有更优质的学校,[②]这是20世纪40、50年代美国郊区的现实,也是芒福德所认为的郊区对于抚育子女的好处。

三、学术渊源:欧美城市规划理论的熏陶

除了基于对美国郊区化进程的认识,芒福德的郊区观还基于他对欧美城市规划理论的理解。他关于郊区的许多观点都是基于对当时欧美流行城市规划理论的喜恶形成的,我们可以从他关于郊区观的诸多论述中找到当时流行城市规划理论的影子。

芒福德对于郊区的认识最开始受霍华德"田园城市"的影响。对此,芒福德曾专门论述了他所理解的霍华德理想中的郊区形态。霍华德认为,"人们的生活应该不只有城市生活和乡村生活两种方式,应该有第三种选择,即将城市生活的生动活泼与乡村生活的优雅快乐等优点完美结合起来。"[③]芒福德对此十分认同,并将郊区作为这种生活方式的典范。同霍华德一样,芒福德希望这样的郊区能够功能齐全、自给自足,兼具乡村的美好和城市的便利。为了维持这样的状

---

① 转引自王旭:《莱维敦:美国郊区化的理想模式》,《厦门大学学报》(哲学社会科学版)2003年第3期。

② 美国郊区的教育往往比市区的要好,见奥沙利文:《城市经济学》,苏晓燕、常荆莎、朱雅丽等译,中信出版社2003年版,第585—616页。

③ Ebenezer Howard, *Garden Cities of To-Morrow*, Cambridge: The MIT Press, 1965, pp. 45 - 48.

态,他反对城区向郊区扩张,以免郊区被盲目扩张的城区侵蚀。因此,他特别认同霍华德所提出的控制城市发展的观点,主张"一座城市达到它的最佳规模后不再扩大它自己的面积和人口,而是安于作为一个更大体系的一部分",[1]并在此基础上提出了"区域城市"的概念。

霍华德的"田园城市"思想对 20 世纪初的美国城市规划界产生了巨大影响。芒福德参与创建的美国区域规划协会的宗旨之一便是在美国推行霍华德的"田园城市"思想。在郊区建设方面,城乡结合是霍华德的观念,也是芒福德一贯坚持的主张。他对郊区城乡结合生活的描述同霍华德的描述一样具有浓厚的理想主义色彩。不过,美国郊区的发展并不如霍华德或芒福德所设想的那样,真正建立起来的郊区都是功能单一的居住社区,并且实行严格的种族和阶级隔离。虽然美国后来也出现了像雷德朋(Redburn)那样的田园城市,但也具有典型的美国郊区特点,以中产阶级为主,功能单一,这与霍华德所倡导的"田园城市"相比差别很大,空有其表,名不符实。

霍华德的"田园城市"构想在实际建造中遇到了诸多困难,莱奇沃斯和韦林的建设并不成功。英国城市规划师们退而求其次,其结果是原本设想的功能齐全的综合性田园城市变成功能单一的中产阶级居民区。这种模式在美国很受欢迎,20 世纪上半期的美国郊区基本都是按此模式建立起来的。只是相比英国,美国拥有更广袤的土地,那里的郊区可以更低密度分布,并且可以建造绿化带,成为"田园郊区"。

低密度分布是霍华德的观念之一,他提倡的居住密度是每英亩15 户,相当于每英亩 80 到 90 人。[2] 后来作为莱奇沃斯规划设计者

---

① Lewis Mumford, *The City in History*: *Its Origins*, *Its Transformations*, *and Its Prospects*, New York: Harcourt, Brace and Company, 1961, p. 516.
② 霍尔:《城市和区域规划》,邹德慈、李浩、陈漫莎译,中国建筑工业出版社 2008 年版,第47 页。

的雷蒙德·昂温(Raymond Unwin)和巴里·帕克(Barry Parker)提倡的密度更低,只有 12 户,50 到 60 人。[1] 这种分散化的低密度发展在美国大行其道,而且昂温和帕克这种主张密度更低的想法更受欢迎。以弗雷德里克·劳·奥姆斯特德(F. L. Olmsted)为代表的一些城市规划学家就主张建造昂温模式的田园郊区。田园郊区迎合了中产阶级外迁寻求更高品质生活的需求,有力推动了城市的分散化,其在郊区层面则促进了郊区的低密度蔓延。芒福德也支持这样的做法,他希望建造田园式的郊区,并直言郊区建太密了没有好处。[2]

在对郊区生活的研究中,芒福德提出了"邻里"的概念,这显然是受到了美国规划学家克拉伦斯·佩里(Clarence Perry)的影响。佩里在 20 世纪 20 年代参与纽约区域规划时提出了"邻里单元"(Neighborhood Unit)的概念,并在雷德朋进行了实践。雷德朋由三个邻里构成,每个邻里以学校为中心,周围分布街区。每个街区四面由街道环绕,居民住宅并不面对街道,而是面对街区中央的公园,从而形成一种封闭式的社区。街道分级明晰,各邻里由主干道分割。街道采用"尽端路设计",只服务于一小部分居民。

芒福德之所以对"邻里"概念情有独钟在于它符合了芒福德一贯倡导的人文关怀。首先,芒福德认为,社区规划的"邻里"布局有利于重新创造随着城市迅速发展而逐渐丧失的邻里意识。[3] 在他看来,因为缺乏明显的邻里边界线,缺少人们相互会面的中心,加之居民经常搬迁,所以邻里生活并不稳定,而邻里布局解决了这一问题。其次,芒福德认为,组织邻里的原则符合步行生活的需要。按照他的理解,

---

[1] 霍尔:《城市和区域规划》,邹德慈、李浩、陈漫莎译,中国建筑工业出版社 2008 年版,第 47 页。

[2] Lewis Mumford, *The City in History: Its Origins, Its Transformations, and Its Prospects*, New York: Harcourt, Brace and Company, 1961, p. 496.

[3] Lewis Mumford, *The City in History: Its Origins, Its Transformations, and Its Prospects*, New York: Harcourt, Brace and Company, 1961, p. 499.

邻里原则即把家庭和日常所需全部设施安排在步行距离之内,把运送与邻里无关的人与货的车辆置于邻里之外的主干道上。[1] 再次,在芒福德看来,偏向于封闭式的环境还有益于增加隐秘性、保护儿童、减少污染、降低噪音。作为一个社区,邻里有限定的人口,有便利的各种设施,并且步行可达,更有便捷的交通通往其他邻里单元。在芒福德看来,邻里是城市的一种理想的基本社会细胞,并确立了细胞生长的原则。

除了对当时流行的一些城市规划理念的认可,芒福德郊区观的形成也融入了对当时流行城市规划理念的批判。柯布西耶主导的现代主义规划思想同霍华德"田园城市"思想一样也是 20 世纪上半叶的主流城市规划理论,[2]但芒福德对柯布西耶的理论并不认可。柯布西耶主导的现代主义强调理性主义与功能主义。他反对个性化、多样化的住宅建筑,主张流水线型的标准一体化建造。他的城市规划理念以汽车为导向,反对小型街区,提倡大型街区,以便建造拓宽的街道,加快汽车行进速度。这些观念与芒福德一贯坚持的城市规划原则是格格不入的。

在郊区问题上,柯布西耶主张大肆兴建四通八达的公路体系,并希望在兴起的郊区工业园里兴建大面积的停车场,汽车从郊区的通勤工具变成了生活必备工具。人们出行严重依赖汽车,郊区低密度分布程度也变得更大。芒福德对此进行了批判。他认为,一旦汽车普及后,郊区的步行距离这个尺度就不复存在了,郊区的特性和迷人之处也就随之消失了。而且,郊区不再是一个邻里单元,它变成了一

---

[1] Lewis Mumford, *The City in History: Its Origins, Its Transformations, and Its Prospects*, New York: Harcourt, Brace and Company, 1961, p. 501.

[2] 格兰特:《良好社区规划——新城市主义的理论与实践》,叶齐茂、倪晓晖译,中国建筑工业出版社 2010 年版,第 36 页。

个散开的、低密度的区域,被以大城市为中心的集合城市所包围。①

柯布西耶与芒福德在郊区规划上争执的核心在于对待汽车的态度。柯布西耶的规划以汽车为导向,他认为"城市,一旦驾驭了速度,就驾驭了成功。"②而汽车即是速度的象征。为使汽车使用更加便利,道路应该四通八达,大型停车场应该随处可见,应该建立大型街区。芒福德并不喜欢汽车,他一生都未学过开车。在芒福德看来,汽车的普及会侵蚀郊区可以自夸的一种商品:空间。③ 更重要的是,汽车给城市带来的危害也会蔓延至郊区。交通过于四通八达会毁掉郊区的隐秘性;大型停车场的建立会使郊区居住密度更低,社区内的步行会变得更加困难;大型街区会有损郊区的半农村化程度。④

然而,正如前文所说,汽车普及在 20 世纪上半期的美国郊区化兴起过程中发挥了巨大推动作用。郊区满足了中产阶级追求更高品质的要求,汽车是实现这一品质生活的必要工具。柯布西耶的郊区规划满足了人们使用汽车的需求,顺应了汽车普及的发展趋势和人们出行方式的转变,因而他的郊区规划在 20 世纪上半期的美国受到追捧。芒福德则自比约拿,呼吁在郊区生活的人们远离私人汽车、崇尚步行、回归自然。

四、芒福德郊区观的局限与启示

总体来说,芒福德的郊区观是在美国郊区化兴起的背景下,在对

---

① Lewis Mumford, *The City in History*: *Its Origins*, *Its Transformations*, *and Its Prospects*, New York: Harcourt, Brace and Company, 1961, p. 505.

② 柯布西耶:《明日之城市》,李浩译,方晓灵校,中国建筑工业出版社 2009 年版,第 175 页。

③ Lewis Mumford, *The City in History*: *Its Origins*, *Its Transformations*, *and Its Prospects*, New York: Harcourt, Brace and Company, 1961, p. 506.

④ Lewis Mumford, *The City in History*: *Its Origins*, *Its Transformations*, *and Its Prospects*, New York: Harcourt, Brace and Company, 1961, p. 505.

欧美主流城市规划理论的评判的基础上形成的。在芒福德看来，郊区应该具有规模小、低密度、多元化、功能齐全、邻里布局、步行设计、贴近自然、居住舒适等特点，它不仅稳秘、宜居，还能更好地抚育子女。这些观念融入了霍华德"田园城市"思想、佩里的"邻里单元"理念，以及他自己的人文关怀。芒福德设想的郊区模式看似美好，但在当时的美国却未出现，他关于郊区的理念并未顺应郊区发展的时代要求，也未考虑到郊区生活的实际需求，在当时根本无法付诸实现。他当时认可的一些郊区理念随着时代的发展也显现出诸多弊端，突显出他的郊区观的时代局限。

第一，郊区多元化、功能齐全在当时的美国缺乏实现的基础。霍华德的"田园城市"倡导多元化、功能齐全，但因为种种现实困境以失败告终。美国推行的"田园城市"最终以"田园郊区"收场，这种成份单一的单纯居民区远达不到多元化、功能齐全的要求。经济能力决定了只有中产阶级以上阶层有能力迁往郊区，严重的种族歧视也注定了郊区的白人居住区的定位。对于这些白人中产阶级而言，郊区能够提供一个更加宽敞舒适的居住环境就够了，他们从事的白领行业在当时甚至几十年后大多仍位于市区，市区郊区的往来通勤仍然是他们的主要生活方式。

第二，步行设计忽略了当时人们的汽车需求。当汽车开始流水线生产，成本下降到普通中产阶级可以负担得起的程度，人们便对汽车有种渴望。这不仅关乎市区郊区间的通勤，还关乎生活方式的改变。芒福德喜欢步行去品味城市，他只看到了汽车给城市带来的拥堵、污染等各种问题，但没有看到汽车给人带来的各种便利，这不免过于片面。一个完全将汽车置于生活之外的步行郊区得不到有着购车欲望的中产阶级的青睐，在现实中也不可能有实践的动能。

第三，低密度布局破坏生态环境，而且过于占用土地资源。芒福德认可郊区低密度分布的观念，他强调了这样设计的好处，但对这样设计的坏处并不在意。低密度的不断发展滋生出许多问题，例如对郊区空气、地下水的污染,对自然环境的破坏,加剧自然灾害,等等。①而且,低密度布局适合像美国那样地域广阔、人均土地占有量高的地方,在用地紧张的一些国家和地区无法施行。

第四,邻里布局虽有许多优点,但也存在诸多弊端。尽端路设计减少了路口,使街道之间的步行距离延长,使人们出行更加依赖汽车。各个邻里汽车出行汇聚到主干道,加剧了主干道的拥堵。拥有巨大车流量的主干道无形中割裂了邻里之间的联系,邻里内部或许和睦相处,但邻里之间交流却受到阻碍。芒福德虽然也意识到了这些问题,但仍极力为邻里布局辩护,对这些问题视而不见。然而这些问题已经说明,邻里布局并不是郊区设计的理想模式。

作为一个城市规划的评论家,芒福德对于郊区寄托了太多自己的愿望,他勾画了一幅美妙的融入自然的郊区图景,令人向往,但在当时、当地却同乌托邦一样难以实现。站在时代的高度上,基于中国不同的国情,我们能否利用更新的规划理论、更先进的技术手段建造出芒福德所设想的美好郊区,值得深思。

第二节　特大城市观念及其思想局限

第二次世界大战以后,参战各国都开始从战时状态回归,逐渐休养生息,进行战后重建。许多城市也从战时的废墟中获得新生,并在第三次科技革命的推动下迅猛发展。部分城市以前所未有的速度从小城市发展成大城市,继而又发展成特大城市。这在当时是城市发展的新趋势,有人认为这是时代的进步,顺应了人类发展的潮流,也有人为之担扰。芒福德属于后者。

---

① 关于美国郊区低密度蔓延的危害可参阅孙群郎:《当代美国郊区的蔓延对生态环境的危害》,《世界历史》2006 年第 5 期。

第二次世界大战虽然结束了，但战争的惨烈给人造成的阴影却并不那么容易消除。紧随第二次世界大战而来的是长达近半个世纪的冷战，任何生活在这一时代的人，尤其是美国人和原苏联人都会在冷战环境下不自觉地沉浸在一种冷战思维中。这些是时代的大背景，它深刻影响了人们对世事的看法，甚至左右着一种思潮的兴衰。在接下来的分析中，我们也会看到，它也极大影响了芒福德对城市的思考，甚至直接决定了他对城市未来的评判。

一、城市在畸形中走向灭亡

对于第二次世界大战以后大城市的迅猛扩展，芒福德给出了两个原因，即人口的增长[1]和工商业的发展。[2] 这种分析是准确的，现代学者往往也会将"人口密集""工商业发达"作为界定城市的必要标准。

第二次世界大战以后，除去战争的阴影，人们也会有一些反思，许多国家和地区纷纷停止民族之间的极端冲突，缓和国内矛盾，从而使得社会稳定，人们生活安稳，人口增长自是情理之中的事。有些发展中国家更是因为政治独立、经济稳步发展、医疗条件改善、社会福利提高等诸多原因出现了人口过度增长的情况。

同样是第二次世界大战以后，战时催生的尖端技术转为民用，直接促进了第三次科技革命的发展，传统工业获得新生，第三产业也迅速崛起。需要特别强调的是，这种发展与城市的联系更加密切，它的分工更细、层次更高，所需相应的配套设施也更多，更专业。例如最具代表性的空间技术、生物工程，一项技术的更新或一种产品的问世

---

[1] Lewis Mumford, *The City in History：Its Origins, Its Transformations, and Its Prospects*, New York：Harcourt, Brace and Company, 1961, p. 529.

[2] Lewis Mumford, *The City in History：Its Origins, Its Transformations, and Its Prospects*, New York：Harcourt, Brace and Company, 1961, p. 531.

需要许多部门细化研究，协力合作才能完成。如果按照芒福德对城市功能的界定，即按照超乎人类生存以外更高的需要的说法，这些名目繁多、分工细致的部门必然集中于城市，自然会增加城市的负担，刺激城市的扩张。

无论是政治独立、经济发展，还是社会稳定、科技进步，这些第二次世界大战之后出现的种种迹象预示着城市发展的条件更成熟，所承担的使命相应也更重。城市化不可避免，城市扩张更是必然。无论有识之士赞成还是反对，大城市乃至特大城市必然会出现，这是人类文明发展到一定阶段的产物，也是城市历史从古至今发展而来的必然结果。芒福德显然意识到了这一点，但并不认为城市发展至此对城市本身而言是一种积极的结果。对芒福德来说，城市的这种发展趋势或许有许多合理的理由，却不是正确的途径。他在论述特大城市时旗帜鲜明地指出，城市在畸形中发展。①

芒福德认为，城市化和城市人口增长所带来的城市拥挤无可否认，不可避免。② 这是他在评价第一次工业革命所造就的工业城市时批判"焦炭城"的惯有思维的延伸。用他自己的话说，如果 19 世纪城市的历史是一部疾病的历史，那么，20 世纪城市的历史就是一部奇怪的医疗史，这种医疗一方面寻求减轻病痛，另一方面却在维持着导致疾病的一切令人痛苦的环境。③ 在这其中，人口拥挤是最值得诟病的，这种现象在 19 世纪时已经显示出它对城市造成的各种危害，然而，到 20 世纪，城市人口增长迅速，拥挤现象更为严重。更可怕的是，这不仅仅是一种现象，而是一种趋势，未来，城市人口会越来越

---

① Lewis Mumford, *The City in History*：*Its Origins*，*Its Transformations*，*and Its Prospects*，New York：Harcourt，Brace and Company，1961，p. 525.

② Lewis Mumford, *The City in History*：*Its Origins*，*Its Transformations*，*and Its Prospects*，New York：Harcourt，Brace and Company，1961，p. 548.

③ Lewis Mumford, *The City in History*：*Its Origins*，*Its Transformations*，*and Its Prospects*，New York：Harcourt，Brace and Company，1961，p. 532.

多,拥挤可能会越来越严重。这是芒福德不可接受的,也让它对城市的未来有了悲观的预期。

芒福德对工商业发展的判断同样是"焦炭城"思维的延续。读过芒福德的《技术与文明》①等技术哲学著作的人可能会有一种感受,即芒福德在猛烈抨击技术、机械对人性、有机的摧残。这种思维同样贯穿于他对城市工商业的思考。芒福德指出,特大城市在普遍化、机械化、标准化、完全失去人性,这是城市进化的最终目标。② 在芒福德看来,技术的进步,分工的细化,使人的自我意识越来越淡化。这种担心是必要的,当人的衣食起居严重依赖标准化的机械产品和服务,那么人类独立生存的能力就会下降,人性的光辉自会黯淡。而城市的发展与扩展正在加速这种机械化的进程,这是芒福德不愿看到的。

不过在"焦炭城"思维的基础上,芒福德对特大城市的理解考虑到了一种新的因素——垄断。这种在第二次工业革命之后出现的新经济现象在经过了半个世纪的发展之后已引起了学者们的足够重视。就芒福德而言,他把垄断视为城市扩张、混乱的催化剂。垄断组织、信贷金融、金钱威望被芒福德视为大都市金字塔的三大要素。③不过从经济学的角度来看,大都市里的信贷金融、金钱威望也都可归为垄断的概念之中,但凡金融财团或非公益性的大型商业机构不都是垄断背景吗?垄断的特性之一是在大规模生产的基础上全方位管控,集合大量资源优化配置,并进行大范围扩张。当水泥、柏油路铺向四面八方,农村成为绿色孤岛,在芒福德看来,城市就在向错误的方向发展了。

---

① Lewis Mumford, *Technics and Civilization*, New York: Harcourt, Brace and Company, 1934.

② Lewis Mumford, *The City in History: Its Origins, Its Transformations, and Its Prospects*, New York: Harcourt, Brace and Company, 1961, p. 527.

③ Lewis Mumford, *The City in History: Its Origins, Its Transformations, and Its Prospects*, New York: Harcourt, Brace and Company, 1961, p. 536.

城市保留了之前的弊端，又出现扩张变大的新问题，芒福德并不认为这是城市发展的必经之路。特别是英国、瑞典出现的新城镇让芒福德看到了城市发展的另一种模式，从而认为城市可以朝别的方向发展。但这种想法过于理想化，甚至完全是一厢情愿。新型小城镇还是特大城市之间如何确定，如何抉择，需要考虑人口、资源、风土人情、经济基础，乃至于政治、文化需要。新型小城镇融入自然，但对人口的承受能力有限，也会失去许多需要上规模才可能具备的公共功能。大都市远离自然，对自然资源的消耗量大，但吸纳了更多的人口，承载了更多的公共功能，可以满足人类超乎生存意义的更高的物质和精神需求。如果像芒福德那样只考虑城市建设如何适应自然，如何减少资源损耗，如何控制人文尺量，而不考虑其他，这样的城市建设恐难以切实推行。

面对城市的无序扩张，芒福德其实并没有特别成熟的对策，只是在读万卷书、行万里路之后有些借鉴和参考，并在此基础上做了一些判断罢了。在现在的城市模式中，他喜欢小的、靠近乡村的、步行可达全城的小城镇。而在理论层面，芒福德比较接受格迪斯的那套城市周期循环理论。[①] 前文已有提及格迪斯与芒福德之间的学术思想源渊，前者可谓芒福德的灵魂导师，对芒福德的城市理论形成产生了极大的影响，城市发展循环周期理论就是其中最受芒福德推崇的内容之一。

按照芒福德对格迪斯城市发展循环周期的继承和理解，城市是一个有机体，会经历初生、成长、灭亡的生命阶段，之后又走向新生。面对大城市人口数量的增长和地域面积的增加，芒福德认为这种特大城市的出现可能代表着城市走向灭亡的阶段。用他的说话，这种情况不止一次地标志着一种历史的周期性文化在完全崩溃和垮台之

---

① 观点主要体现在他的《进化中的城市》一书中，中译本可参阅格迪斯：《进化中的城市》，中国建筑工业出版社 2012 年版。

前的最后阶段。[1] 因为人口的不断增长,地域的不断扩大,城市与乡村、自然失去了合理的平衡,包括垄断在内的各种因素又进一步加速了人口膨胀、地域扩张的过程,因而,城市的沉疾会越来越多,最终摆脱不了灭亡的命运,直到时间成熟,再唤来新生。

然而,偌大的城市该如何灭亡呢?按照芒福德的猜想,特大城市的毁灭在于饥饿、瘟疫、核战争、大火、经济萧条或其他形式的暗地实施的有着潜移默化作用的危害。[2] 不难看出,这是两次世界大战对城市造成的破坏影响了芒福德的判断,这其中也夹杂着核战争的冷战思维。在经历过两次世界大战的血腥和残酷之后,特别是他的儿子在二战中的意大利战死,芒福德对战争的破坏力有很深的感受。在他看来,城市从繁华到落败可能通过战争瞬间实现。这使得战争成为城市灭亡的一种手段。相比饥饿、瘟疫、大火、经济萧条或其他可能的手段,战争的手段更直接、也更实际。特别是在二战以后,当冷战的阴云笼罩在世界上空,核战争一触即发,战争的危害自然会被关联到城市中来。芒福德对城市的现状感到不满,对城市的未来有着悲观的预期。在他看来,城市步入了灭亡阶段,其灭亡的途径最有可能就是战争。如果套用格迪斯的城市周期循环论,这一阶段就属于城市从灭亡到新生的首尾结合点。

二、评判的两大原则

如果我们深入探讨芒福德关于特大城市的各种论述,并结合芒福德自身的思维习惯或学术背景,我们可以从中找到一些共性,即芒福德关于城市的所有评判都依据"人性"和"有机"两大原则。而他对

---

① Lewis Mumford, *The City in History*: *Its Origins*, *Its Transformations*, *and Its Prospects*, New York: Harcourt, Brace and Company, 1961, p. 525.

② Lewis Mumford, *The City in History*: *Its Origins*, *Its Transformations*, *and Its Prospects*, New York: Harcourt, Brace and Company, 1961, pp. 527 – 528.

于特大城市的批判在根源上还是因为其发展违背了这两大原则。

芒福德认为，特大城市的运转是以营利为目的，而不是为了满足人们生活所需。[①] 这样的城市发展目的显然并不是芒福德所认同的，其形成的城市模式自然不是芒福德所倡导的。在芒福德看来，城市的首要功能是满足人们的各种物质和精神需求。城市首先是人的城市，如果一座城市不考虑人的诉求，不顾忌人的发展，那么这座城市最终也会被人抛弃，成为一座死城，最终灭亡，消失。

那么一座城市应该如何照顾人的需求呢？从精神层面上说，城市应该能够承载人类超乎生存意义以上的精神需求。在古代世界，政治管理和宗教信仰往往成为城市承载的主要功能，但对于 20 世纪的特大城市来说，这一内涵要丰富许多。随着科技进步，分工细化，人类所能做的精神活动日益丰富多彩，相应的需求也随之增多。看一场话剧，听一场音乐会，这些需要大量人力物力去修建相应的大剧院和音乐厅，更需要相应的机构和院校去培养专业的话剧演员和音乐家，以及更多的配套维护、管理等服务人员。为满足大众的这些更高层次的精神需求，城市需要人口、土地。许多类似的精神需求的综合就会要求更多的人口、更广阔的土地，从而成为城市扩张的动力之一，而这反而与芒福德的城市观念相悖。

城市满足人类的另一项精神需求是城市对文化的传承作用。在芒福德看来，这是城市最重要的功能之一。以城市为载体，保护和传承原始文化，在芒福德看来有着重要的意义。诚然，一座有着历史文化底蕴的城市才有魅力，千篇一律的构建只能是标准化的钢筋水泥之都。然而，文化的传承起初无利可图，在当时也并不显得那么迫切。直到城市发展到一定程度，经济发展显得不那么迫切了，决策者才会意识到更高层次的城市文化的传承问

---

① Lewis Mumford, *The City in History: Its Origins, Its Transformations, and Its Prospects*, New York: Harcourt, Brace and Company, 1961, p. 544.

题。而且，即便是历史文化遗产的保留往往也会兼顾其经济价值，尤其是作为旅游资源带来的经济效益。那些毫无观赏性可言的东西，有形的让位于现代化的高层建筑，无形的悄悄消失在世界流行的消费文化之中。

正如我们所看到的，城市发展到特大城市的轨迹并没有沿着芒福德所希望的方向发展，因而也受到了芒福德的抨击。他认为，特大城市在普遍化、机械化、标准化，完全失去了人性，这是城市走向灭亡的信号。[1] 他还指出，特大城市的设计对人的关心只是表面上的，实质上考虑的不过是利益。[2] 总之，芒福德对特大城市的界定是非人性化，它充斥着权力、欲望、金钱、利益，毫不关心人在城市中的生活，也从不顾忌生活在城市中的人的诉求，因而正在向一条歧途发展，最终走向灭亡则是必然的。

芒福德批判特大城市的另一条依据是有机原则。这一原则的直接来源是格迪斯。从生物学家转型为城市学家的格迪斯很自然地将有机概念纳入到了城市研究，而对格迪斯推崇备至的芒福德也继承了这一思路，将城市比作生物有机体加以考察。无论是对城市起源的探索，还是对古代、中世纪城市的研究，芒福德都运用了有机的概念。而对于特大城市的批判，芒福德最主要的论点便是这种发展模式违背了有机原则。

从城市周期的角度来看，芒福德认为，城市在生长、扩展，从生到死，再重获新生，然而，即便是正常的生长和更新也会出现有机失衡的情况。[3] 城市从出生、生长、扩展到崩溃，到最终瓦解，

---

① Lewis Mumford, *The City in History：Its Origins，Its Transformations，and Its Prospects*, New York：Harcourt, Brace and Company, 1961, p. 527.

② Lewis Mumford, *The City in History：Its Origins，Its Transformations，and Its Prospects*, New York：Harcourt, Brace and Company, 1961, p. 527.

③ Lewis Mumford, *The City in History：Its Origins，Its Transformations，and Its Prospects*, New York：Harcourt, Brace and Company, 1961, p. 527.

再到新生是一个周而复始的循环过程。在每一个周期中,城市都会趋于将有机的生活禁锢于僵化、专业化的形式之中,不利于适应新的发展和变化,古罗马城市正是这样走完了一个生命周期,之后又从低一级的城市开始重新生长。① 在芒福德看来,特大城市的出现标志着城市正经历扩展到崩溃的过程,离最终的瓦解也不远了。

这种悲观的预期并非只是芒福德基于周期循环理论的惯性思维,而是他基于有机原则,根据特大城市表现出来的种种迹象做出的理性判断。在芒福德的印象中,人口较多地区的农田沦为孤岛,并有继续被柏油、砖石淹没的迹象。② 芒福德认为,造成这种变化的原因在于机械文明的发展,它通过一系列的代替和强迫手段使机械方法从一个部门延伸至另一个部门,使死的形式取代了活的形式,只要有利可图,便可以完全依附机械。其最终的结果是,城市远离自然,远离一切有机的自然供给。③

芒福德依据有机原则对特大城市的抨击还在于对限制的取消。在研究中世纪城市时,芒福德对中世纪城市的规模感到满意,因为它的规模受到限制,在他看来是教堂钟声可达的最远距离。④ 这种限制或许源于当时的技术水平落后,但到了 20 世纪中后期,新兴的通讯手段、便捷的交通早已弥补了这种技术短板。人口、地域已经超出了原有的限制,变得不受约束,毫无限制,并超出了有机的尺度。在芒福德看来,有机的进程是有目的的,有追求的,是自我限制的;一切有

① Lewis Mumford, *The City in History: Its Origins, Its Transformations, and Its Prospects*, New York: Harcourt, Brace and Company, 1961, p. 526.

② Lewis Mumford, *The City in History: Its Origins, Its Transformations, and Its Prospects*, New York: Harcourt, Brace and Company, 1961, p. 530.

③ Lewis Mumford, *The City in History: Its Origins, Its Transformations, and Its Prospects*, New York: Harcourt, Brace and Company, 1961, p. 530.

④ Lewis Mumford, *The City in History: Its Origins, Its Transformations, and Its Prospects*, New York: Harcourt, Brace and Company, 1961, p. 58.

机体天生都能做到自我控制,协调进度,限制发展。① 以此理解,特大城市已经不能自我限制,已经超过了有机的范畴。

关于对特大城市取消限制的做法,芒福德有着特殊的理解。在他看来,所谓的城市爆炸实质上就是取消量的限制,而取消量的限制就标志着一种有机系统向一种机械系统的转变,一种有目的的增长转向毫无目的的扩张。② 过去由于地区之间存在交通的限制,但科技手段使这种地理距离不再是城市发展的障碍。当这种障碍随着科技的进一步发展最终变得无足轻重时,它对城市发展意味着什么呢?芒福德给出了一个似是而非的答案:无区别、无特点的集合城市。③ 这种集合城市杂乱无章,最终只会将城市带入死亡。

实际上,无论是依据人性原则,还是依据有机原则,芒福德针对的是特大城市的无序、盲目扩张。因此,这两种原则可综合来看,具体而言,特大城市的这种扩张是既不人性,也不有机,同时违背这两种原则的发展模式是错误的,最终只会将城市引向歧途。就芒福德所针对的特大城市的问题而言,这两种原则是相互关联的。

例如,芒福德将限制特大城市发展的条件归纳为三点:1. 对水的需求;2. 对土地的利用;3. 交通运输成本。④ 这便是基于两大原则综合考虑的结果。对水的需求即顾虑的是人的生活,也考虑的是城市与自然资源的有机发展。对土地的利用同样如此,土地的具体用途,即用来建造公园还是工厂决定了人的生活品质,土地的利用程度,即柏油、水泥路延展的广度决定了城市与自然的有机均衡。交通

---

① Lewis Mumford, *The City in History*:*Its Origins*,*Its Transformations*,*and Its Prospects*, New York:Harcourt, Brace and Company, 1961, p. 545.

② Lewis Mumford, *The City in History*:*Its Origins*,*Its Transformations*,*and Its Prospects*, New York:Harcourt, Brace and Company, 1961, p. 540.

③ Lewis Mumford, *The City in History*:*Its Origins*,*Its Transformations*,*and Its Prospects*, New York:Harcourt, Brace and Company, 1961, p. 541.

④ Lewis Mumford, *The City in History*:*Its Origins*,*Its Transformations*,*and Its Prospects*, New York:Harcourt, Brace and Company, 1961, p. 549.

的运输成本决定了人的生活幸福感,也决定了城市与自然距离的远近是否维持在有机循环的合理范围。总之,芒福德关于特大城市的所有论点都可以依据这两个原则综合评判,这既符合芒福德的学术背景,也符合特大城市的客观实际,有利于更好把握芒福德关于特大城市的基本论断。

三、评判的局限与偏见

无论芒福德依据何种原则评判特大城市,其对特大城市的评判在今人看来是有失偏颇,甚至是难以接受的。芒福德认为,工业化的大规模生产和机械化的优势扩大了战争的破坏力。大城市表面上一片祥和景象,一切运转井井有条,但暴力的深度和广度突然增加了。随着这些力量的发展,大都市越来越变成了增加各种各样暴力经验的温床,而每座城市变成了死亡艺术的鉴赏家。[1] 他还指出,如果我们相信特大城市会无止境的继续存在下去,那未免就太天真了。现在大都市的情况预示着一种凶兆,它将在一场毫无意义的战争中达到高潮,这将是一场灭绝一切的战争,它惟一的目的就是要解除焦虑和恐惧,这种焦虑和恐惧是因为信奉大规模屠杀和灭绝武器而产生的。科学和技术上过分的精致,使美国和苏联大肆发展大规模破坏机器,达到不可收拾的地步。[2] 他甚至认为,当一切恢复,一切无理和不合理的又卷土重来,核生化武器的发展使大都市的荒谬性暴露得最为充分。[3] 这些对特大城市的评判显得过于悲观了。

---

[1] Lewis Mumford, *The City in History*: *Its Origins*, *Its Transformations*, *and Its Prospects*, New York: Harcourt, Brace and Company, 1961, p. 532.

[2] Lewis Mumford, *The City in History*: *Its Origins*, *Its Transformations*, *and Its Prospects*, New York: Harcourt, Brace and Company, 1961, p. 555.

[3] Lewis Mumford, *The City in History*: *Its Origins*, *Its Transformations*, *and Its Prospects*, New York: Harcourt, Brace and Company, 1961, p. 557.

同许多其他事物一样,城市也有从一个低级形式向高级形式发展的过程。一处人类定居点从最初的村落到初具城市规模,到第一次被学者界定为城市,再到世人共认的大城市,城市随着人类文明的进步在不断发展。随着第一次工业革命、第二次工业革命、第三次科技革命的发展,人类文明突飞猛进,城市也相应得到迅猛发展,这是相辅相成的,是文明进步后的必然结果。特大城市也是在各种条件成熟之后必然出现的产物。新生事物必有不尽如人意的地方,或有陈疾,或有新病,但这些并不是否定新生事物的理由。

　　芒福德对特大城市的批判有其固有的思维误区。在继承了格迪斯城市发展循环周期论的基础上,芒福德认为城市从生到死,再到重生。历史上的许多次战争都曾将一座座城市夷为平地,也有许多座城市在旧有的城市废墟上拔地而起。芒福德认为这是城市发展循环周期理论的最好证明。因此,当城市发展到一定阶段,芒福德看到这座城市出现各种问题,他便认为这一阶段可能已是一座城市发展周期的最后阶段了。然而被他忽略的是,相比古代、中世纪城市,近代、现代以来的城市发展程度和水平要先进得多,其承载的功能也更为复杂。城市从古至今已由低级阶段发展到高级阶段。尽管其中有倒退的情况,但总体来说同人类文明的历史进程是一致的,可以形容为螺旋上升的过程。特大城市固有其弊端,有些甚至是历史沉积下来未得到有效解决的,但总体来说,特大城市相对之前的城市是有进步的,远没有到要趋于灭亡的地步。

　　芒福德所认为的特大城市灭亡的手段有着浓厚的时代色彩。两次世界大战对城市的破坏力让人印象深刻。紧随第二次世界大战之后而来的冷战又让世界笼罩在一片紧张的气氛之中。广岛、长崎的原子弹对城市的毁灭性太大,以至于以芒福德为代表的识分子对此深恶痛绝。在芒福德看来,战争是特大城市走向灭亡,城市走向新生的最佳手段,它能够以一种近乎残酷的方式毁灭城市固有的恶疾,之后让城市重获新生。格迪斯的城市发展周期循环理论结合现实的战争背景和冷战氛围，一切便显得顺利成章。特大城市内在的陈疾和新病在毫无治愈良方的情况下，一切推倒重来或许是没有办法的办法。

芒福德对特大城市的悲观预判也有其明显的时代印记。1961年，简·雅各布斯(Jane Jacobs)出版了《美国大城市的死与生》(*The Death and Life of Great American Cities*, 1961)一书。[①] 在该书中，雅各布斯表现出了与芒福德同样的困惑，对城市的未来可能走向的死亡有着同样的担扰，不过他以一种更积极的心态从另一个角度解读了城市的方方面面。面对特大城市的出现及其暴露的旧病、新疾，当时的许多知识分子都表现出了对城市未来的担扰，也提出了各种假设和解决办法，芒福德只是其中的一位，只是相对其他许多知识分子更为悲观罢了。

由于相信特大城市的灭亡，并在之后获得新生是合理、正常的周期循环，芒福德并没有对当时城市所面临的问题提出有效的解决手段，只是认为激烈巨变之后，一切问题便迎刃而解。他一直倡导的有机、生态等城市建设概念并不符合当时城市发展的需要，也不能解决城市发展与城市问题之间的矛盾，因而也注定被束之高阁，无人理睬。这也是为什么他反对纽约建造高架桥，但高架桥最终还是穿城而过的原因，也是为什么他对火奴鲁鲁的规划方案几乎被全盘否定的原因。从这一角度来说，芒福德对特大城市的悲观预期在很大程度上源于他自己对城市乱象的无能为力。

实际上，受时代限制，芒福德对城市问题的解决途径的思考是极其有限的。对机械取代有机的排斥使他忽略了技术革新对有效解决城市问题的作用。在芒福德看来，建造更多的道路只会催生更多的汽车消费需求，最终的结果只会是道路更加拥堵。然而，随着技术的进步，道路的规划更加合理，所用的新型复合材料使道路更加易于行

---

① 中译本见雅各布斯：《美国大城市的死与生》，金衡山译，译林出版社2005年版。

驶,道路交通体系也愈加完善。与此同时,汽车技术也在革新,行驶速度不断提升,对环境的损耗也在不断降低,特别是电动汽车的出现更是解决汽车污染问题的一大突破。科技的进步在很大程度上近乎完美解决了芒福德所诟病的一些城市问题,而随着科技的进一步发展,许多城市问题的解决也会有更多的途径。

就特大城市本身而言,芒福德在60年代就预言城市会因为战争或其他不利因素最终走向毁灭,并再获新生。然而半个多世纪过去了,历史证明芒福德的评判存在偏颇之处。从一座工业城市发展为特大城市,再到现今被定性为全球城市的大都市,城市从特大城市形态开始依然表现出旺盛的生命力。有些问题或许沉积已久,至今仍未得到有效解决,而且还出现了许多新问题,但再也没有学者质疑城市的光明前景了。

城市的发展有其必然规律,不同时期反映出的主要矛盾不一样。在芒福德所在的时代,城市的扩展符合时代的潮流,符合经济发展的要求,符合人民的诉求,那时的城市生态问题、人文关怀、有机概念相比之下显得并不那么重要。因而,尽管芒福德振臂高呼,最终也只是曲高和寡。而经过几十年的发展,特大城市发展到一定阶段,扩张不再那么迫切,经济发展不再要求加速,人民的生活已基本得到满足,而新问题的出现又显得更加棘手,城市自然会转到解决新问题的轨道上来,而且利用最新观念、最新技术进行最有效的解决。

当前,关于城市发展的前景的想法层出不穷,绿色城市、人文城市、智慧城市、生态城市、可持续发展城市、城乡协调发展等新概念给城市的未来勾勒出了一幅更加让人憧憬的蓝图。也有人开始回味芒福德关于人文、有机的城市观念。但站在时代的高度上,当代学者也只应赞叹芒福德的观念领先于当时的时代,同时也该慨叹芒福德生不逢时,至于他提出的这些观念的价值大多也只是象征性的。新时代、新科技、新观念、新方法,治理城市的各种手段或许是芒福德无法想象的。当代智库所提的观念有许多与芒福德的观念异曲同工,但更加系统,更加具有可操作性。例如,芒福德一直倡导城市融入自然的城市生态问题,但回溯城市生态思想,我们会发现,他的这一观念并不高明,所提的想法也大多带有理想主义色彩,即便在当时也很难实际操作。现如今,利用生态学原理进行城市改造已经上升到国际高度,被纳入到联合国教科文组织的"人与生物圈计划"之中,在这一大框架之下,来自世界各地的专家学者进行了涵盖城市绿化、城市能源、城市环境与城市化等诸多课题的系统研究。相比之下,这些城市生态研究成果对于当前和未来的城市发展更具借鉴价值。[①]

[①] 关于城市生态思想的发展可参阅李月:《西方城市生态思想初探》,刊《都市文化研究》(第 10 辑),上海三联书店 2014 年版,第 78—84 页。

综上所述,芒福德的城市史观虽然有时代局限和偏颇之处,但他在城市史领域的相关研究时至今日无论从观点、概念还是从视角、方法上来看都仍然有其学术价值和现实意义,只是需要有选择地、审慎地发掘。

在城市起源问题上,国内学者在"城"与"市"之于城市形成过程中的基础性地位、城市确立的标志等核心问题上仍然存在分歧,这显示出国内主流理论在解释城市起源问题上的不足。芒福德对城市起源问题提出了一些见解,其观点作为一家之言自然也会引起争议,但他对城市起源问题的分析基于世界性的广阔视野,运用了跨学科的综合研究方法,并体现了纵贯古今的思维,相比国内在这一领域研究的不足之处,芒福德的这种相对而言的新视野、新方法、新思维对于国内的城市起源问题研究仍有学术价值。

在古代埃及的城市功能问题研究中,芒福德的"容器"与"磁体"观念提供了很好的研究思路。在笔者看来,这有利于解释新王国时期埃及的城市功能问题。基于对埃尔-阿玛纳、底比斯、孟菲斯等广受认可的埃及城市的研究,如果把城市看成是一个"容器",宫殿和神庙就是新王国时期埃及城市容器的核心建筑;如果把城市看成是一个"磁体",宫殿和神庙就是新王国时期埃及城市磁体的必要磁极。基于对城市功能"容器"与"磁体"的理解,新王国时期埃及的城市功能问题也得到了更清晰的认识,而这种基于城市学的认识也能得到历史学的印证。通过"容器"与"磁体"的形象比喻,我们更能理解新王国时期埃及城市所具有的政治与宗教的双重职能。

在古希腊城市的城市布局、城乡关系的相关研究中,芒福德提供了在现今看来仍然新颖的生态和区域视角。虽然他对古希腊城市问题的研究并不深入,且许多观点都很值得商榷,但需要肯定的是,沿着他的生态与区域视角研究古希腊城市,我们能够对古希腊城市有更深入的认识。综合历史学家、地理学家、考古学家涉及古希腊地形、气候、城乡布局的多项研究成果,我们可以看出古希腊城市的发展是适应自然的过程,受地形、气候等自然因素的制约,也能看到古希腊城市源于乡村、依赖乡村,在整体上又融入乡村,与乡村密不可分。这种研究不仅是对当前主要局限于政治、经济、社会文化生活的古希腊城市研究的有效补充,也对理解城市与自然、乡村的关系有一定助益,因而兼具学术价值和现实意义。

在涉及古罗马城市的研究中,芒福德惯用的人文视角也有其特殊意义。他并不像许多古罗马城市研究者那样歌颂古罗马城市的宏伟壮丽,而是聚焦于罗马城中腐化的城市文化。古罗马城市固然壮丽,但城市文化更值得关注。从城市构建来看,古罗马城市的建造过于标准化,而公共设施的设计建造也不合理,从人文角度来看,古罗马城市建造并未充分考虑到城市居民的生活需要。而且,古罗马城市生活腐朽,寄生经济与掠夺政治共同形成的城市组织生活影响了古罗马城市的健康发展。从视角上说,芒福德所呈现的古罗马城市黑暗的一面值得深入探讨;从内容上看,芒福德所说的城市文化之于城市兴衰的关系也值得细致研究。因而,无论从视角来看,还是从内容来看,无论从研究古罗马城市生活来看,还是从研究城市文化的效用来看,芒福德的研究都有其学术价值和现实意义。

在中世纪城市规划的探讨中,乡村气息、人文特色、文化建筑、多彩城市生活构成了芒福德对中世纪城市的主要印象,而庞兹、莫里斯基于历史考证得到的中世纪城市规划则是城墙、房屋、集市、总体布局都不尽人意。通过历史学家的解构,我们可以对中世纪城市规划有更理性的认知。而对照芒福德的中世纪城市观,我们不难发现他对中世纪城市的过分美化。但也应该看到,中世纪城市只是芒福德借题发挥的对象,其通过对中世纪城市的美化所表达的因地制宜、功能明晰、人文尺度等城市规划理念无论是对中世纪城市的认知,还是对现代城市发展的思考都有借鉴的价值。

在现代城市的发展趋势问题上,芒福德喜欢郊区的闲散、幽静、舒适,反对过度郊区化,这是美国郊区化的大背景下欧美城市规划理论熏陶的结果,这种观念表现出了明显的时代局限性。而对于特大城市的理解,芒福德过多受到格迪斯的影响,他基于有机原则和人文原则否定特大城市的发展,基于格迪斯城市发展循环周期论认为特大城市必将消亡,这些理念也被时代证明是错误的。但从另一个角度来说,通过对芒福德郊区化观念及其思想渊源、特大城市观念及其思想局限的分析,我们可以以之为切入点认知 20 世纪欧美城市规划理论及其影响。而且,通过对芒福德郊区化观念和特大城市观念的批判也能使我们对这两大城市趋势有更客观、正确的认知。

综合来看,芒福德的城市史观有可吸取借鉴的地方,也有值得商榷,甚至需要批判的地方,但通过本文对具体领域相关问题的分析,我们不难看出,他在城市史各领域的研究时至今日仍然有其学术价值和现实意义。就视角而言,芒福德在当时无疑是超前的,在现在看来也是新颖的,基于他的许多思路的继续研究对各相关领域的研究来说仍是一种创新。

就内容而言,芒福德对历史上的城市的评判很大程度上是主观的,他喜欢探讨城市起源问题,原因在于他认为城市的产生源于人类定居的本能;城市胚胎是新石器文化与旧石器文化相结合的产物;城市真正意义上的形成体现在功能扩展后作为密切相关、相互影响的各个功能的复合体,这种观点的探讨能够呈现他的人文城市、生态城市、区域城市理念。在古代城市研究中,他从城市功能、生态、区域、人文视角的探讨则将他的人文城市、生态城市、区域城市理念呈现得更加明显。在对中世纪城市规划的理解中,芒福德在论述中体现出来的"因地制宜""功能明晰""人文尺度"等规划原则同样是人文城市、生态城市、区域城市理念的具体体现。他关于郊区化观念和特大城市观念的认识无论是否具有时代局限性,也无论是否正确,其评判的依据仍然是人文城市、生态城市、区域城市理念。总之,他无论是喜欢古希腊城市、中世纪城市,还是厌恶古罗马城市,他的观点无论是正面评价,还是负面评价均统一于他一贯主张的生态城市、区域城市、人文城市理念。

这三个理念并非芒福德原创,我们也很难界定他对这些概念在原创的基础上有多少更新,但他是这些理念的坚定拥护者、提倡者、宣扬者,并在城市史相关问题研究中生动地呈现了这些理念。在芒福德所处的时代,这些理念曲高和寡,或有学者支持,但在当时得不到当局重视,因而在实际的城市建设中被完全忽略,让位于政治、经济等其他更为现实和迫切的因素。芒福德自称约拿,振臂高呼,直指城市发展正朝着错误的方向,照此发展,未来城市必有悲观的结局。但这些毫无意义,建设生态城市、区域城市、人文城市在当时并不迫切。

时至今日,面对越来越严重的城市问题,历史证明芒福德的呼吁是正确的,生态城市、区域城市、人文城市也得到学界与政府足够的重视。在新的时代高度上,我们关于这些城市发展理念的研究比起芒福德更系统、更全面、更深刻,也更符合实际、更利于实践,但这并不能否定芒福德这样的先驱在宣扬正确城市发展道路的过程中所做的贡献。

20 世纪 80 年代以来国内的
刘易斯·芒福德研究

内容提要　20 世纪 80 年代以来的国内刘易斯·芒福德研究从 20 世纪 80、90 年代的译介与评价到 21 世纪以来的深入与扩展,历经三十多年,硕果累累,形势喜人,但与国外相比还存在差距和不足,需要学者们在新形势、背景下进一步深化和扩展研究,缩小差距,弥补不足,为国内芒福德研究早日跻身世界一流水平做出贡献。

关　键　词　刘易斯·芒福德、国内研究概况、差距与不足

　　刘易斯·芒福德(Lewis Mumford,1895—1990 年,以下简称芒福德)是当代美国著名的城市理论家、技术哲学家,还是建筑学家、历史学家、社会学家、社会批评家、作家、文学评论家、思想家和人类学家。他一生著述等身,出版了许多重量级的大作,尤其是《城市发展史——起源、演变和前景》(*The City in History*：*Its Origins*,*Its Transformations*,*and Its Prospects*,1961)一书更是引起了学界和社会的极大反响。①

---

① Lewis Mumford,*The City in History*：*Its Origins*,*Its Transformations*,*and Its Prospects*,New York：Harcourt,Brace and Company,1961,社会学家吉迪恩·斯乔伯格(Gideon Sjoberg)、埃弗里特·彻林顿·休斯(E. C. Hughes,1897—1983 年)、阿摩斯·亨利·霍利(A. H. Hawley,1910—2009 年)、杰拉德·威廉姆·布里斯(G. W. Breese,1912—1995 年)、安塞姆·斯特劳斯(Anselm Strauss,1916—1996 年)、历史学家康斯坦斯·麦克罗林·格林(C. M. Green,1897—1975 年)、格兰维尔·唐尼(Glanville Downey,1908—1991 年)、阿萨·布里格斯(Asa Briggs,1921—)、城市规划专家查尔斯·斯特恩·阿歇尔(C. S. Ascher,1899—1980 年)、作家夏洛特·德尔波(Charlotte Delbo,1913—1985 年)、建筑师、艺术史家、艺术评论家保罗·祖　（转下页）

正因为这样的学术地位与成就,西方学界从 20 世纪 70 年代便开始了对芒福德其人其学的研究,迄今已成果颇丰,不仅建立了专门的芒福德研究中心和资料馆,[①]还陆续出版了数本芒福德传记[②]以

(接上页)尔克(Paul Zucker,1888—1971 年)等一批当时的资深学者都在该书问世后不久发表该书的书评,并给予了很高的评价,见 Gideon Sjoberg, "Review: The City in History. Its Origins, Its Transformations, and Its Prospects," *Annals of the American Academy of Political and Social Science*, vol. 337, no. 1 (Sep. 1961), pp. 214 – 215; E. C. Hughes, "Review: The City in History. Its Origins, Its Transformations, and Its Prospects," *Harvard Law Review*, vol. 75, no. 3 (Jan. 1962), pp. 647 – 649; A. H. Hawley, "Review: The City in History. Its Origins, Its Transformations, and Its Prospects," *American Sociological Review*, vol. 26, no. 5 (Oct. 1961), pp. 791 – 792; G. W. Breese, "Review: The City in History. Its Origins, Its Transformations, and Its Prospects," *American Scientist*, vol. 49, no. 4 (Dec. 1961), pp. 402, 404; Anselm Strauss, "Review: The City in History. Its Origins, Its Transformations, and Its Prospects," *American Journal of Sociology*, vol. 67, no. 4 (Jan. 1962), pp. 474 – 475; C. M. Green, "Review: The City in History. Its Origins, Its Transformations, and Its Prospects," *The American Historical Review*, vol. 67, no. 1 (Oct. 1961), pp. 82 – 84; Glanville Downey, "Review: The City in History. Its Origins, Its Transformations, and Its Prospects," *The Classical World*, vol. 55, no. 1 (Oct. 1961), pp. 12, 14; Asa Briggs, "Review: The City in History. Its Origins, Its Transformations, and Its Prospects," *History and Theory*, vol. 2, no. 3 (Jan. 1963), pp. 296 – 301; C. S. Ascher, "Review: The City in History. Its Origins, Its Transformations, and Its Prospects," *Land Economics*, vol. 37, no. 3 (Aug. 1961), pp. 283 – 284; Charlotte Delbo, "Review: The City in History. Its Origins, Its Transformations, and Its Prospects," *Revue Française de Sociologie*, vol. 3, no. 4 (Oct. – Dec. 1962), p. 453; Paul Zucker, "Review: The City in History. Its Origins, Its Transformations, and Its Prospects," *The Journal of Aesthetics and Art Criticism*, vol. 20, no. 2 (Dec. 1961), pp. 209 – 210. 关于《城市发展史——起源、演变和前景》一书的社会影响可参阅绍科尔采:《反思性历史社会学》,凌鹏、纪莺莺、哈光甜译,李康校,上海人民出版社 2008 年版,第 129 页。

① 如纽约州立大学芒福德城市与区域比较研究中心(Lewis Mumford Center for Comparative Urban and Regional Research)、新泽西州蒙茅斯大学(Monmouth University)芒福德视觉图书馆(Virtual Lewis Mumford Library)等等。

② 较为重要的一本当属唐纳德·L·米勒(D. L. Miller,1944—)的《芒福德传记》(*Lewis Mumford: A Life*, 1989),该书得到了芒福德本人及其亲属的支持和协助,并以许多真实的采访记录和美国各所大学馆藏的芒福德手摘为基础给读者呈现了一个真（转下页）

及一批研究芒福德学术思想的高质量论著，①此外，西方学者还结集出版了芒福德的论文集和书信集，②甚至还汇编了芒福德论著类

（接上页）实的芒福德，既有朴实的生活，也有漫长的学术历程。该书无论从资料获取利用，还是从文章构架编排来看都无愧是一本好书，让人忘我地想要阅读下去，见 D. L. Miller, *Lewis Mumford：A Life*, New York：Weidenfeld & Nicholson, 1989. 其他芒福德传记还有托马斯·帕克·休斯(T. P. Hughes, 1923—)和阿加莎·C·休斯(A. C. Hughes, 1922—)编写的《刘易斯·芒福德：公共知识分子》(*Lewis Mumford：Public Intellectual*, 1990)，弗兰克·G·诺瓦克(F. G. Novak, 1949—)编写的《刘易斯·芒福德传》(*Lewis Mumford*, 1998)，弗雷德里克·P·米勒(F. P. Miller)、阿格尼斯·F·旺多姆(A. F. Vandome)和约翰·麦克布鲁斯特(John McBrewster)编写的《刘易斯·芒福德传》(*Lewis Mumford*, 2010)，杰西·拉塞尔(Jesse Russell)和罗纳德·科恩(Ronald Cohn)编写的《刘易斯·芒福德传》(*Lewis Mumford*, 2012)等等，见 T. P. Hughes, A. C. Hughes, eds., *Lewis Mumford：Public Intellectual*, New York：Oxford University Press, 1990; F. G. Novak, *Lewis Mumford*, Boston：Twayne Publishers, 1998; F. P. Miller, A. F. Vandome, John McBrewster, eds., *Lewis Mumford*, Beau Bassin, Mauritius：Alphascript Publishing, 2010; Jesse Russell, Ronald Cohn, eds., *Lewis Mumford*, Stoughton：Book on Demond Ltd., 2012。

① 例如马克·卢卡雷利(Mark Luccarelli)的《刘易斯·芒福德与生态区域》(*Lewis Mumford and the Ecological Region*, 1995)、罗伯特·沃特维兹(Robert Wojtowicz)的《刘易斯·芒福德与美国现代主义：针对建筑和城市规划的乌托邦理论》(*Lewis Mumford and American Modernism：Eutopian Theories for Architecture and Urban Planning*, 1998)、肯尼斯·R·斯塔克(K. R. Strunkel)的《理解刘易斯·芒福德：困惑者指南》(*Understanding Lewis Mumford：A Guide for the Perplexed*, 2004)等等，见 Mark Luccarelli, *Lewis Mumford and the Ecological Region*, New York：Guilford Press, 1995; Robert Wojtowicz, *Lewis Mumford and American Modernism：Eutopian Theories for Architecture and Urban Planning*, Cambridge：Cambridge University Press, 1998; K. R. Strunkel, *Understanding Lewis Mumford：A Guide for the Perplexed*, Lewiston, N. Y.：Edwin Mellen Press, 2004。

② 论文集如珍尼·M·达文(J. M. Davern)的《建筑作为人类的居所：美国建筑杂志论文集》(*Architecture as a Home for Man：Essays for Architectural Record*, 1975)、罗伯特·沃特维兹的《边道评论家：芒福德论纽约文集》(*Sidewalk Critic：Lewis Mumford's Writings on New York*, 1998)和《刘易斯·芒福德在20世纪30年代论现代艺术》(*Lewis Mumford on Modern Art in the 1930s*, 2007)等等，见 J. M. Davern, ed., *Architecture as a Home for Man：Essays for Architectural Record*, New York：Architectural Record Books, 1975; Robert Wojtowicz, ed., *Sidewalk Critic：Lewis Mumford's Writings on New York*, New York：Princeton Architectural Press, 1998; Robert Wojtowicz, ed., *Lewis Mumford on Modern Art in the 1930s*, Berkeley, Los （转下页）

目。^① 相比之下，国内的芒福德研究起步稍晚，进程较缓，但经过几十年的努力也取得了不小的成就，尤其是近几年更有兴盛之势。在这种背景下，笔者试图对 20 世纪 80 年代以来的国内芒福德研究加以梳理，以对国内芒福德研究概况有更清晰的认识。

一、译介与评价

国内很早就有学者开始关注芒福德，并有意译介芒福德的著作。我国著名建筑学家梁思成先生在赴美留学时就关注过芒福德的著作，回国后便打算将他的《城市文化》（*The Culture of Cities*，1938）^②一书翻译过来，但终因现实原因未能实现。20 世纪 60 年代，芒福德的《城市发展史——起源、演变和前景》问世后，我国著名的城

（接上页）Angeles and London：University of California Press，2007. 书信集如贝蒂娜·利伯维兹·克纳普(B. L. Knapp, 1926—)整理出版的《刘易斯·芒福德与戴维·利伯维兹通信集，1923—1968》(*Lewis Mumford／David Liebovitz Letters*，*1923 - 1968*，1983)、弗兰克·G·诺瓦克整理出版的《刘易斯·芒福德与帕特里克·格迪斯通信集》(*Lewis Mumford and Patrick Geddes：The Correspondence*，1995)、布鲁斯·布鲁克斯·法伊弗(B. B. Pfeiffer)和罗伯特·沃特维兹整理出版的《弗兰克·劳埃德·赖特与刘易斯·芒福德：三十年通信集》(*Frank Lloyd Wright & Lewis Mumford：Thirty Years of Correspondence*，2001) 等等，见 B. L. Knapp, ed.，*The Lewis Mumford／David Liebovitz letters*，*1923 - 1968*，New York：Whitston Publishing Company，1983；F. G. Novak, ed.，*Lewis Mumford and Patrick Geddes：The Correspondence*，London and New York：Routledge，1995；B. B. Pfeiffer，Robert Wojtowicz, eds.，*Frank Lloyd Wright & Lewis Mumford：Thirty Years of Correspondence*，New York：Princeton Architectural Press，2001。

① 埃尔默·西蒙·纽曼(E. S. Newman, 1919—)曾在 1971 年编辑出版了《芒福德文献目录汇编》(*Lewis Mumford：A Bibliography：1914 - 1970*,1971)，见 E. S. Newman, ed.，*Lewis Mumford：A Bibliography：1914 -1970*，New York：Harcourt Brace and Company，1971，后来罗伯特·沃特维兹对此书进行了修订更新，将论著类目更新到了 2007 年，其中涵盖了 1990 年芒福德去世后由他人整理出版的芒福德论著。

② Lewis Mumford，*The Culture of Cities*，New York：Harcourt，Brace and Company，1938.

市规划和建筑学专家吴良镛先生曾请清华大学建筑系翻译家毕树棠先生翻译此书,后因形势所迫,无奈中止,"文革"结束后,毕树棠先生有意重拾该书的翻译,却又不幸因车祸去世。所以在 20 世纪 80 年代以前,国内并无芒福德论著的译介成果,也很少有学者了解和接触过芒福德,更谈不上研究。

进入 20 世纪 80 年代,以宋俊岭先生为代表的一批学者开始译介芒福德的论著,并对芒福德的学术思想进行了初步的研究。在 20 世纪 80 年代初,宋俊岭先生在《国际社会学百科全书》(*International encyclopedia of the social sciences*,1968)的"城市"辞条中看到了芒福德的一篇名为《城市的形式与功能》的文章,①并将之全文译出,刊在 1982 年第三期的《城市问题参考资料》上,②这应是国内出版最早的芒福德论著译文。之后宋俊岭先生又着手译介芒福德的其他重要论著,于 1989 年与倪文彦先生合译出版了《城市发展史——起源、演变和前景》一书。③ 对于此书,宋先生有很深的理解,也有很高的评价。④ 而且,宋先生在此书的译介过程中对芒福德其人其学有了更深的认识,并专门撰文对芒福德的理论贡献和学术地位

---

① Lewis Mumford,"Forms and Functions," in D. L. Sills, ed., *International Encyclopedia of the Social Sciences*,New York:Macmillan,1968,pp. 447 - 455.

② 见芒福德:《城市的形式与功能》,宋俊岭译,刊北京社科院《城市问题参考资料》编辑部编:《城市问题参考资料》(第 3 期),北京社科院 1982 年版,第 1—8 页,此文另收录于陈一筠主编的《城市化与城市社会学》,见芒福德:《城市的形式与功能》,宋俊岭译,刊陈一筠主编:《城市化与城市社会学》,光明日报出版社 1986 年版,第 47—61 页。

③ 芒福德:《城市发展史——起源、演变和前景》,宋俊岭、倪文彦译,中国建筑工业出版社 1989 年版。该书在在 2005 年修订后再版(第 2 版),该版本在 2009 年联合国教科文组织倡导图书评奖活动中荣获"优秀建筑图书奖"。

④ 关于宋俊岭先生对《城市发展史——起源、演变和前景》一书的评价见宋俊岭:《刘易斯·芒福德和他的〈城市发展史〉》,《城市问题》1988 年第 1 期;宋俊岭:《城市研究中一本值得悉心研读的巨著——刘易斯·芒福德及其〈城市发展史〉》,《北京社会科学》1988 年第 2 期。

进行了评价,①这也是国内学者第一次对芒福德其人其学有整体的评价。

　　自此之后,国内越来越多的学者开始关注芒福德,而芒福德的学术思想(尤其是城市理论和技术哲学思想)及其价值也得到了越来越多的学者的肯定。1995 年,值芒福德诞辰 100 周年之际,国内相关学者在北京召开学术研讨会专门探讨了芒福德的学术思想及其价值,时任中国城市规划学会副理事长的邹德慈先生在开幕式上对芒福德其人其学进行了高度评价。② 吴良镛先生也在这次大会上以"芒福德的学术思想及其对人居环境学建设的启示"为题对芒福德的学术思想进行了高度赞扬,并将之称为"近代城市史的丰富遗产"。③ 我国著名城市规划家黄光宇先生在这次大会上更是称他为"城市之魂"。④ 在这次大会的探讨之外,城市规划专家陶松龄先生撰文指出"芒福德的功能观是城市发展的金钥匙";⑤金经元教授撰文指出芒福德是一位"知识渊博的学者"⑥和"杰出的人本主义城市规划理论家";⑦张海东教授在评论《边道

---

① 宋俊岭:《城市发展周期规律与文明更新换代——美国著名城市理论家路易斯·曼弗德的理论贡献和学术地位》,《北京社会科学》1988 年第 2 期,该文关于"Lewis Mumford"一词的译名与现在通行的译法有出入,原文如此。
② 《城市发展研究》对这次芒福德研究盛会进行过专门报道,并详细转述了邹德兹先生在开幕式上的发言,见思新:《二十世纪人类命运的思索者——纪念刘易斯·芒福德诞辰 100周年学术研讨会在京隆重举行》,《城市发展研究》1995 年第 6 期。
③ 这次讲话后整理成文发表,见吴良镛:《芒福德的学术思想及其对人居环境学建设的启示》,《城市规划》1996 年第 1 期,另见吴良镛:《吴良镛城市研究论文集——迎接新世纪的来临(1986—1995)》,中国建筑工业出版社 1996 年版,第 126—138 页;吴良镛《建筑·城市·人居环境》,河北教育出版社 2003 年版,第 470—485 页。
④ 黄光宇:《城市之魂——纪念刘易斯·芒福德诞辰一百周年》,《城市发展研究》1996 年第3 期。
⑤ 陶松龄、陈有川:《芒福德的功能观是城市发展的金钥匙》,《城市发展研究》1995 年第 6期。
⑥ 金经元:《芒福德和他的学术思想》,《国外城市规划》1995 年第 1 期。
⑦ 金经元:《刘易斯·芒福德——杰出的人本主义城市规划理论家》,《城市规划》1996 年第1 期。

评论家：刘易斯·芒福德纽约文集》(*Sidewalk Critic*：*Lewis Mumford's Writings on New York*，1998)[①]一书时指出芒福德是"富有人性的评论家和全才".[②] 这些都充分说明芒福德的学术思想价值(尤其是城市理论思想价值)已得到国内学者的认可和肯定,这为后来越来越多的学者从事芒福德学术思想的研究奠定了思想基础。

总体来说,20 世纪 80、90 年代可算作国内芒福德研究的启蒙时期。在这一时期,国内学者从译介芒福德论著起步,[③]在译介的过程中理解芒福德其人其学,并通过译介的成果推动芒福德学术思想的传播。也是在这一时期,国内学者完成了对芒福德学术思想的价值判断,肯定了芒福德学术思想的学术价值和实用价值,从而促进越来越多的学者关注和研究芒福德。正是基于这一时期国内学者的努力,21 世纪的国内芒福德研究才呈现出了大好局面。

---

① Robert Wojtowicz, ed., *Sidewalk Critic*：*Lewis Mumford's Writings on New York*, New York：Princeton Architectural Press, 1998.

② 张海东：《富有人性的评论家和全才——兼说〈边道评论家,芒福德论纽约文集〉》,刊王伯扬主编：《建筑师88》,中国建筑工业出版社 1999 年版,第 108—110 页。

③ 这一时期的译介成果除前文所提宋俊岭先生的译介成果外还有王连瀛和程代熙分别独立翻译的芒福德关于机器审美的一篇文章"The Esthetic Assimilation of the Machine",见王连瀛：《对机器的审美改造》,刊《技术美学与工业设计丛刊》编委会编：《技术美学与工业设计丛刊》(第 1 辑),南开大学出版社 1986 年版,第 38—51 页,该文译自《现代美学文论选》(*A Modern Book of Esthetic*：*An Anthology*, 1935),后程代熙在参与该书翻译时重译此文,并将此文标题译为"机器的审美掌握",见 Lewis Mumford, "The Esthetic Assimilation of the Machine," in M. M. Rader, ed., *A Modern Book of Esthetic*：*An Anthology*, New York：Henry Holt and Company, 1935, pp. 404 - 420; 程代熙：《机器的审美掌握》,刊莱德尔编：《现代美学文论选》,孙越生、陆梅林、程代熙等译,文化艺术出版社 1988 年版,第 557—574 页,其中程代熙版本的译文另收录于《美学讲坛》(第 2 辑)、《马克思主义文艺理论研究》(第 10 卷)、《程代熙文集》(第 9 卷 译文)等书中,见蔡仪主编：《美学讲坛》(第 2 辑),广西人民出版社 1988 年版,第 358—374 页;中国艺术研究院马克思主义文艺理论研究所《马克思主义文艺理论研究》编辑委员会编：《马克思主义文艺理论研究》(第 10 卷),文化艺术出版社 1989 年版,第 354—371 页;程代熙：《程代熙文集》(第 9 卷 译文),长征出版社 1999 年版,第 439—458 页。

二、深入与扩展

21 世纪的国内芒福德研究无疑进入了一个新时期。在这一时期，学者们已从 20 世纪 80、90 年代对芒福德其人其学的整体评价开始转入对芒福德具体理论、思想的深入、细致研究。[①] 而且，学者们也不再像 20 世纪 80、90 年代那样只重视或过多重视芒福德的城市理论，而是将研究视角扩展至芒福德涉及城市理论、技术哲学乃至艺术、美学、传播学等各个学科、领域的学术思想。他们大多侧重于从自身的学科背景和领域视角去研究芒福德学术思想，并将研究对象细化到芒福德的某个具体理论（如古代城市理论、区域整体发展理论、技术演变理论、社会传播理论等等）。在这种情况下，许多与芒福德相关的学科、领域都涌现出了不少芒福德研究成果。

芒福德的城市理论是国内学者最早关注的领域，也是新时期国内芒福德研究中成果最多的领域之一。在著作方面，吴良镛先生在《人居环境科学导论》中分析了芒福德城市理论中的人本主义、区域观和自然观；[②]朱喜刚在《城市空间集中与分散论》一书中论述了芒福德对分散机制的直观理解；[③]李红卫在《城市土地使用与管理——以

[①] 这里需要特别指出的是，有个别学者在 20 世纪 90 年代后期就开始了对芒福德具体理论、思想的研究，如高亮华在《人文主义视野中的技术》中对芒福德技术观的分析；吴良镛等人在《发达地区城市化进程中建筑环境的保护与发展》中对芒福德区域整体论的论述等，见高亮华：《人文主义视野中的技术》，中国社会科学出版社 1996 年版，第 42—57 页；吴良镛：《发达地区城市化进程中建筑环境的保护与发展》，中国建筑工业出版社 1999 年版，第 18—19 页。但这属于个例，一定程度上反映了国内学者的研究兴趣从对芒福德学术思想的价值判断到研究芒福德具体理论、思想研究的过渡，除此之外，国内几乎所有涉及芒福德具体理论、思想的研究成果都产生于在 21 世纪。

[②] 吴良镛：《人居环境科学导论》，中国建筑工业出版社 2001 年版，第 12—15 页。

[③] 朱喜刚：《城市空间集中与分散论》，中国建筑工业出版社 2002 年版，第 72—75 页。

广州为例的研究》中略微提及了芒福德对城市规划商业化的批判;①
刘健在《基于区域整体的郊区发展——巴黎的区域实践对北京的启
示》中考察了芒福德的城市和区域整体发展理论;②张京祥编的《西方
城市规划思想史纲》则聚焦于芒福德的人本主义规划思想;③汤铭潭、
谢映霞、蔡运龙等编的《小城镇生态环境规划》研究了芒福德的区域
整体论;④刘亚波则在《设计理想城市》中把芒福德和简·雅各布
(Jane Jacobs,1916—2006 年)的城市规划思想进行了比较研究;⑤沈
克宁的《当代建筑设计理论——有关意义的探索》探讨了芒福德的原
创性地域主义思想;⑥韩晶编的《区域规划理论与实践》在梳理区域规
划思想起源时提及了芒福德"区域整体发展理论"。⑦

　　论文方面的主要成果有王楠的《芒福德地域主义思想的批判性
研究》;⑧刘士林的《芒福德的城市功能理论及其当代启示》《芒福德大
城市发展理论建构及其当代价值》《大城市发展的历史模式与当代阐
释——以〈城市发展史〉为中心的建构与研究》;⑨王丽娟的《芒福德的

————————

① 李红卫:《城市土地使用与管理——以广州为例的研究》,广东人民出版社 2002 年版,
　　第 6—7 页。
② 刘健:《基于区域整体的郊区发展——巴黎的区域实践对北京的启示》,东南大学出版
　　社 2004 年版,第 77—79 页。
③ 张京祥编:《西方城市规划思想史纲》,东南大学出版社 2005 年版,第 211—213 页。
④ 汤铭潭、谢映霞、蔡运龙等编:《小城镇生态环境规划》,中国建筑工业出版社 2007 年
　　版,第 130—131 页。
⑤ 刘亚波:《设计理想城市》,江西科技出版社 2008 年版,第 47—50 页。
⑥ 沈克宁:《当代建筑设计理论——有关意义的探索》,中国水利水电出版社 2009 年版,
　　第 143—146 页。
⑦ 韩晶编:《区域规划理论与实践》,知识产权出版社 2011 年版,第 18—19 页。
⑧ 王楠:《芒福德地域主义思想的批判性研究》,《世界建筑》2006 年第 12 期。
⑨ 刘士林:《芒福德的城市功能理论及其当代启示》,《河北学刊》2008 年第 2 期;刘士林:
　　《芒福德大城市发展理论建构及其当代价值》,刊复旦大学发展与政策研究中心编:《城
　　市治理与中国发展》(第 3 辑),上海人民出版社 2009 年版,第 16—34 页;刘士林:《大城
　　市发展的历史模式与当代阐释——以〈城市发展史〉为中心的建构与研究》,《江西社会
　　科学》2009 年第 8 期。

城市文化思想研究综述》；①赵强的《芒福德的城市观及其启示》；②李树学、陈培英、陈硕颖的《路易斯·芒福德城市规划理论中的社区理念》③等。

　　技术哲学是国内芒福德研究的另一重要领域，学者们在这一领域也取得了十分丰硕的成果。在著作方面，牟焕森在《马克思技术哲学思想的国际反响》中围绕"对马克思技术哲学思想的反应"问题将芒福德与雅克·埃吕尔（Jacques Ellul，1921—1994年）和兰登·温纳（Langdon Winner）进行了比较研究；④三树松在《技术价值论》中将芒福德与埃里希·弗罗姆（Erich Fromm，1900—1980 年）人道化的科技观进行了比对；⑤李征坤、涂宏斌的《西方科技价值观的嬗变》研究了芒福德以生活为中心的技术观；⑥乔瑞金主编的《技术哲学教程》探讨了芒福德关于技术的起源、范围、历史分期等理论；⑦林文纲编的《媒介环境学——思想沿革与多维视野》探讨了芒福德的技术生态观；⑧孔建益、陈奎生主编的《应用型人才培养教学理论与实践探索》对芒福德的技术观进行了整体的梳理；⑨张铃在《西方工程哲学思想的历史考察与分析》中研究了芒福德的

① 王丽娟：《芒福德的城市文化思想研究综述》，刊孙逊、杨剑龙主编：《都市文化研究》（第6 辑　网络社会与城市环境），上海三联书店 2010 年版，第 144—168 页。
② 赵强：《芒福德的城市观及其启示》，《苏州大学学报》（哲学社会科学版）201 年第 4 期。
③ 李树学、陈培英、陈硕颖：《路易斯·芒福德城市规划理论中的社区理念》，《作家》2012 年第 12 期。
④ 牟焕森：《马克思技术哲学思想的国际反响》，东北大学出版社 2003 年版，第 70—79 页。
⑤ 王树松：《技术价值论》，东北林业大学出版社 2004 年版，第 106—121 页。
⑥ 李征坤、涂宏斌：《西方科技价值观的嬗变》，广西师范大学出版社 2004 年版，第 51—65 页。
⑦ 乔瑞金主编：《技术哲学教程》，科学出版社 2005 年版，第 83—97 页。
⑧ 林文纲编：《媒介环境学——思想沿革与多维视野》，北京大学出版社 2007 年版，第 51—70 页。
⑨ 孔建益、陈奎生主编：《应用型人才培养教学理论与实践探索》，湖北人民出版社 2008 年版，第 374—379 页。

巨机器理论；①乔瑞金、牟焕森、管晓刚主编的《技术哲学导论》则从历史主义、整体主义、人文主义三个视角研究了芒福德的技术哲学；②黄欣荣的《现代西方技术哲学》研究了芒福德的技术文明论。③

在论文方面，黄欣荣在《论芒福德的技术哲学》中研究了芒福德的始技术、古技术、新技术、多元技术、单一技术、巨机器等问题；④吴国盛在《芒福德的技术哲学》一文中探讨了芒福德关于人性与技术、现代技术的本质等问题；⑤邓波、王莉在《技术与城市发展——从刘易斯·芒福德的观点看》一文中对芒福德的技术哲学和城市理论进行了交叉、综合考察。⑥ 此外，练新颜分别就芒福德的人本理念和技术生态化思想发表了《"工具制造者"还是"心灵制造者"？——刘易斯·芒福德论人的本质》《论芒福德的技术生态化思想》等文。⑦

相比之下，其他学科、领域对芒福德的研究要黯淡许多，但也有可圈可点之处，例如王华就从传播学的角度结合芒福德的城市理论和技术哲学对芒福德的传播思想及其学科价值、媒介分析范式等问

---

① 张铃：《西方工程哲学思想的历史考察与分析》，东北大学出版社 2008 年版，第 99—102 页。

② 乔瑞金、牟焕森、管晓刚主编：《技术哲学导论》，高等教育出版社 2009 年版，第 57—79 页。

③ 黄欣荣：《现代西方技术哲学》，江西人民出版社 2011 年版，第 79—94 页。

④ 黄欣荣：《论芒福德的技术哲学》，《自然辩证法研究》2003 年第 2 期，该文另见黄欣荣：《论芒福德的技术哲学》，刊郭贵春等主编：《多维视野中的技术——中国技术哲学第九届年会论文集》，东北大学出版社 2003 年版，第 177—187 页。

⑤ 吴国盛：《芒福德的技术哲学》，《北京大学学报》（哲学社会科学版）2007 年第 6 期，该文另见吴国盛：《芒福德的技术哲学》，刊陈凡、陈红兵、田鹏颖主编：《技术与哲学研究》（第 4 卷 2007—2008），东北大学出版社 2009 年版，第 394—401 页。

⑥ 邓波、王莉：《技术与城市发展——从刘易斯·芒福德的观点看》，《自然辩证法研究》2009 年第 12 期，该文另见邓波、王莉：《技术与城市发展——从刘易斯·芒福德的观点看》，刊叶平、陈凡、谢咏梅主编：《技术与哲学研究——全国技术哲学年会（2009）论文集》，哈尔滨工业大学出版社 2010 年版，第 86—92 页。

⑦ 练新颜：《"工具制造者"还是"心灵制造者"？——刘易斯·芒福德论人的本质》，《自然辩证法研究》2012 年第 11 期；练新颜：《论芒福德的技术生态化思想》，《科学技术哲学研究》2012 年第 5 期。

题进行了解读和分析,先后发表了《透过玻璃看到的明亮世界——刘易斯·芒福德传播思想及其学科价值》《对话是城市的生命——刘易斯·芒福德城市传播观解读》《技术、传播与现代文明:刘易斯·芒福德的媒介分析范式》等文。① 此外,在传播学领域,王润也发表了一篇《论麦克卢汉与芒福德"媒介"延伸观》,将麦克卢汉(Marshall Mcluhan,1911—1980 年)与芒福德的"媒介"延伸观进行了比较研究。② 而其他领域值得一提的还有林玉体在《美国教育思想史》中将芒福德与格兰维利·斯坦利·霍尔(G. S. Hall,1844—1924 年)和威廉·詹姆斯(William James,1842—1910 年)进行的比照论述。

三、差距与不足

从上述成果来看,国内芒福德研究经过几十年的努力从无到有,由浅入深,参与的学者越来越多,研究的范围越来越广,硕果累累,形势喜人,但如果将之与国外芒福德研究相比则还有不少差距,存在一些不足,这些差距与不足大致可归为以下两点:

第一、研究的深度和广度不够。就深度而言,国外学界已出版不少芒福德研究专著,而国内至今尚无一本专门研究芒福德的著作,③甚至论及芒福德其人其学的著作往往也是寥寥数页,论述不深,学术价值有限。就广度而言,国外学者的研究范围已深

---

① 王华:《透过玻璃看到的明亮世界——刘易斯·芒福德传播思想及其学科价值》,《国际新闻界》2012 年第 11 期;王华:《对话是城市的生命——刘易斯·芒福德城市传播观解读》,《西安交通大学学报》(社会科学版)2013 年第 2 期;王华:《技术、传播与现代文明:刘易斯·芒福德的媒介分析范式》,《中国社会科学报》2013 年 4 月 3 号。
② 王润:《论麦克卢汉与芒福德"媒介"延伸观》,《国际新闻界》2012 年第 11 期。
③ 虽然李树学教授写有一本《刘易斯·芒福德:文化与文明评论》(*Lewis Mumford: Critic of Culture and Civilization*,2009),但考虑到该书系李教授在国外留学时所作,并以英文形式在国外出版,这里并不将之算作国内研究成果,见 Shuxue Li, *Lewis Mumford: Critic of Culture and Civilization*, Oxford: Peter Lang, 2009。

入到芒福德所涉各学科、领域的方方面面,甚至对芒福德的日常生活和学术经历都有考察。相比之下,国内学者对芒福德的研究主要侧重于城市规划理论、技术哲学思想两个方面,对城市史理论、传播学思想略有研究,除此之外的其他相关学科、领域则几无涉及。

第二、对芒福德学术思想的理解和研究不够全面。虽然芒福德的研究兴趣涉及诸多学科、领域,但其学术思想是以"城市"为中心的内在统一体,就像阿尔帕德·绍科尔采(Árpád Szakolczai, 1867—)所说,芒福德的学术路径是首尾相接的闭合,他分散的研究兴趣聚焦在一个内在一致的整体之上。[1] 当前,国外学界已有不少学者对芒福德学术思想进行过整体、综合的研究,[2]而国内学者对芒福德的研究多从自身的学科、领域背景出发,专注于芒福德在某一学科、领域中的理论、思想的研究,很少有跨学科、领域的综合研究。

就研究一个外国学者而言,国内的研究存在先天的劣势,与国外学界存在差距是很正常的,但国外学界对芒福德的研究也不过近几十年的事,在时间上与国内研究芒福德的时间相差不大,这意味着国内的芒福德研究可以在短期内缩少与国外学界的差距,弥补自身的不足。要做到这一点,国内芒福德研究一方面需要更多学者投入更多精力进一步深化和扩展对芒福德的研究,另一方面要加强研究机构建立、核心资料引进等学术基础建设,奠定坚实的研究基础。

当前,上海师范大学已成立中国芒福德研究中心,[3]力图使之成

---

① 绍科尔采:《反思性历史社会学》,凌鹏、纪莺莺、哈光甜译,李康校,上海人民出版社 2008 年版,第 127 页。

② 最典型的是盖比·阿乐兹(Gaby Alez)的对芒福德所受的教育、写过的畅销书、拍过的电影以及其他等等进行了综合分析和研究,见 Gaby Alez, *The Essential Writer's Guide: Spotlight on Lewis Mumford, Including his Education, Analysis of his Best Sellers such as Technics and Civilization, and The City in History, Films, and More*, New York: Webster's Digital Services, 2012。

③ 2013 年 6 月 6 日召开中国芒福德研究中心筹建会议,2013 年 10 月 19 日正式成立。

为国内芒福德研究的前沿阵地和国内外芒福德研究学者的交流平台。上海师范大学还联合上海三联书店着手芒福德全集的引进和翻译工作,并已与芒福德文稿执行人罗伯特罗伯特·沃特维兹(Robert Wojtowicz)、芒福德文稿代理商吉娜·迈可比(Gina Maccoby)达成合作意向,逐步引进芒福德论著,力图最终使国内学者在资料获取方面达到与国外学者同等的研究条件。在这一新形势下,国内相关学者也应得其所便,积极投入到芒福德研究中去,为国内芒福德研究早日跻身世界一流水平做出贡献。

今天的我们可以向刘易斯·芒福德学些什么?

〔美国〕罗伯特·沃特维兹 文①
李月 译

一、谁是芒福德?

简而言之,他是经历了 20 世纪那 60 年动荡岁月的一位作家和评论家。此人因其城市论著赢得了一些名声——我们甚至可以说他众所周知。他在职业生涯中期的开创性著作《城市文化》(*The Culture of Cities*,1938)使他广受赞誉,并藉此登上了时代杂志的封面。其晚期的宏伟巨著《城市发展史——起源、演变和前景》(*The City in History*:*Its Origins*,*Its Transformations*,*and Its Prospects*,1961)为他赢得了更多的喝彩。② 后来,他基于此书担纲制作了六集加拿大电视系列节目。

但芒福德远不仅仅只是一位城市评论家。认为他挑战学科分类只是一种保守的说法。他写的书在 24 本以上,大部分至今仍在出版发行。他还写有一千多篇文章、随笔、评论,涉及从建筑到犹太复国主义等一系列问题。芒福德与朋友的往来书信现已结集出版六本,

---

① 罗伯特·沃特维兹(Robert Wojtowicz),美国学者,刘易斯·芒福德文稿执行人。本文由作者应邀为中国刘易斯·芒福德研究中心成立大会暨第一届国际学术研讨会而作,是国家社会科学基金项目"刘易斯·芒福德城市理论研究"(项目编号:14BSS003)的阶段性成果。

② 该书于 1962 年荣获美国非小说类国家图书奖。——译者注

而这只占他一生中与朋友来往书信的一小部分。他被称为公共知识分子、社会哲学家、文艺美学家、建筑评论家、城市史学家、政治活动家，不过他本人更乐见"全才"的称号，这些都说明他不是位浅尝辄止的学者，而是一位在诸多领域都卓有建树的专家。

芒福德是一个很矛盾的人。他是一位居住在乡村的世界主义者；一位从来不学开车技术的技术史家；一位从未拿到过学士学位的名校客座教授，还是一位宣扬地球生命救赎的不可知论者。他深谙媒体的力量，但总是避其焦点。他重视信息的价值，但蔑视其指数式地扩散。他的散文时而犀利、时而有趣、时而沮丧、时而振奋、时而反复、时而启发。他是环境保护的拥护者，也主张放慢经济增长、核裁军，倡导完备的人生。芒福德似乎通过各种当代手段使他在精神层面上无所不在，而他的名字则不那么为人熟知。

现今只有少量著作和论文专门论述芒福德，其中最著名的是唐纳德·米勒(D. L. Miller)在1989年出版的综合性传记《刘易斯·芒福德传》(*Lewis Mumford：A Life*，1989)。不过随着学者们专注于芒福德对乌托邦的研究、对军事-科学综合体的批判，以及他与魏玛德国现代主义运动的联系，以随笔和评论形式出现的作品要更丰富一些。迄今为止，对芒福德著作的评论主要以英文形式发表，而这一局面毫无疑问会随着芒福德作品的翻译传播而发生改变。例如，《城市发展史》现已有12种语言版本，其中包括中文版。学者们多次齐聚一堂，或直述，或刊文，或兼而有之地赞美芒福德。首先是1980年夏天举办的萨尔蒙冈迪盛会(Issue of Salmagundi)，接着是美国新泽西州技术学院(The New Jersey Institute of Technology)、奥尔巴尼大学(The University at Albany)、宾夕法尼亚大学(The University of Pennsylvania)等学校举办的研讨会，以及在意大利罗马大学(The University of Rome)和日本九州大学(Kyushu University)举办的国际研讨会。他的素描和水彩还在蒙茅斯大学(Monmouth University)和纽约城市学院(The City College of New York)举行过展览。

　　或许在我发表演说的当下更为重要的是芒福德的受欢迎程度已远远超出了通常的专家学者范畴，他的著作也被学生和一般公众阅读，源于他的精练引述偶尔也会见诸报端和杂志。似乎知道芒福德的人都喜欢将他的论著放在手边，以便于参考。例如，在近期的一次《纽约时报》专访中，畅销书作家沃尔特·莫斯利（Walter Mosley，1952—）就披露说他在书架上放有一本《城市发展史——起源、演变和前景》，认为它"向我们展示了人类组织、工艺技术怎样以我们混然不知的方式塑造我们"。

二、芒福德取得了什么成就？

　　芒福德主要作为作家和评论家为世人所知，他生活在其著作多次倡导的、完整的、多维的世界里。考虑到他的许多成功，有人会假设他有着优越的出身，而事实并非如此。芒福德 1895 年出生于纽约皇后区符拉兴镇（Flushing）的单亲家庭，由他的母亲在曼哈顿上西区抚养长大，这是一个有些温和的家庭环境。他的世界在他说德语的教祖父的看护下得到了明显扩展，是他使孩童时的芒福德了解到新合并统一的大都市中的文化吸引力和民族社区。芒福德是一个聪明但平凡的学生。尽管他在小学成绩优异，但他在名校史岱文森高中的学习只能算是敷衍了事，他在纽约城市学院也只学了几个学期。对结核病的担忧只是他在 1914 年脱离更高等教育的表面原因，深层原因在于他对大学教育的苛责。

　　在之后的好几年，芒福德仍然没有确定职业道路。随着美国加入第一次世界大战，芒福德曾短暂服役于美国海军，并在那里被训练成无线电话务员。而他在应征入伍之前曾认真想过要成为一名工程师，之后再成为一位剧作家。最终使他专注起来的是他偶然发现的两个人的著作，这两个人就是帕特里克·格迪斯（Patrick Geddes，

1854—1932 年)和埃比尼泽·霍华德(Ebenezer Howard，1850—1928
年)，前者是一位苏格兰植物学家，后转而研究区域规划，其实验区域涵
盖了全球；后者是一位英国改革家，其花园城市观念颠覆了规划界。
芒福德尤其被格迪斯所谓"区域勘测"的实地考察方法所吸引，这种
方法可被界定为对某一地区及其民众和他们的职业进行综合的、跨
学科的研究。格迪斯将这三个方面概括为"工作""场所"和"人"。

　　由于在很大程度上以格迪斯为榜样，芒福德决定不局限于单一
的职业，而是尽可能地追求多方面的兴趣。他开始了这种努力，途径
是一项对纽约城及其市郊的区域考察(靠步行、火车和渡船)，以洞察
诸如地质、经济、社会、设计等多学科领域间的联系。最终，他将这种
考察扩展到了整个大西洋中部地区(Middle Atlantic)①和新英格兰
地区。就在漫游于这些城市与乡村之间，他完成了作为自由撰稿人
的第一批文章。之后，他又依次短暂地出任过《社会学评论》
(Sociological Review)和戴尔出版社(The Dial Press)的编辑等职。
正是在戴尔出版社任职期间，他结识了同样在那里工作的索菲亚·
威顿伯格(Sophia Wittenberg)，并与她在 1921 年结婚，后育有两子：
格迪斯(Geddes)和艾莉森(Alison)。在之后的人生岁月里，芒福德
作为独立作家养家糊口，并不时访问各个学院、大学，包括达特茅斯
大学(The University of Dartmouth)、北卡罗来纳州立大学(The
University of North Carolina State)、斯坦福大学、宾夕法尼亚大学、
麻省理工学院、哈佛大学等。

　　芒福德在 20 世纪 20 年代到 70 年代之间写的大多数著作可被
描述为由许多紧密交织在一起的线组成的缆绳：(1)朝向乌托邦的
冲动；(2)复原过去；(3)掌控机器；(4)区域中的城市；(5)生命本身的
复苏(这一点是最为重要的)。

―――――――――

① 位于新英格兰地区和大西洋南部地区之间，包括纽约、新泽西、特拉华、宾夕法尼亚、马
　里兰、弗吉尼亚、西弗吉尼亚等州和华盛顿特区。——译者注

芒福德的缆绳中的第一条线是朝向乌托邦的冲动,这一点随着他的第一本著作《乌托邦的故事》(*The Story of Utopias*,1922)在1922年的出版而变得明显。该书所做的是字面上考察,而不是区域性的考察,它考察的是整个西方的乌托邦,包括柏拉图的《理想国》(*Republic*)中的乌托邦、托马斯·莫尔(Thomas More,1478—1535年)的乌托邦,以及爱德华·贝拉米(Edward Bellamy,1850—1898年)的乌托邦。该书通过对当代工业无序扩展的解构得出这样的结论,即主张替之以围绕规模可控、边界明显的花园城市建造一系列内在联系的、充满活力的区域。对于这一愿景,芒福德赋之以"Eutopia"(译为乌托邦,源于古希腊语,意为"福祉之乡")的标签。在他后来的著作中,芒福德又将人类最好和最坏的时期归因于朝向"Utopia"(也译为乌托邦,托马斯·莫尔造的词,意为"乌有之乡")的冲动,因为它日益在人类对完美技术的追求中被掩盖了。

芒福德的缆绳中的第二条线是复原过去,这主导了他接下来的四本书:《棍棒与石头》(*Sticks and Stones*,1924)、《黄金时代》(*The Golden Day*,1926)、《赫尔曼·梅尔维尔》(*Herman Melville*,1929)、《褐色年代》(*The Brown Decades*,1931)。芒福德精通历史,但并不是一位受过专业训练的历史学家,他基于自己的主观目的研究过去。基于这种追求,他深受哲学家乔治·桑塔亚那(George Santayana,1863—1952年)的影响——其至理名言是"不记得过去却去复述过去的人是有罪的"。他还受到评论家冯·维克·布鲁克斯(Van Wyck Brooks,1886—1963年)的深刻影响,这位评论家杜撰了"有用的过去"('usable past')一词,并对之做出了如下解释:"精神上的过去没有客观的实际,它只产出我们能够从中寻求的东西"。芒福德沿着布鲁克斯的观念诊断出了一种影响战后一代的某种艺术的不适,并打算通过复原供他们效仿的美国历史名流来挽救局势,这些名流包括文学界的纳撒尼尔·霍桑(Nathaniel Hawthorne,1804—1864年)、赫尔曼·梅尔维尔(Herman Melville,

1819—1891 年)、亨利·戴维·梭罗(Henry David Thoreau，1817—1862 年)、拉尔夫·沃尔多·爱默生(Ralph Waldo Emerson，1803—1882 年)、沃尔特·惠特曼(Walt Whitman，1819—1892 年)，以及艾米莉·狄金森(Emily Dickinson，1830—1886 年)；建筑和工程界的亨利·霍伯桑·理查森(Henry Hobson Richardson，1838—1886年)、路易斯·沙利文(Louis Sullivan，1856—1924 年)，以及华盛顿·罗布林(Washington Roebling，1837—1926 年)；园林建筑界的弗雷德里克·罗·奥姆斯特德(Frederic Law Olmsted，1822—1903年)；绘画界的托马斯·艾金斯(Thomas Eakins，1844—1916 年)和阿尔伯特·平卡姆·莱德尔(Albert Pinkham Ryder，1847—1917年)。芒福德自信地认为一种充满活力的当代文化最终需要依靠这种强大的历史根基。在芒福德 1941 年出版的《南方建筑》(*The South in Architecture*，1941)和 1952 年出版的文集《当代美国建筑的根源》(*Roots of Contemporary American Architecture*，1952)中，他又回归到了这一首要主题。芒福德最后的努力在于他关注那些他认为在基于欧洲风格的国际风格中失去了本土眼光的美国建筑师和设计者。由于《棍棒与石头》和《褐色年代》的成功，芒福德后来获得了《纽约客》(*New Yorker*)杂志的建筑评论家和艺术评论家职位，这使他那优雅且经常令人愉悦的散文有了更多的读者。实际上，在芒福德任职于该杂志的三十年间，没有谁在美国建筑评论方面产生了比他更大的影响。

　　流行作家有时会将美国 20 世纪 20、30 年代称为"机器时代"，因为在这一时期，技术在工厂和家庭(尤其是节省人力的公共设备市场)中得到了广泛应用。芒福德对这一趋势有高度的认识，并力促读者们去认识现代生活中全盘接受机器所带来的不安定。摩天大楼造成了城市的拥挤，并阻隔了阳光和新鲜空气；汽车带来了道路与交通；无线电广播使人分心，不再追求更有价值的文学和艺术。因而，芒福德缆绳的第三条线——掌握机器——作为一个主要话题大量出现在他这一时期的随笔和评论中。最值得注意的是,它构成了芒福德于 1934 年出版的一本书的核心,该书名为《技术与文明》(*Technics and Civilization*, 1934),是受格迪斯启发的人与机器的关系的救赎之作。它开篇叙述的是中世纪,那时的人们生活在一个以风车为代表的和谐的始技术时代。该书继而叙述了工业革命时期,一个以工厂为代表的古技术时代。最后,该书联系到了当前,一个以电网为代表的新技术时代。

芒福德的技术观在《技术与文明》一书出版后的岁月里日益昏暗。其悲观色彩部分源于他与生俱来的个性。在 20 世纪 30 年代末,他积极地警告国民欧洲纳粹主义和法西斯主义的兴起,号召美国加入二战同盟国一方参战。而当他的儿子在意大利战场上战死,他变得沮丧万分。令他沮丧的还有战争导致的军事工业规模的日益扩大。他发现最令人费解的是美国的发展以及后来原子弹于 1945 年在日本的爆炸——技术带来了它最致命的后果。他在战后初期写的一些随笔题目反映了他的顿悟:"先生:你疯了!""原子弹:奇迹还是灾难?""让人类来主宰"。特别是最后一个题目构成了他后来两卷本的巨著《机器的神话》(*Myth of the Machine*, 1967, 1970)的主题。在第一卷《技术与人类发展》(*Technics and Human Development*, 1967)中,芒福德确定了他所界定的"巨机器"的起源,其实质是古代祭司和国王大规模组织人力组成建造队伍和军事力量。他经常认为技术与人类文明中的力量是相等的。在第二卷《权力五行》(*The Pentagon of Power*, 1970)中,芒福德对在冷战中扮演主要角色的科学家和政治家——当代的类似于古代祭司和国王的人——进行了强烈控诉。拜他们所赐,以奥尔德斯·赫胥黎(Aldous Huxley, 1894—1963 年)的美好新世界为代表的完美技术有将托马斯·莫尔的乌托邦囊括在内的风险。或者更干脆地说,"Utopia"有将"Eutopia"排挤掉的迹象。

最令芒福德为人铭记的是他的缆绳中的第四条线——区域中的

城市,这可以追溯到他年轻时的区域考察和他的《乌托邦的故事》一书的最后部分。在 20 世纪 20 年代,芒福德加入了美国区域规划协会——一个由建筑师、规划师、环保主义者、经济学家和住房问题活动家组成的非正式的智囊团。该协会综合了帕特里克·格迪斯和埃比尼泽·霍华德的观念,支持在美国建立区域城市。这实质上就是将花园城市建设成纳入农业区和自然保护区以尽可能地允许生命可持续发展的区域框架。阿巴拉契亚山径的形成就是这个协会最为著名的成果,但这一群体也承担发展纽约大都市区中两个小规模社区的任务,这两个社区分别是皇后区的日照园新村(Sunnyside Gardens,芒福德在那里有一幢房子)和新泽西州的雷德朋(Radburn)。前者是一个小的以绿地为特点的城市社区,后者更大一些,是交通分离、尽端居住、带状绿化的城郊区域。该协会的观念在大萧条时期被联邦政府进一步发展(不过参与的人员有限),运用于城镇绿化乃至更大的田纳西流域管理,之后又运用于联邦住房安置政策和城镇规划政策。尽管如此,这些与协会的地方主义原则有明显分歧。

当芒福德在 1938 年出版《城市文化》时,他非常乐观,但这种乐观他之后再也没有过了。尽管他将此书构思为与《技术与文明》相对应的著作,但他在协会和欧洲许多现代建筑中心的旅游经历仍然使该书内容丰富。就像《技术与文明》一样,《城市文化》开篇论述处于始技术时代的中世纪,继而论及古技术时期的工业革命,进而论述当代的新技术时期。不过相比之前的那本书,《城市文化》还不仅如此,该书的最后部分还勾勒了 20 世纪中期的一个意义深远的区域秩序:规模可控的城市充斥着利于生活和工作的现代建筑,周边环绕着农业和自然保护带,电力由水电提供,城市间通过无线电、电话和林荫大道联系。正如题目中的"文化"所揭示的那样,该书不仅只是一本研究建筑和规划的书,而且还是 20 世纪新型社区的蓝图,那里的流行生活更加有机,更少由技术驱动。

《城市文化》获得了评论界的一致赞赏,这巩固了芒福德作为城市学卓越权威的地位。该书的成功也给芒福德带来了其他机会。他受命给纪录片《城市》(*The City*)撰写剧本,该片由美国规划师学会基于《城市文化》一书拍摄,后在 1939 年纽约世界博览会的大屏幕上天天播放。他也受邀给一些城市的演进规划提供建议,如 1938 年的火奴鲁鲁、1939 年的整个太平洋西北地区、①1943 年的伦敦等等。在芒福德担任《纽约客》的建筑评论家期间,他还对其他处于二战后重建剧痛中的城市的规划进行评论,这些城市包括费城(Philadelphia)、马赛(Marseilles)、鹿特丹(Rotterdam)以及伦敦周边的新城。不过他保留了最多的精力用于详细审视他所出生的纽约城。他斥责新一代的摩天大楼,也为宾夕法尼亚车站(纽约城的两个铁路枢纽之一)的拆毁扼腕叹息。在"交通喧嚣的隆隆声"中,他谴责着汽车的令人窒息。讽刺的是,芒福德和他的家庭从纽约城区搬到了上城区的一个古雅的农舍中。他宣称这些平和的周边环境可以令他更持续地写作,但随着他的生活过渡到了中世纪晚期,有人就会好奇是否城市生活总体上开始令他厌烦。

　　《城市发展史》这本芒福德最尽人皆知、也最受人欢迎的著作代表了他对建筑和城市化 40 年审视的积累成果。尽管它的核心是《城市文化》的再创作,但这本新书包含了一些他对文明起源的最原始的想法和对人类未来最大胆的预测。为准备《城市发展史》的写作,芒福德对前古典时期的考古学和人类学进行了深入研究,包括 1957 年和 1960 年分别对意大利和希腊的一些遗迹的探访。他设想古代容器这一经常被忽略的古代工具代表着基于所有文明及其城市的收集本能。对于古典时期,他将希腊城邦定性为紧凑区域城市的重要原

---

① 太平洋西北地区是指美国西北部地区和加拿大西南部地区,主要包括阿拉斯加州东南部、不列颠哥伦比亚省、华盛顿州、俄勒冈州、爱达荷州、蒙大拿州西部、加利福尼亚州北部和内华达州北部。——译者注

型,将罗马大都市定性为在 20 世纪的世界许多地方兴起的"庞大城市群"(帕特里克·格迪斯造的词)的重要原型。《城市发展史》的中间部分重复了许多芒福德在《城市文化》中所考察的内容,但其结论转向建造过多、人口过盛以及汽车拥挤的无情袭扰导致城市崩溃这一黯淡预测。他推断特大城市最终会沦为死亡之城,这一结论在他的《机器的神话》一书中得到了进一步深化。

生命复苏系列是芒福德缆绳的第五条线,也是核心的一条线。他最开始使用这一标签时是 20 世纪 30 年代,当时他正为一本新书发展一种概念,该书解释了他的"有机人文主义"理论。该理论实质上是两个相互矛盾的哲学学派观念的综合,即基于经验主义的"新机械主义"和更富创造性的"新人文主义"的综合。芒福德的有机人文主义在很大程度上基于他对格迪斯"工作-场所-人"三重奏的理解,也基于他与建筑师弗兰克·劳埃德·赖特(Frank Lloyd Wright,1867—1959 年)所交流的观念和形式。按照芒福德的理解,有机人文主义就是一个人在工作和环境的平衡中完全认识到生活。一本书逐渐演变成四卷本的"生命复苏"系列丛书。第一卷就是之前提到的《技术与文明》,考察了 20 世纪的"工作"现象。第二卷就是之前所提的《城市文化》,考察的是"场所"。

聚焦于"人"的第三卷最终变成了两卷,即《人的境况》(*The Condition of Man*,1944)和《生命的操行》(*The Conduct of Life*,1951)。这最后的两本书的写作背景分别是第二次世界大战和冷战,它们从过去数世纪中宗教、哲学和艺术探寻人类侵略的根源,并在很大程度上号召重新设定世界的道德风向,使之脱离战争破坏,朝向和平、平等。在之后写的一本名为《人类的转向》(*The Transformations of Man*,1956)的浓缩了"生命复苏"精华的书中,芒福德重审了这一号召。在这本书中,他写了这样的结论:"我们站在一个新时代的边缘,这个时代有着开放的世界,每个人都能够在更大的范围内发挥自己的作用。这也是一个复兴的时代,在这个时代,工作、休闲、学习和爱情都会联合起来为生命的每一个舞台产出新的形式以及生命作为一个整体的更高轨迹。"

芒福德在很大程度上遵守着他在论著中说教的一切。他有着一个温馨的家庭和许多的朋友。与他相濡以沫 69 年的妻子索菲亚是一位充满无限浪漫和智慧的伴侣,也是他最勤勉的编辑。他的孩子格迪斯和艾莉森尽管气质上截然不同,但都继承了他们父母的坚强意志和研究思维。芒福德喜欢技术是因为它提升了他的生活品质,但他抵触产品广告的空洞保证。他和他的家庭居住在一个规划过的社区的一幢小房子里,直到生活环境允许他们重新安置在乡村的一个同样很小的住处。他被物质生活团团包围,但省去了不必要的奢侈开支,用于买书(这些书都被堆在他的客厅的天花板上面)。他用于研究的空间一般可被认为是一个小房间。在清晨的写作之后,他经常会花些时间在他广阔的花园里,就像伏尔泰的"老实人"或亨利·戴维·梭罗(Henry David Thoreau)那样通过与大地的接触复苏他的灵魂。他还通过频繁地去纽约和世界其他的大城市以获取在他的同行中流传的最新观点。

芒福德在其职业生涯的晚期获得了许多殊荣,如城市规划协会金奖(1957)、英国皇家建筑师金奖(1961)、美国建筑师协会奖章(1962)、自由奖章(1964)、爱默生-梭罗奖章(1965)、美国国家艺术文学协会文学类金奖(1970)、史密森学会霍吉金斯奖章(1971)、美国国家艺术奖章(1986)。他还在 1975 年获英国荣誉骑士队长头衔,在1965 年和 1967 年分获爱丁堡大学和罗马大学荣誉学位。他在晚年通过写自传寻求满足,并将他的一些相对不那么为人所知的文章辑录成册,以让未来一代的学者可以清晰地记录他充实的一生。用比喻的话说,他的贡献构成了一条格外长、充满希望且富有弹性的缆绳。

三、今天的我们可以从芒福德那里学到什么?

作为发言结束语,我想说在 21 世纪第二个十年的当今,芒福德仍有太多的东西教给我们。他会提醒我们不要去探寻遥远的乌托邦,而是通过努力去改进我们当前的境况。他会告诫我们在规划未来时需先回溯过去。他会劝告我们在技术涉足的地方刹车。他会说建立低一些的而不是高一些的楼房,并主张不再继续研发致命武器。尽管他会陶醉于网络,我们甚至可以想象他在研究中能够用到遥远的研究图书馆的资料时会是多么高兴,但他也提醒人们警惕虚假信息的泛滥。他会为全球化时代的国际合作潜力感到兴奋,但也会担心区域认同的潜在损失。他会对世界特大城市的指数式增长摇头,不过在论及世界人口增长总体放缓时,他会保持一些乐观。他会建议继续通过建立区域城市来进行大都市地区的去中心化,但他会对"新城市主义"不屑一顾,因为这对真正的"场所"创造来说并不是必要的。最重要的是,芒福德会促使我们考虑我们自身的价值,将知识置于权力之上,和平置于冲突之上,群体置于个人之上。

刘易斯·芒福德：观念的力量与太平洋西北地区

〔美国〕马克·特普尔　文①

李月　译

　　摘　要：刘易斯·芒福德曾于 1938 年 7 月受邀访问太平洋西北地区的两个州——俄勒冈州和华盛顿州，他游览了那一地区，并在许多公共场合谈论了他对这一地区的考察，也提供了一些建议。本文回顾了芒福德的谈话记录，并评估这些内容对这一地区的政策、当前的城市、自然景观是否还有持续的影响；如果有，影响的程度如何。本文所得出的结论是，芒福德的一些预测是错误的，他提出的一些措施也存在争议，不过他对波特兰（Portland）地区产生了很深的影响，这种影响既表现在城市形式上，也表现在自然区域里。此外，本文还记录了这一地区铭记并运用芒福德观念的杰出公民所承载的"活着的遗产"。

　　关键词：刘易斯·芒福德；太平洋西北地区；"活着的遗产"

一、背景

　　新成立的西北地区委员会（the Northwest Regional Council）的

---

① 马克·特普尔（Mark Turpel），美国俄勒冈州波特兰市前总规划师。本文由作者应邀为中国刘易斯·芒福德研究中心成立大会暨第一届国际学术研讨会而作，是国家社会科学基金项目"刘易斯·芒福德城市理论研究"（项目编号：14BSS003）的阶段性成果。

乔治·杨提斯(George Yantis)写道：

> 我们邀请杰出的作家和宣传员刘易斯·芒福德(Lewis Mumford，1895—1990 年，以下简称芒福德)访问太平洋西北地区，①对该地区进行考察，并对该地区的发展提供批判性建议。芒福德先生对《纽约区域规划》(*New York Regional Plan*)的评论以及他近期的著作《城市文化》(*The Culture of Cities*，1938)显示出他对美国文化和区域规划鞭辟入里的考察，因此我们相信他是指导我们工作特别合适的人选。②

其他机构一旦发现芒福德在那一地区也会邀请他去讲话。相应的，芒福德于 1938 年 7 月到访太平洋西北地区的两个州——俄勒冈州和华盛顿州。对于这次在这一地区的旅程，芒福德这样形容："两周在西北海岸区域的旅行，从麦肯泽河(McKenzie River)到普吉特湾(Puget Sound)……"这是一片大概从俄勒冈州中西部到华盛顿州中西部的喀斯喀特山脉(Cascade Mountains)西侧区域，该区域从南到北、从俄勒冈州的尤金城(Eugene)经中途的波特兰(Portland)到华盛顿州的西雅图，全长 450 公里。作为旅程的一部分，他将在四个公开场合发表讲话(这些公开场合的讲话内容能被记录下来)，包括 7 月 15 日在波特兰城市俱乐部(The City Club)发表的讲话、7 月 16 日在波特兰西北地区委员会的讲话、7 月 17 日在尤金俄勒冈大学(the University of Oregon)校园的讲话，以及 7 月 19 日在波特兰瑞

---

① 太平洋西北地区是指美国西北部地区和加拿大西南部地区，主要包括阿拉斯加州东南部、不列颠哥伦比亚省、华盛顿州、俄勒冈州、爱达荷州、蒙大拿州西部、加利福尼亚州北部和内华达州北部。——译者注

② Lewis Mumford, *Regional Planning in the Pacific Northwest*：*A Memorandum*，Portland：The Northwest Regional Council，1939.

德学院(Reed College)校园的讲话。[1]

清晰记录芒福德在俄勒冈州讲话内容的文献极其有限,但还是有的。它们包括:

(1)"Classifying Mumford is Hard Problem", in *The Oregon Daily Journal*, Thursday, July 14,1938, p. 14. 该文引用了一些芒福德答记者问时说的话。

(2)"Lewis Mumford to Address Club", in *The Oregonian*,[2] Friday, July 15,1938, p. 20. 记录他于 7 月 14 日在波特兰答记者问的另一份文献。

(3)"Lewis Mumford, Noted Author, Lecturer Authority of City and Regional Planning. Topic Rebuilding Our Cities", in *The Portland City Club Bulletin*,[3]July 15,1938 p. 23. 该文对芒福德的背景做了简要描述。

---

[1] 芒福德说他在 1938 年西北之行备忘录中提到了西雅图,并且在一封私人信件中也描述了他在西雅图发表的讲话。这封私人信件与其他信件一起被收录于一本合集中,见 *Lewis Mumford Papers*, p. 17(收藏于宾夕法尼亚大学珍本与手稿图书馆,"…需要刘易斯·芒福德本人书面许可方可阅览")。该信可提供网上在线阅览,见 http://dla. library. upenn. edu/dla/pacscl/ead. pdf? id=PACSCL_UPENN_RBML_MsColl2,访问于 2013 年 9 月。斯蒂芬森在 1999 年引述了芒福德私人信件中的这样一段话:"……甚至说,上帝保佑我……到西雅图商会!"然而,西雅图商会网站的历史栏中对此并未提及,《西雅图时报》(The Seattle Times)刊登芒福德死亡讣告时对此也未提及,网上的其他西雅图资源也没有。而且,当时的西北地区委员会副主席是齐泽(B. H. Kizer),他代表着华盛顿州的利益,同时兼任华盛顿州规划委员会主席。齐泽负责安排芒福德到访的行程,包括安排他在许多午宴时发表讲话。没有文献记录芒福德在华盛顿州的研讨会上发表评论或对民众发表讲话,这与芒福德在俄勒冈州和波特兰的情况形成鲜明对比。

[2]《俄勒冈人》(*The Oregonian*)是俄勒冈州波特兰市发行的报纸。该报在 1938 年是发行量最大的晨报。《俄勒冈州日报》(*The Oregon Daily Journal*)是俄勒冈州波特兰市发行的晚报,于 20 世纪 80 年代与《俄勒冈人》合并。

[3] 波特兰城市俱乐部论坛(Portland City Club Bulletin)是该出版材料的正确出处,该组织现在的名称是波特兰城市俱乐部(City Club of Portland)。本文对这两个名称都使用过,但指的是同一个组织。

（4）"Author Pleads for Oregon Beauty Spots", in *The Oregon Daily Journal*, Friday, July 15, 1938 p. 2. 该文报道了芒福德当天早些时候在波特兰城市俱乐部的讲话。

（5）"Rebuilding Cities Seen As U. S. Need", in *The Oregonian Saturday*, July 16, 1938, p. 20. 该文同样报道了芒福德前一天在波特兰城市俱乐部的讲话。

（6）"Speaker Asserts Alphabet Bodies Very Significant", in *The Oregonian Sunday*, July 17, 1938，p. 14. 该文简要报道了芒福德在俄勒冈大学发表的演讲，尤其提到了他对富兰克林·罗斯福的新交易所的支持，这类机构被提及时通常用全称各单词的首字母组合加以简称，因而被称为"字母机构"（Alphabet Bodies）。

（7）"Housing Called World Challenge", in *The Oregonian Tuesday*, July 19, 1938, p. 10. 该文简要报道了芒福德在瑞德学院的讲话。

（8）*The Portland City Club Bulletin*，July 22, 1938，p. 26. 引述了芒福德在上个星期城市俱乐部会议中的评论。①

（9）"Regional Planning in the Pacific Northwest：a Memorandum", January 23, 1939. 芒福德应西北地区委员会的要求，基于他在 1938 年 7 月 16 日②对委员会提的意见所写。

这是我们所能找到的最广泛的论述材料了。③

---

① 我通过 2013 年 8 月 17 日与波特兰城市俱乐部政策与研究主任格雷格·沃林格（Greg Wallinger）的通信得知，除了 1938 年 7 月 15 日记有俱乐部成员和芒福德背景，以及 1938 年 7 月 22 日记有芒福德一周前讲话的部分内容外，俱乐部再无其他文字记录。

② 芒福德在西北地区委员会发表讲话的估算时间基于《俄勒冈人》的叙述，见 *The Oregonian*，Sunday，July 17, 1938 p. 14，文中提到了芒福德参加了委员会的一次会议"……昨天，在郡政府……"。

③ 如上所述，宾夕法尼亚大学收集的书信中确有一封芒福德于 1938 年 7 月写给一个私人聚会的信。

二、1938 年——芒福德报告的历史背景和地域视角

　　西北地区委员创建于 1938 年年初,就在芒福德到访的几个月前,其目的是作为信息中心进行科研、提供服务、评估和分析该地区"社会、经济和政府问题",同时为提升当地居民生活质量促进好的区域规划,①以"让更多的公众意识到西北地区的基本问题"。

　　1938 年是大萧条的第八年,失业、饥饿、贫穷和绝望遍布整个美国以及世界上其他大部分地区。美国公众想出了各种各样创新和改革的方法来解决工作和社会挑战问题,包括让政府指导经济。1938年也是欧洲即将爆发战争的时间。在亚洲,日本向中国宣战并侵占了广东,而中国其他城市和地区也受到了威胁。然而,美国的注意力主要集中在本国人民及其困境上,很少关注发生在大洋彼岸的事件,而他们不久也会卷入这些事件中。

　　第二次世界大战及其战争进程完全破坏了区域规划工作,其中一个标志就是西北地区委员会于 1943 年解散。很快,芒福德的观察报告毫无疑问地被驳回了,直至战争结束。在评价芒福德的话对太平洋西北部的城市和自然景观是否有影响或有多大影响时,这一中断是需要考虑的重要因素,它显示出战前和战后的很大区别。在二战后的很多年里,芒福德一直致力于表达自己的观点。尽管他后来的很多报告都只是为了获得广大听众,但这也很难说他二战后的作品对太平洋西北地区没有影响。也就是说,不考虑芒福德除 1938 年在太平洋西北地区完成的那部作品以外的其他作品是无法令人信服的,即便那些文献不够直接。

---

① 材料来源:《西北地区委员会宗旨》("Objectives of Northwest Regional Council"),没有编号,附在《太平洋西北地区区域规划:备忘录》("*Regional Planning in the Pacific Northwest:A Memorandum*")第 20 页之后。

此外，我们很容易理解芒福德与纽约的密切联系，因为他早年就生活在那里。显然，芒福德的大部分时间都待在他纽约郊区小镇外的房子里。他于 1929 年暑假就开始做兼职，1936 年开始全职工作，直到他逝世。亚美尼亚（Armenia）一直是个非常小的小镇，甚至到 2010 年时的人口都不超过 1000。[1] 价值观是芒福德报告的核心，有些人认为他的郊区生活促成了其精英视角，在郊区环境下，一个人不必每日训练作为都市生活一部分的妥协与习惯。尽管这一评论被承认是事实，但这难道就能说明，如果芒福德定居在纽约城中，他的报告就不被人认可了吗？评价他的报告和建议书依据的是事实和优点，而不是他住在哪里，这就是本文的调查思路。

另外需要考虑的是，芒福德的建议书和一些有效措施是站在太平洋西北地区一个人口密度及历史与中国差距很大的地方的角度来写的。也就是说，任何有价值的发现都是为了发展一个非常小的区域（相对于中国的城市而言）。事实上，俄勒冈州和华盛顿州 2012 年的总人口不到 1100 万，比上海的人口还要少。俄勒冈州和华盛顿州总共占地 42.0727 万平方公里，人均密度为 25 人/平方公里。两个州最大的城市是拥有 370 万人口的大都市西雅图，[2]而波特兰是一个拥有 170 万人口的大都市。[3] 这两个州其他城市的人口则更少。除此之外，太平洋西北地区有记载的历史持续了 200 年或更久。与拥有数千年历史文化的中国相比，太平洋西北地区的结局或许和中国的城市和地区有关系，或许没有。

---

[1] 材料来源：www. dictionaryofarthistorians. org/mumford and city-data. com。

[2] 数据来源：*The Greater Seattle Datasheet*，2010。该数据是对大西雅图地区的人口估测，地域范围涵盖斯诺克米什郡（Snohomish）、皮尔斯郡（Pierce）、吉赛普郡（Kitsap），见 www. seattle. gov/oir/datasheet/demograph ics. htm，访问于 2013 年 9 月。

[3] 数据来源：*Oregon Community Foundation Metropolitan Portland Regional Profile*，2011，p. 2。大都市区范围包括克拉克马斯郡（Clackamas）、胡德里弗郡（Hood River）、摩特诺玛郡（Multnomah），以及华盛顿州，见 www. oregoncf. org/Templates/media/files/regional_profiles/metro_profile_2011. pdf，访问于 2013 年 9 月。

三、芒福德对太平洋西北地区提供的建议以及存在影响的证据是什么?

本文的目的是回顾芒福德的报告和建议书,并且思考:如果有的话,他的建议会对太平洋西北地区的景观产生怎样的影响? 有什么能证明他的报告和建议得以实施?

芒福德在1938年对太平洋西北地区的考察、报告、建议的范围很广。最广泛和详细记录他对西北地区的观点和建议的文献是他在1939年出版的《备忘录》。① 其基本观点以及媒体夸大的看法经评估罗列如下:

首先,芒福德认为城市和乡村的状况和解决方案是分不开的,西北地区是一个很好的规划机会,在区域范围内的规划能够全面迎接人类发展的挑战。

他写道:

> 在某个人看来,都市拥堵的原因是穷乡僻壤落寞的原因,这两种情况要一起处理。西北地区的发展和居住问题需要将大都市转移到地区中心,采取有效措施建设城市,使之比其他地方的工业和文化更强。
>
> ……好的城市规划必须将区域设置纳入其中,好的地区规划需要最终目标,不要忘记城市和乡村的人口及物质……重新分配生活优越地区的人口:这些地方的人身体健康、有激情,拥有丰富的自然资源,社会设施和文化体系供给充分。
>
> ……为明智的地方举措提供充分背景的地区应纳入更大范

---

① 《备忘录》是指《太平洋西北地区区域规划:备忘录》("*Regional Planning in the Pacific Northwest:A Memorandum*")。

围的由国家负责的区域规划研究之中。

此外，在波特兰城市俱乐部发表演讲时，他提出了这样一种挑战：

> 你具有最高尺度的文明基础……那么你有足够的智慧、想象力和协作能力来充分利用这些机会吗？

芒福德的观点非常全面，考虑到了城市和乡村是一个整体，不能分割。我们稍后会讨论哥伦比亚河谷和无政府组织，而两个政府组织与芒福德的完整建议不相符。然而，芒福德规划波特兰地区的很多建议都被一一实施了。

首先，参议院 100 号法案于 1973 年制定，其内容都是关于州范围内的规划目标和与之相关的政策、要求。这一法案要求每个城市和乡村准备一项遍及全州的规划和保护法（包括农业土地的保护），建立城市增长边界以控制城市发展。每项规划和法律都需经土地保护和发展委员会（Land Conservation and Development Commission，简称 LCDC）确认与全州规划目标一致，否则会被驳回当地政府进行额外增加和补充。波特兰州立大学的城市研究和规划专家卡尔·艾博特（Carl Abbott）说：

> 通过限制郊区蔓延，增加的边界迫使城市和乡村土地分开，并且允许提供有效服务。用芒福德的话说，它允许城市在不危害自然环境和保护耕地的情况下优先发展。

文章稍后写道：

> 土地保护和发展委员会因为俄勒冈州规划实现了芒福德的

另一个目标。为了实现区域目标,他提倡建立强大的行政机构,该机构将强迫立法委员会消除地方偏见。土地保护和发展委员会过去几年里在胡德里弗郡(Hood River)、德斯修特斯郡(Deschutes)和华盛顿州的决议显示出,它是一个愿意与嘈杂的地方利益较量以获取全州利益的机构。[①]

艾博特有很长一段时间都在各种出版物中引用芒福德的话,在他的学生、其他学者以及广大群众看来,他保持了芒福德的观点和想法。

其他人也承认全州的规划目标和先进的波特兰地区规划同芒福德有紧密的联系。

> 20 世纪 60、70 年代是政治文化的转折点……更新了芒福德支持的观点。而现在,波特兰的地区规划代表——都市管委会——采用区域框架规划来支持芒福德的观点……[②]

关于波特兰和大都市区的努力成果是:

> 刘易斯·芒福德的梦想——真正的区域规划——的实现。[③]

在采取区域框架规划前,都市管委会这一波特兰大都市区域直接挑选的地区政府创造并适应了区域城市增长目标和宗旨,被亲切地称为"RUGGO"。这些目标按照俄勒冈州批准的赋权法案的要

---

① C. Abbott, *"Oregon Came Around to Mumford's Ideas, But 40 Years Later"*, in *The Oregonian*, February 1,1979, p. B7.

② M. Bianco, *Robert Moses and Lewis Mumford: Competing Paradigms of Growth in Portland, Oregon, from Planning Perspectives*, Vol. 16,2001, pp. 95 - 114.

③ J. Kunstler, *The Geography of Nowhere*, 1994, p. 205.

求,在年轻的工作人员伊桑·萨尔茨(Ethan Seltzer)的指导下被草拟了出来。萨尔茨承认波特兰地区与一些平坦的、有着相同平原的大都市不同,它那绿色的小山和河岸带以及完整的天然栖息地提供了一个非常好的场地,这确实像芒福德的看法。萨尔茨明确说明了地区咨询委员会、大都市委员会,并阐释了景观对当地居民的影响和价值。他也意识到并指出:我们仅仅测量随时间流逝而增加的城市增长用地,忽略了城市增长边界内模式和密度的增长在城市边界何时变动了多少问题上所起的关键作用。地区讨论肯定会争议这些观点,但最后是都市管委会反映出这些问题,为区域规划和地区框架规划做好准备。尽管萨尔茨后来继续在波特兰州立大学进修,但他在很多论文和演讲中都认可了芒福德的观点,并进一步清晰地表述了他的部分观点。

除此之外,萨尔茨也在波特兰城市规划委员会工作过,并且是委员会的前任主席。在担任主席期间,他的话在波特兰报纸谈论邻里重要性时被引述过,具体内容如下:

　　城市是人类独特的创造。传奇的城市规划者刘易斯·芒福德曾经或多或少地评论说:"每一代人都在谱写他在城市创造的自传。"我们今天在这里,在波特兰所做的是为明天创造传奇。①

另一个波特兰人也频繁引用过芒福德的话,例如:

　　波特兰为美国的增长管理提供了有利模式,尽管政治文化有助于让区域规划超前一代,但波特兰现在所持的城市观点早在十年前就出现了。……刘易斯·芒福德的西北部区域规

---

① R. Anthony, *Sculpting the Perfect Portland*, *from the Portland Tribune*, January 22,2004,见 portlandtribune. com/component/content/article? id=108051。

划……是一个积极分子,他推动并最终创立了都市绿色空间规划。①

事实上,都市绿色空间规划包括以下芒福德所认可的内容:

　　1938 年太平洋西北地区规划——在给西北地区委员会和波特兰城市俱乐部的一份报告中,社会学家和城市规划家刘易斯·芒福德建议在波特兰和温哥华境内实行两州和区域性的城市规划解决方案,以及加大管理和自然资源规划。他预测如果绿色空间和自然区得到保护会带来更大的经济效益,并且宣称拥有低成本住房的城镇绿地应该通过新工业吸引人们来定居。②

　　都市绿色空间规划是从空地和真正或潜在栖息地获取土地的基础。③ 两次地区投票都要求提高耕地、住房和商业税收,以便投资购买土地,而这两次投票都通过了。④ 这些税收征收行为被称作"债券措施",因为他们凭借年度税收购买的收益债券能够很快利用资金,从而快速得到土地。到目前为止,这两项债券措施的联合实施使波特兰在境内获取了 4500 多公顷的土地,并且保护了超过 145 平方公

① R. Stephenson, "A Vision of Green: Lewis Mumford's Legacy in Portland, Oregon", in *Journal of the American Planning Association*, Vol. 65, No. 3, Summer, 1999.

② Metro, *Metropolitan Greenspaces Master Plan*, 1992, p. 111,见 library. oregonmetro. gov/files/doc10_794_metropolitan_greenspaces_master_plan. pdf,访问于 2013 年 9 月。据推测,这段源于芒福德的引文是市民活动家和总体规划参与者迈克·霍克提出的。

③ 都市绿色空间规划所需的土地通过购买获得,来源是那些愿意按市场价出售土地的土地所有者。土地所有者可选择一个土地评估师或地区政府为土地估价,如果价格接受就可以成交。在一些案例中,土地所有者不希望他们的土地被开发,而是将这些土地永久用于公共目的;一些土地所有者选择接受较少的出让金,以保留他们的土地。

④ 由于不知如何具体实施,第一次寻求投票者支持的努力失败了。一旦该计划在第二次、第三次寻求投票者通过时进行了详细描述,都市区大多数人都投了赞成票。

里的河流和小溪。

迈克·霍克(Mike Houck)是市民活动家,他支持债券措施,为了得到波特兰景观建筑师和其他人的支持,他在一篇文章中写道:

> 从历史角度看,我们已经从约翰·查尔斯·奥姆斯特德(John Charles Olmsted)和刘易斯·芒福德的智慧和观点中获益了,他们一个是景观建筑师,一个是地方主义者,两个人都激励并引导我们及我们的后代为生存和地区规划方案贡献一份力量。①

霍克的这一陈述有点像芒福德在《城市文化》中说的话:

> 规划居住地是提高生活的首要要求,类似于从连续背景到人类情感和价值观的微妙的分级标准。对于欠缺的地方,人们将带着希望不安地摸索。②

除了支持适合波特兰都市区的俄勒冈土地的绿色空间债券措施外,霍克也在两州地区保护策略中发挥了一定作用。该策略承认、保护并重建了野生动物的廊道和栖息地,这对于不考虑州界地保护地方生物多样性是非常重要的。

霍克在一篇名为《波特兰-温哥华地区的保护策略》③的文章中再

---

① M. Houck, "Our Last Landscape: Measure 26 – 80 and Beyond", in *Oregon Land Fall*, 2006, p. 7.《俄勒冈海岸》(*Oregon Land Fall*)是美国园林建筑协会在俄勒冈地区出版的刊物,见 www. aslaoregon. org/assets/file/pdfs/OregonLand-Fall2006. pdf,访问于 2013 年 9 月。

② Lewis Mumford, *The Culture of Cities*, London and New York: Harcourt Brace Jovanovich, 1938, p. 336.

③ M. Houck, "A Conservation Strategy for the Portland-Vancouver Region", in *The Fish and Wildlife Planner*, April, 2011,见 wdfw. wa. gov/publications/01183/wdfw01183. pdf,访问于 2013 年 9 月。

次提到了芒福德和他的建议。

现在已经很清楚地证明霍克是三十多年里保护地方自然区和空地的主要力量，他一如既往地坚持将芒福德推举为灵魂人物。[①] 霍克、萨尔茨或艾博特对芒福德都不仅仅是认可，他们每个人都频繁地引用芒福德的话，然后详细地阐述其观点，最后想尽方法让政府相信并采取相应的措施。[②]

其他人也将芒福德的话作为动力或挑战，例如俄勒冈州的州长约翰·基察伯（John Kitzhaber）。他像所有的州长一样在每年年初发表"州情咨文"演讲，演讲内容包括过去一年的成果和来年要达到的目标。1996 年，基察伯州长的演讲的副标题是"履行俄勒冈的承诺"，而这一讲话也传到了波特兰城市俱乐部。他说道：

> 58 年前，芒福德在波特兰城市俱乐部前发表演说，向俄勒冈人民提出了挑战。
>
> 他说："你拥有最高尺度的文明基础，而我则要问一个你可能不太喜欢的问题：你自己足够好到能拥有这个国家了吗？你有足够的智慧、想象力和合作能力来充分利用这些机会吗？"
>
> 我将把这一挑战作为今天的讨论点。半个世纪以前我们会如此高呼"履行俄勒冈的承诺"吗？又或者我们只会视之为理所当然的，然后让它悄悄溜走？

---

① R. Stephenson, "A Vision of Green: Lewis Mumford's Legacy in Portland, Oregon", in *Journal of the American Planning Association*, Vol. 65, No. 3, Summer, 1999.

② 迈克·霍克是城市绿色空间机构（官方网站：www. urbangreenspaces. org）执行理事，自 1980 年建立波特兰自然主义者项目的奥杜邦学会（Audubon Society）时，他就开始从事城市花园和绿化带的工作。他服务于都市蓝丝带委员会，为都市委员会措施第 28—60 项提供建议，并服务于都市绿化空间政策咨询委员会和波特兰城市花园董事会。他还服务于波特兰城市规划委员会，以及诸如都市技术咨询委员会之类的其他委员会。

这是我们面临的选择。①

　　另一个例子是波特兰捷运(Trimet)，它是波特兰的交通运输机构，最近创作一个被广泛阅读的出版物《适于居住的波特兰》(*Livable Portland*)，以表述俄勒冈和波特兰的交通运输与土地使用联系。该书引用了芒福德1938年向民众提出的挑战，就在某页的顶部，用粗体印刷，这样只要你读，就不会错过。②

　　评估了芒福德地区规划挑战的俄勒冈州全州规划尽管没有像芒福德所建议的那么全面，但也确实有助于解决很多他曾提出的比美国的其他州争论更早的问题。此外，芒福德更早时候提出来的城市增长边界(尤其是针对波特兰都市区的增长边界)同都市绿色空间规划融合了，而债券措施的实施也对芒福德提出的观点发挥了作用。也就是说，他理想的小卫星城市是明确提供的一种选择，但被大都市委员会在区域2040规划的公众评论程序中拒绝了。

　　其次，芒福德预测美国的出生率会保持在20世纪30年代的水平，而城市增长会大幅度减慢。

　　芒福德专门提到：

　　　现在，人口增长有两条曲线，更重要的是避孕药的大量使用造成了人口增长的普遍下降，而民众生活在恐惧中的现状又加速了其下降。与19世纪的人口曲线相反，其结果是1955年以前，美国大部分地区的人口保持稳定。而事实上，如果其他国家人移民到西北地区，那么它大部分地区的人口也能达到这种稳定。从现在开始，人口标准会被替换，这就意味着城市增长会大

---

① 报告全文见 archivedwebsites. sos. state. or. us/Governor _ Kitzhaber _ 2003/governor/speeches/s960119. htm，访问于2013年8月。

② TriMet, *Livable Portland*, November, 2010, p. 22，见 trimet. org/pdfs/publications/Livable-Portland. pdf，访问于2013年9月。

幅下降,同时也表明大城市的扩张计划终止了,除非它能证明都市拥挤的特殊优势能使它吞并其他小城市。

关于整个美国在接下来约 15 年的时间里的人口增长预测,没有人比芒福德错得更离谱了。

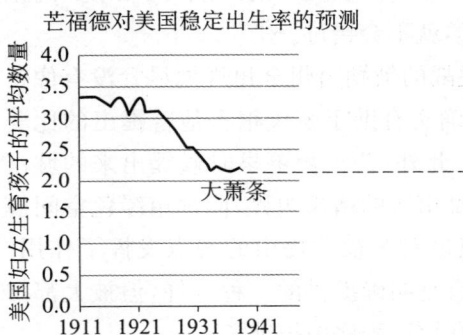

图 1　芒福德的预测　　　　　　图 2　实际出生率

数据来源:Mark Mather, *Fact Sheet: Decline in US Fertility*, Population Refer-ence Bureau, Figure 1,2012。

从上面的图(图 1、图 2)可以看到,芒福德预测的出生率是水平的,也就是说每个妇女会生 2.1 个孩子,即没有人口增长;而真实的出生率在 1940 年到 1950 年有所上升。事实上,二战后"婴儿潮"时期出生的人是美国未来几十年人口的最大组成部分,关于婴儿潮对近期造成的挑战,我们通过下图(图 3)就能看到。

20 世纪 60 年代初,芒福德描述了一些动态因素,尤其是避孕药的获取以及其他社会变化,例如越来越多的女性开始外出工作、经济状况不同等因素导致了出生率下降,所以出生率保持稳定,基本上是一个女性生 2.1 个孩子。然而,因为移民的关系,整个美国的人口增加了,没有像芒福德预测的那样保持稳定。

1997年按代际划分的美国人口比率

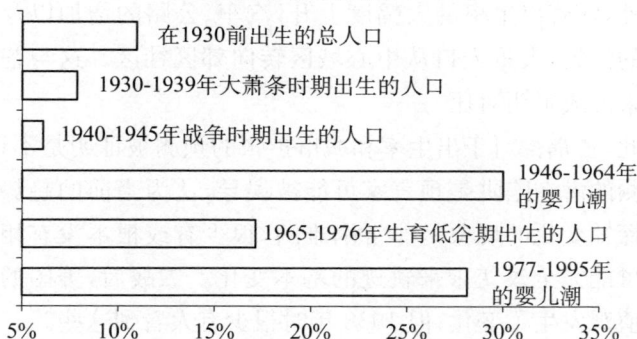

- 在1930前出生的总人口
- 1930-1939年大萧条时期出生的人口
- 1940-1945年战争时期出生的人口
- 1946-1964年的婴儿潮
- 1965-1976年生育低谷期出生的人口
- 1977-1995年的婴儿潮

5% 10% 15% 20% 25% 30% 35%

图3　各年龄群体占美国总人口的比率

数据来源：Adele Defrancesco, *Baby Boomers*, *Drivers of Change*, Department of Economic and Community Development State of Connecticut, February, 1999, 见 www.ct.gov/ecd/lib/ecd/20/14/feb99a1.jpg。

妇女生育孩子的平均数量

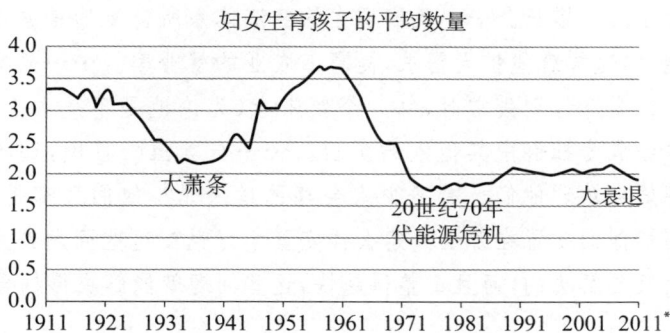

大萧条

20世纪70年代能源危机

大衰退

1911 1921 1931 1941 1951 1961 1971 1981 1991 2001 2011*

图4　美国 1911—2011 百年间的出生率

数据来源：Mark Mather, *Fact Sheet: Decline in US Fertility*, Population Refer-ence Bureau, Figure 1, 2012。

＊2011 的数据是马瑟（Mather）估测的。

此外,由于二战后出现了工厂,波特兰都市区得以大范围扩张。[1]
除此之外,随着出生率的大幅度上升,汽车、公路的增加以及公共交
通工具的消失,大量人口从中心城区转向郊区社区。这与芒福德预
测的结果形成鲜明对比。

因此,芒福德对于出生率和城市扩张的预测被证明是不正确的。
据说预测的潜在陷阱是预言家可能被误导,认为当前的趋势会持续
下去。探知变化的现象是非常困难的,很少有或根本没有相关指导
来预测可能完全改变未来轨迹的基本变化。二战后,美国的基本关
系和价值观发生了变化,但 1938 年时很少有人看到这些。

第三,移民不是必然的难题,财富的分配方法才是。

芒福德写道:

> ……很多人认为现在的工业危机——失业是抵制移民的一
> 个重要原因……但以下两种说法之间存在很大差异。一种说法
> 是在一定时期里,人口越多,失业率越高;另一种说法是失业导
> 致了人口增长。……我们现在的经济体系所需要的是激发消费
> 能力,这样就能扩大需求,提高工农业的就业率。……只有当我
> 们的生产计划失常时,每一个新来者(无论他是不是本土人士)
> 才会成为社群中其他人的负担。……与其担心移民,还不如准
> 备好去欢迎他们。有多少人会移民过来呢? 他们又都是谁呢?
> 要把他们安置在哪里? 怎么样安置才好呢? 这些问题都是公众
> 政策要解决的,而且重整得越快,这些问题就能解决得越合理。[2]

---

[1] 二战后波特兰的一些工厂随意设址带来了灾难性的后果。坐落于洪泛区的房屋在哥伦
比亚河 1948 年的凡波(Vanport)洪水中被毁,约 1.8 万人(或 5%的波特兰人口)无家可
归。

[2] Lewis Mumford, *Regional Planning in the Pacific Northwest: A Memorandum*,
Portland: The Northwest Regional Council, 1939, pp. 6 - 8.

在美国,过去400年里移民对国家的人口密度、人种构成的塑造发挥着巨大作用。从整个国家历史来看,移民在不同的经济时期都是一个焦点问题,人们担心它加速了失业,增加了美国工作人员的负担。

盘点美国过去一些年里的经济衰退现象,众所周知的是经济大萧条。移民问题已经使国家分裂。此外,芒福德提出的刺激消费能力的方法在得到美国自由主义者支持的同时也受到了美国保守主义的斥责。

芒福德进一步提出了他的解决办法,并且说道:

> 美国社会现在存在的问题与人口无关,而是复杂的经济再调整问题,牵扯到其他事情,例如自然垄断的社会化、类似垄断的集中控制、与产品价格或市场需求不相符的非弹性价格结构的消失,以及一方面通过贸易联盟压力、另一方面通过财政支持的重要公共工程扩张导致的实际工资增长。

所有人都可能赞同的是20世纪30年代的大萧条是一起严重的经济衰退现象,它使得美国穷苦大众和中产阶级在痛苦线上挣扎。然而,大萧条(1929—1941年)或大衰退(2008—? 年)的切实解决方案还在激烈争论中,没有达成一致。相应的,你怎样看待芒福德依据个人政治工作提出的建议? 站在中立的位置很难判断他们谁对谁错。在20世纪30年代,考虑到制定的大量解决方案,要证明芒福德的建议发挥了作用不太可能。所以,进一步评价或总结芒福德这方面的观点是没有必要的。

第四,要用心地保护、规划、发展哥伦比亚河谷。

芒福德写道:

> ……哥伦比亚河谷的美细腻而多样……像美丽的古典中国

风景艺术那样展现着自己。①

还有：

  ……哥伦比亚河谷的景观资产非常丰厚，所以它废弃工业是不需要任何理由的。靠近邦纳维尔水坝(Bonneville Dam)的一部分河谷不允许发展工业，也阻止了波特兰进一步扩展城区。地区规划专家的首要任务是最大程度地美化河的两岸，不破坏自然的原始魅力。②

芒福德在波特兰城市俱乐部演讲时说道：

  最廉价的电力当然在水坝旁边，但是你所拥有的哥伦比亚河谷的价值远远超过了坐落在水坝附近的工业区。这些工业区应该坐落在 20 或 30 英里的下游。③

在备忘录中，他还写道：

  有权力规划、购买和处置土地的哥伦比亚河流规划当局不仅会克服最初将同一区域划分为两个州的错误，还能大规模重新安置旧区，建立新区……

---

① Lewis Mumford, *Regional Planning in the Pacific Northwest：A Memorandum*, Portland：The Northwest Regional Council, 1939, p. 1.
② Lewis Mumford, *Regional Planning in the Pacific Northwest：A Memorandum*, Portland：The Northwest Regional Council, 1939, p. 13.
③ Portland City Club, *Portland City Club Bulletin*, July 22,1938, Volume 19, Number 12, p. 26.

这些建议包括几个方面：首先，要保护自然风景，如水和土地等，其中土地又包括山、悬崖和构成哥伦比亚河谷"风景"的当地植物。其次，芒福德号召成立一个新的政府组织，其成员包括哥伦比亚河流两岸有权力规划、分区、购买和处理土地的人。

1986 年，美国国会通过了《哥伦比亚河谷国家风景区法案》（*Columbia River Gorge National Scenic Area Act*）：

> 保护并改善哥伦比亚河谷的风景、自然和文化资源、娱乐设施；保护并支持地方经济，鼓励城市扩张，保证未来的经济发展同环境保护相一致。①

这项法案也有助于哥伦比亚河谷委员会的成立，该委员会要制定切实可行的方案和法令，以确保实施。以前和现在都是两州组织在区分哥伦比亚河谷两边的俄勒冈州和华盛顿州，并被允许去购买一些土地。②

尽管河谷里的土地所有者会有争议，但他们相信委员会及其规划。区域划分调整了河谷的土地并且保护了河谷的美丽风景。自 1986 年以来，接近 13%（也就是 15838 公顷）的河谷土地是从私人所有者那里购买的，然后供公众享用。③ 此外，芒福德建议在邦纳维尔（Bonnevlle）水坝下游 32 至 40 公里的范围内不要发展工业，这样就保护了距离大坝 24 公里的哥伦比亚河谷下游的土地。

现在，哥伦比亚河谷是俄勒冈州和华盛顿州最受游客欢迎的地

---

① 关于哥伦比亚河谷委员会网站关于"*CRGC*"的内容见 www. gorgecommission. org，访问于 2013 年 9 月。

② 法案全文见 www. gorgecommission. org/client/pdfs/act. pdf。

③ 见哥伦比亚河谷委员会网站关于"*CRGNSA*"的有趣内容，见 www. fs. usda. gov/detail/crgnsa/home/? cid＝STELPRDB5385766。

方。① 每年有大约 200 万游客来到河谷,体验五十多米的瀑布、两条自然风景河流向河谷中的哥伦比亚河、大规模的登山路径、很多拥有八百多种野花的公园、两百多种鸟和四十多种鱼。②

迈克·霍克曾说:

> 芒福德在他 1938 年到访波特兰城市俱乐部时曾建议成立两州的哥伦比亚河谷委员会……③

这种主张大体上是对的,可是芒福德在地理上的设想更权威,尤其是在经济发展方面,远远超过了法律提供给哥伦比亚河谷的权益。

此外,波特兰的一个史学家总结说:“景观价值和工业地点似乎受到了芒福德建议的影响。”他举例如下:

> 俄勒冈州规划局、乔瑟夫·卡尔森(Joseph Carson)市长和波特兰的电力企业发现他们在本质上赞同城市主义者刘易斯·芒福德的建议,用新电力来建造的城镇绿地,使得河谷向西扩大到了桑迪河。
>
> 1940 年以后,工业发展的结果反映了波特兰的议程。新的工业铝厂是目前为止邦纳维尔水坝最大的工业成果,就坐落在特劳特代尔(Troutdale)、俄勒冈、温哥华、华盛顿河谷的外面,以及朗维尤(Longview)、华盛顿的下游。河谷大坝建立以后,工

---

① 哥伦比亚河谷始终被弗默斯(Frommer)、俄勒冈旅游、俄勒冈黄页,以及其他旅游资料列为十大目的地。河谷的照片因为风景优美经常被用于各种商品和服务的广告。
② 见哥伦比亚河谷国家风景区网站。
③ M. Houck, “Our Last Landscape: Measure 26 - 80 and Beyond”, in *Oregon Land Fall*, 2006, p. 8, footnote no. 19,见 www. aslaoregon. org/assets/file/pdfs/ORegon-LandFall2006. pdf,访问于 2013 年 9 月。

业再一次发展到了景区外面。①

然而，哥伦比亚河谷委员会及其土地使用管理机关的创立是 20
世纪 80 年代南希·罗素（Nancy Russell）、约翰·妍（John Yeon）和
非政府组织"哥伦比亚河谷的朋友"努力的结果。他们游说了联邦政
府很多年才让政府制定了《哥伦比亚河谷国家风景区法案》。没有文
献表明这些行动派们受到了芒福德及其建议的影响，尽管河谷委员
会和芒福德的建议之间存在很多相似之处。②

现在，至少有两个非政府组织在保护哥伦比亚河的风景时发挥
着作用。其中一个是哥伦比亚土地信托组织（*Columbia Land
Trust*），创建于 1990 年，其宗旨如下：

> 哥伦比亚土地信托组织保护并关心重要的土地资源、水资
> 源和哥伦比亚河区的野生动物。我们的工作重心从瀑布东部的
> 约翰迪河到太平洋，从哥伦比亚河向两侧俄勒冈州和华盛顿州
> 外延大约 50 英里。③

该组织自创建以来同土地所有者和政府一起获得了将近 7300
公顷的土地。该组织致力于关于森林保护的四项举措及相关工作，
保护鱼群和野生动物的栖息地，保护家庭农场，提供"亲近自然"的

---

① C. Abbott, *Electricity and Industry*, Oregon History Project, 2004，见 www. ohs. org/
the-oregon-history-project/narratives/lewis-andclark/lewis-and-clark-centennial-
exposition/electricity-industry. cfm（俄勒冈历史学会网站）。

② 虽然没有这方面的证据，但哥伦比亚河谷委员会最初是由许多共和党人创建的，并得到
了罗纳德·里根总统的批准。共和党人一般支持保守观点。芒福德是一个主张新政的
民主党人，支持自由主义观点。在哥伦比亚河谷委员会创立或历史上引用芒福德的话
可能会毫无益处，也显得尴尬，不过这只是推测，并没有任何文献材料佐证。

③ 哥伦比亚土地信托组织网站见 www. columbialandtrust. org/aboutus/missionAccess-
edSeptember 2013。

机会。

另一个非政府组织是"哥伦比亚河下游合作组织",其宗旨是:

> 为了现在和未来的鱼群、野生动物和人类促进哥伦比亚河
> 的下游地区的自然保护和恢复。[1]

不过,该组织关注的主要是水质问题。为了改善水质、降低温度,该组织的许多工程都涉及当地栖息地的土地恢复。该组织的资助者是政府机构(包括美国环境保护机构),也有公司援助和个人捐助。该组织保护的地理范围包括哥伦比亚河谷的一部分,但主要是哥伦比亚河的下游。该组织已经出资恢复了大约 1650 公顷的土地,并且开展活动收集农药、药物和其他潜在的有毒物质,避免其污染哥伦比亚河流。该组织也教育年轻人在外应用科学方法,运用在校所学,进行水质监测,提高对水和水质的科学认识。[2]

因此,尽管没有文献能表明芒福德的哥伦比亚河谷建议和哥伦比亚河谷委员会的成立之间有直接联系,但两者之间的相同之处是非常显著的。此外,没有文献显示芒福德的主张和哥伦比亚土地信托组织或哥伦比亚河下游合作组织之间有直接联系,即便其采取的措施是芒福德几十年前就说过的。但有一些资料显示,芒福德的建议确实对地方政府和其他事情有影响,例如那些需要利用邦纳维尔水坝电力的工厂都建在了芒福德所说的远离敏感区域的地方。这些地方至少暂时保护了哥伦比亚河谷最美丽的地方,并且确实推动了 20 世纪 80 年代保护运动的开展。

---

[1] 哥伦比亚河下游合作组织网站见 www. estuarypartnership. org。

[2] Lower Columbia Estuary Partnership, *Accomplishments*,见 www. estuarypartnership. org/who-we-are/accomplishments,访问于 2013 年 9 月。

四、结论

在本文中,我们回顾了芒福德对太平洋西北地区提出的报告和建议,该报告和建议结合了他 1938 年到访此地的见闻。他的一些报告是错误的,例如他对出生率的预测。而另一些关于美国经济不景气的解决方案在那时就备受争议,一直持续至今。并且这些报告似乎随人的价值观和自由市场及政府作用的政治观点而变,所以没有最终定论。

芒福德的很多报告和建议或多或少地取得了一些成果。尽管不是所有事情都很清楚,但可靠资料表明,芒福德的报告同他的行为有着直接联系。例如,芒福德第一个吹嘘哥伦比亚河谷作为景区会拥有惊人价值,毫无疑问要受到保护。尽管没有资料证明 20 世纪 80 年代哥伦比亚河谷委员会的成功创建和授权是受到了芒福德的鼓舞,但他的报告在 20 世纪 40 年代至河谷委员会创立期间,确实得到了大量地方工业(尤其是需要利用邦纳维尔水坝电力且远离河谷敏感区域的铝铸造厂)的关注和支持。

此外,很多波特兰及其都市区的地方规划文献都引用了芒福德的报告。都市绿色空间规划、投票通过债券措施来获取空地和自然区的方法都源于芒福德的建议。或许芒福德没有这么重要,但可以肯定的是他影响了很多重要人物,这些人不知疲倦地让波特兰地区想起芒福德的观点和当地居民的长远利益。之后,这些人会采取各种方法看到芒福德的想法在全区的计划和工程中得以实施。这些关键人物也一直在教育另一代规划者和实干家,并向很多学生宣传芒福德的观点。[①]
就这样,这些人类似于知识"后代",以某种方式充当着芒福德失去的

---

① "学生们"不仅包括塞特泽和阿尔伯特在波特兰州立大学所教的那些部分会成为一下代大波特兰地区规划师的学生们,还包括霍克领导的参与自然区域实地考察的各年龄阶层的人。

儿子。①

　　当俄勒冈人民为国家领导人和地区规划欢呼时,他们也可能会想到一个简单的问题:为什么过了这么长时间才听到芒福德四十多年前说的话呢?②

如果你同意芒福德的观点,应该清楚你已经错过了很多更好地实现他理想的机会。然而,俄勒冈州、哥伦比亚河谷区和波特兰地区确实注意到了,也采取了相应措施。看看波特兰地区的自然景观(包括人工建造的风景和自然风景)就能看到芒福德建议的实际结果。你也能看到个人在受到芒福德的影响后致力于区域规划的探讨和政策研究。美国其他地区能达到这样要求的即便有,也只是少数。芒福德对俄勒冈州、哥伦比亚河谷和波特兰地区的建议确实充满着神奇的力量。

---

① 芒福德在二战期间失去了他的儿子格迪斯。
② C. Abbott, "Oregon Came Around to Mumford's Ideas, But 40 Years Later", in *The Oregonian*, February 1, 1979.

参考文献

原始文献

英文文献

1. Mumford, Lewis, *The Culture of Cities*, New York: Harcourt, Brace and World, 1938.

2. Mumford, Lewis, *Whither Honolulu? A Memorandum Report on Park and City Planning*, Honolulu: The Author, 1938.

3. Mumford, Lewis, *Regional Planning in the Pacific Northwest: A Memorandum*, Portland, Oregon: Northwest Regional Council, 1939.

4. Mumford, Lewis, *The Plan of London County*, London: Faber and Faber Ltd., 1945.

5. Mumford, Lewis, *City Development: Studies in Disintegration and Renewal*, New York: Harcourt, Brace and Co., 1945.

6. Mumford, Lewis, *The City in History: Its Origins, Its Transformations, and Its Prospects*, New York: Harcourt, Brace and World, 1961.

7. Mumford, Lewis, *The Highway and the City*, New York: Harvest Book, Harcourt, Brace and World, 1963.

8. Mumford, Lewis, "Forms and Functions," in D. L. Sills, ed., *International Encyclopedia of the Social Sciences*, New York: Macmillan, 1968, pp. 447 – 455.

9. Mumford, Lewis, *The Urban Prospect*, New York: Harcourt, Brace and World, 1968.

10. Mumford, Lewis, *My Works and Days: A Personal Chronicle*, New York and London: Harcourt Brace and World, 1979.

11. Mumford, Lewis, *Sketches from Life*：*The Autobiography of Lewis Mumford*：*The Early Years*, New York：The Dial Press, 1982.

中文文献

1. 芒福德：《城市的形式与功能》，宋俊岭译，刊北京社科院《城市问题参考资料》编辑部编：《城市问题参考资料》（第 3 期），北京社科院 1982 年版，第 1—8 页。
2. 芒福德：《城市的形式与功能》，宋俊岭译，刊陈一筠主编：《城市化与城市社会学》，光明日报出版社 1986 年版，第 47—61 页。
3. 芒福德：《城市发展史——起源、演变和前景》，宋俊岭、倪文彦译，中国建筑工业出版社 2005 年版。
4. 芒福德：《城市文化》，宋俊岭、李翔宁、周鸣浩译，郑时龄校，中国建筑工业出版社 2009 年版。

研究文献

英文文献

1. Alez, Gaby, *The Essential Writer's Guide*：*Spotlight on Lewis Mumford*, *Including his Education*, *Analysis of his Best Sellers such as Technics and Civilization*, *and The City in History*, *Films*, *and More*, New York：Webster's Digital Services, 2012.
2. Bard, K. A., ed., *Encyclopedia of the Archaeology of Ancient Egypt*, London and New York：Routledge, 1999.
3. Bell, Andrew, *Spectacular Power in the Greek and Roman City*, Oxford：Oxford University Press, 2014.
4. Bierbrier, M. L., *Historical Dictionary of Ancient Egypt*, Lanham, Md.：Scarecrow Press, 2008.
5. Childe, V. G., "The Urban Revolution," *Town Planning Review*, vol. 21, no. 1 (Apr. 1950), pp. 3 – 17.
6. Davern, J. M., ed., *Architecture as a Home for Man*：*Essays for Architectural Record*, New York：Architectural Record Books, 1975.
7. Davis, Kingsley, "The Origin and Growth of Urbanization in the World," *American Journal of Sociology*, vol. 60, no. 6 (Mar. 1955), pp. 429 – 437.
8. Fairman, H. W., "Town Planning in Pharaonic Egypt," *The Town Planning*

Review, vol.20, no. 1 (Apr. 1949), p.33.

9. Frankfort, Henri, *Kingship and the Gods: A Study of Ancient Near Eastern Religion as the Integration of Society & Nature*, Chicago: University of Chicago Press, 1978.

10. Foxhall, Lin, H. A. Forbes, "'Sitometreia': The Role of Grain as a Staple Food in Classical Antiquity," *Chiron*, vol. 12, no. 1 (Jan. 1982), pp. 41 – 90.

11. Foxhall, Lin, *Olive Cultivation in Ancient Greece: Seeking the Ancient Economy*, Oxford: Oxford University Press, 2007.

12. Garnsey, Peter, *Famine and Food Supply in the Graeco-Roman World*, Cambridge: Cambridge University Press, 1988.

13. Geddes, Patrick, *City Development*, Edinburgh: Geddes and Company, 1904.

14. Gibbered, Frederik, *Town Design*, London: The Architectural Press, 1970.

15. Gies, Joseph, Frances Gies, *Life in a Medieval City*, London: Barker, 1969.

16. Hawkes, Jacquetta, Leonard Woolley, eds. , *Prehistory and the Beginnings of Civilization*, New York: Harper and Row, 1963.

17. Howard, Ebenezer. , *To-morrow: A Peaceful Path to Real Reform*, London and New York: Routledge, 2003.

18. Hughes, T. P. , *Lewis Mumford: Public Intellectual*, New York: Oxford University Press, 1990.

19. Kairo, Abteilung, *Elephantine: The Ancient Town*, trans. by M. E. Krauss, Cairo: German Institute of Archaeology, 1998.

20. Kamil, Jill, *Luxor*, London and New York: Longman, 1983.

21. Kemp, B. J. , "The City of El-Amarna as a Source for the Study of Urban Society in Ancient Egypt," *World Archaeology*, vol.9, no. 2 (Oct. 1977), p. 123.

22. Kemp, B. J. , *Ancient Egypt: Anatomy of a Civilization*, London and New York: Routledge, 1989.

23. Kemp, B. J. , "How Religious were the Ancient Egyptians?" *Cambridge Archaeological Journal*, vol.5, no. 1 (Mar. 1995), p.30.

24. Knapp, B.L. , ed. , *The Lewis Mumford/David Liebovitz letters*, 1923 – 1968, New York: Whitston Publishing Corporation, 1983.

25. Lacovara, Peter, *The New Kingdom Royal City*, London and New York: Kegan Paul Internatinal, 1997.

26. Lepp, V. J. , "Is the Hieroglyphic sign *niwt* a Village with Cross-Roads?"

Göttinger Mizsellen, vol. 158, no. 1 (Jan. 1997), pp. 91 – 100.

27. Lloyd, A. B., ed., *A Companion to Ancient Egypt*, vol. I, Chichester: Wiley-Blackwell, 2010.

28. Luccarelli, Mark, *Lewis Mumford and the Ecological Region*, New York: Guilford Publications, Inc, 1997.

29. Miller, D. L., ed., *The Lewis Mumford Reader*, New York: Pantheon Books, 1986.

30. Miller, D. L., *Lewis Mumford: A Life*, New York: Weidenfeld & Nicholson, 1989.

31. Miller, F. P., A. F. Vandome, and John McBrewster, eds, *Lewis Mumford*, Beau Bassin, Mauritius: Alphascript Publishing, 2010.

32. Morris, A. E. J., *History of Urban Form: Before the Industrial Revolutions*, London and New York: Prentice Hall, 1994.

33. Murray, Oswyn, Simon Price, eds., *The Greek City: From Homer to Alexander*, Oxford: Oxford University Press, 2002.

34. Newman, E. S., ed., *Lewis Mumford: A Bibliography: 1914 – 1970*, New York: Harcourt College Publishers, 1971.

35. Nicholas, David, *The Domestic Life of A Medieval City: Women, Children, and the Family in Fourteenth Century Ghent*, Lincoln: University of Nebraska Press, 1985.

36. Nicholson, P. J., Ian Shaw, eds., *Ancient Egypt Materials and Technology*, Cambridge: Cambridge University Press, 2000.

37. Novak, F. G., *Lewis Mumford and Patrick Geddes: The Correspondence*, London and New York: Routledge, 1995.

38. O'Connor, David, "The Geography of Settlement in Ancient Egypt," in P. J. Ucko, Ruth Tringham, G. W. Dimbleby, eds., *Man, Settlement and Urbanism*, London: Duckworth, 1972.

39. O'Connor, David, "The University Museum Excavations at the Palace-City of Malkata," *Expedition*, vol. 21, no. 2 (Oct. 1979), pp. 52 – 53.

40. Pfeiffer, B. B., Robert Wojtowicz, eds., *Frank Lloyd Wright & Lewis Mumford: Thirty Years of Correspondence*, New York: Princeton Architectural Press, 2001.

41. Pirenne, Henry, *Medieval Cities: Their Origins and the Revival of Trade*, Trans by F. D. Halsey, Princeton: Princeton University Press, 1946.

42. Potter, D. S., D. J. Mattingly, *Life, Death, and Entertainment in the Roman*

Empire, Ann Arbor: University of Michigan Press, 1999.

43. Pounds, Norman, *The Medieval City*, London: Greenwood Press, 2005.

44. Redford, D. B. , "Studies on Akhenaten at Thebes. I. A Report on the Work of the Akhenaten Temple Project on the University Museum, University of Pennylvania," *Journal of the American Research Center in Egypt*, vol. 10, no. 1 (Jan. 1973), pp. 87 – 90.

45. Russell, Jesse, Ronald Cohn, eds. , *Lewis Mumford*, Stoughton: Book on Demond Ltd. , 2012.

46. Shaw, Thnrstan, Paul Sinclair, Bassey Andah, Alex Okpoko, eds. , *The Archaeology of Africa*, *Food*, *Metals and Towns*, London and New York: Routledge, 1993.

47. Snape, S. R. , *The Complete Cities of Ancient Egypt*, London: Thames & Hudson, 2014.

48. Spence, Kate, "Royal Walling Projects in the Second Millennium BC: Beyond an Interpretation," *Cambridge Archaeological Journal*, vol. 14, no. 2 (Jul. 2004), p. 265.

49. Staccioli, R. A. , *Roads of Romans*, Los Angeles: L' erma di Bretschneider, 2003.

50. Strunkel, K. R. , *Understanding Lewis Mumford*: *A Guide for the Perplexed*, Lewiston: Edwin Mellen Press, 2003.

51. Szuchman, Jeffrey, "Integrating Approaches to Nomads, Tribes, and the State in the Ancient Near," in Jeffrey Szuchman, ed. , *Nomads*, *Tribes*, *and the State in the Ancient Near East*: *Cross-Disciplinary Perspectives*, Chicago: Oriental Institute of the University of Chicago, 2009.

52. Troy, Lana, "Resource Management and Ideological Manifestation: The Towns and Cities of Ancient Egypt," Essays *of* "*Urban Origins in Eastern Africa*" *Final Conference in Mombasa*, 1993.

53. Uphill, E. P. , *Egyptian Towns and Cities*, Princes Risborough: Shire Publications, 1988.

54. Vance, J. E. , *The Continuing City*: *Urban Morphology in Western Civilization*, Baltimore, Md. : Johns Hopkins University Press, 2007.

55. Wilkinson, Toby, ed. , *The Egyptian World*, London and New York: Routledge, 2007.

56. Wilson, J. A. , "Egypt through the New Kingdom: Civilization without Cities," in C. H. Kraeling and R. M. Adams, eds. , *City Invincible*: *A*

Symposium on Urbanization and Cultural Development in the Ancient Near East，
Chicago：University of Chicago Press，1960.

57. Winspear，A. D.，Augustus and the Reconstruction of Roman Government and
Society，Madison：University of Wisconsin，1935.

58. Wheatley，Paul，The Pivot of the Four Quarters；a Preliminary Enquiry into the
Origins and Character of the Ancient Chinese City，Chicago：Aldine，1971.

59. Wojtowicz，Robert，ed.，Sidewalk Critic：Lewis Mumford's Writings on New
York，New York：Princeton Architectural Press，1998.

60. Wojtowicz，Robert，Lewis Mumford and American Modernism：Eutopian Theories
for Architecture and Urban Planning，Cambridge：Cambridge University
Press，1998.

61. Yee，Suzi，Joseph Browning，A Magical Medieval City Guide，New York：
Expeditious Retreat Press，2003.

中文文献

1. 奥沙利文：《城市经济学》，苏晓燕、常荆莎、朱雅丽等译，中信出版社 2003
年版。

2. 陈恒：《城市起源理论》，《博览群书》2011 年第 1 期。

3. 陈立民编著：《城市公共空间信息导向系统设计——与空间的交流》，西南师
范大学出版社 2008 年版。

4. 陈南京：《环鄱阳湖城市群与生态区发展战略》，研究出版社 2008 年版。

5. 陈隆波：《城市、城邦和古代西亚北非的早期国家》，《世界历史》1984 年第
4 期。

6. 陈萍编著：《城市经济发展——理论与实践》，经济管理出版社 2009 年版。

7. 陈少明：《从城市起源看其色彩性格的形成》，《美术研究》2012 年第 2 期。

8. 储传亨、王长升主编的《城市科学概论》，中共中央党校出版社 1987 年版。

9. 德兰迪、伊辛主编：《历史社会学手册》，李霞、李恭忠译，中国人民大学出版
社 2009 年版。

10. 邓波、王莉：《技术与城市发展——从刘易斯·芒福德的观点看》，《自然辩证
法研究》2009 年第 12 期。

11. 董利民主编：《城市经济学》，清华大学出版社 2011 年版。

12. 段渝：《巴蜀古代城市的起源、结构和网络体系》，《历史研究》1993 年第 1 期。

13. 恩格斯：《家庭、私有制和国家的起源》，中共中央马克思、恩格斯、列宁、斯大
林著作编译局译，人民出版社 1999 年版。

14. 冯定雄：《罗马道路与罗马社会》，中国社会科学出版社 2012 年版。

15. 弗雷泽：《金枝》（上册），汪培基、徐育新、张泽石译，商务印书馆 2013 年版。
16. 格迪斯：《进化中的城市》，中国建筑工业出版社 2012 年版。
17. 格兰特：《良好社区规划——新城市主义的理论与实践》，叶齐茂、倪晓晖译，中国建筑工业出版社 2010 年版。
18. 韩晶编：《区域规划理论与实践》，知识产权出版社 2011 年版。
19. 黄苇：《城市与乡村间对立的形成、加深与消灭》，上海人民出版社 1958 年版。
20. 金经元：《芒福德和他的学术思想》，《国外城市规划》1995 年第 1 期。
21. 金经元：《刘易斯·芒福德——杰出的人本主义城市规划理论家》，《城市规划》1996 年第 1 期。
22. 金经元：《近现代西方人本主义城市规划思想家》，中国城市出版社 1998 年版。
23. 郭黎：《埃及学的历史、现状和展望》，《外国语》1987 年第 3 期。
24. 郭子林：《中国埃及学研究三十年综述》，《西亚非洲》2009 年第 6 期。
25. 郭子林：《古埃及国王的丧葬仪式》，《世界宗教研究》2014 年第 1 期。
26. 黄光宇：《城市之魂——纪念刘易斯·芒福德诞辰一百周年》，《城市发展研究》1996 年第 3 期。
27. 霍尔：《城市和区域规划》，邹德慈、李浩、陈漫莎译，中国建筑工业出版社 2008 年版。
28. 姜杰、彭展、夏宁主编：《城市管理学》，山东人民出版社 2005 年版。
29. 江立华：《试论埃赫那吞改革的性质——兼论一神教产生的条件》，《河北师范大学学报》(哲学社会科学版)1993 年第 2 期。
30. 柯布西耶：《明日之城市》，李浩译，方晓灵校，中国建筑工业出版社 2009 年版。
31. 拉尔夫、勒纳、米查姆、伯恩斯：《世界文明史》（第一卷），赵丰等译，商务印书馆 1999 年版。
32. 李红卫：《城市土地使用与管理——以广州为例的研究》，广东人民出版社 2002 年版。
33. 李其荣编著：《城市规划与历史文化保护》，东南大学 2003 年版。
34. 李申：《宗教论》（第二卷　事神论），中国社会科学院出版社 2008 年版。
35. 李树学、陈培英、陈硕颖：《路易斯·芒福德城市规划理论中的社区理念》，《作家》2012 年第 12 期。
36. 李孝聪：《历史城市地理》，山东教育出版社 2007 年版。
37. 李晓东：《百年埃及学研究综述》，《东北大学学报》(哲学社会科学版)2004 年第 6 期。

38. 李鑫：《西山古城与中原地区早期城市的起源》，《考古》2008 年第 1 期。

39. 李雅书：《罗马帝国时期》(上)，商务印书馆 1985 年版。

40. 李月：《城市起源理论新探——从刘易斯·芒福德的观点看》，《史林》2014 年第 6 期。

41. 李月：《西方城市生态思想初探》，刊《都市文化研究》(第 10 辑 书写城市：文学与城市体验)，上海三联书店 2014 年版。

42. 连玉民主编：《中国城市综合竞争力报告 1》，中国时代经济出版社 2009 年版。

43. 梁远辉主编：《城市管理概论》，中国地质大学出版社 1991 年版。

44. 林广：《城市的基本功能是什么？——论刘易斯·芒福德城市研究的遗产》，刊孙逊、陈恒编：《都市文化研究》(第 11 辑 刘易斯·芒福德的城市观念)，上海三联书店 2014 年版。

45. 令狐若明：《埃及学：一门近代新兴学科的诞生》，《史学集刊》2002 年第 4 期。

46. 令狐若明：《埃及学的成长与发展》，《吉林大学社会科学学报》2003 年第 2 期。

47. 令狐若明：《20 世纪以来的埃及学研究》，《史学集刊》2007 年第 3 期。

48. 刘冠生：《城市、城镇、农村、乡村概念的理解与使用问题》，《山东理工大学学报》(社会科学版)2005 年第 1 期。

49. 刘健：《基于区域整体的郊区发展——巴黎的区域实践对北京的启示》，东南大学出版社 2004 年版。

50. 刘士林：《大城市发展的历史模式与当代阐释——以〈城市发展史〉为中心的建构研究》，《江西社会科学》2009 年第 8 期。

51. 刘士林：《芒福德的城市功能理论及其当代启示》，《河北学刊》2008 年第 2 期。

52. 刘亚波：《设计理想城市》，江西科技出版社 2008 年版。

53. 刘文鹏：《古埃及的早期城市》，《历史研究》1988 年第 3 期。

54. 陆伟芳：《论刘易斯·芒福德的区域城市对田园城市的继承和超越》，刊孙逊、陈恒编：《都市文化研究》(第 11 辑 刘易斯·芒福德的城市观念)，上海三联书店 2014 年版。

55. 罗伯特：《古罗马人的欢娱》，王长明、田和、李变香译，广西师范大学出版社 2005 年版。

56. 马季凡：《商代中期的人祭制度研究——以郑州小双桥商代遗址的人祭遗存为例》，《中原文物》2004 年第 3 期。

57. 米勒编：《刘易斯·芒福德著作精萃》，宋俊岭、宋一然译，中国建筑工业出版社 2010 年版。

58. 摩尔根：《古代社会》（上），杨东莼、马雍、马巨译，商务印书馆 2009 年版。

59. 清华大学建筑与城市研究所编：《城市规划理论·方法·实践》，地震出版社 1992 年版。

60. 思新：《二十世纪人类命运的思索者——纪念刘易斯·芒福德诞辰 100 周年学术研讨会在京隆重举行》，《城市发展研究》1995 年第 6 期。

61. 绍科尔采：《反思性历史社会学》，凌鹏、纪莺莺、哈光甜译，李康校，上海人民出版社 2008 年版。

62. 苏晓编著：《玛雅预言》，中央编译出版社 2009 年版。

63. 孙群郎：《当代美国郊区的蔓延对生态环境的危害》，《世界历史》2006 年第 5 期。

64. 孙群郎：《美国郊区化进程中的黑人种族隔离》，《历史研究》2012 年第 6 期。

65. 孙逊、杨剑龙主编：《都市文化研究》（第 2 辑　都市、帝国与先知），上海三联书店 2006 年版。

66. 孙逊、杨剑龙主编：《都市文化研究》（第 6 辑　网络社会与城市环境），上海三联书店 2010 年版。

67. 宋俊岭：《城市发展周期规律与文明更新换代——美国著名城市理论家路易斯·曼弗德的理论贡献和学术地位》，《北京社会科学》1988 年第 2 期。

68. 宋俊岭：《城市研究中一本值得悉心研读的巨著——刘易斯·芒福德及其〈城市发展史〉》，《城市规划》1989 年第 4 期。

69. 宋俊岭：《刘易斯·芒福德和他的〈城市发展史〉》，《城市问题》1988 年第 1 期。

70. 汤铭潭、谢映霞、蔡运龙等编著：《小城镇生态环境规划》，中国建筑工业出版社 2007 年版。

71. 汤普逊：《中世纪经济社会史》（上），耿淡如译，商务印书馆 1997 年版。

72. 陶松龄、陈有川：《芒福德的功能观是城市发展的金钥匙》，《城市发展研究》1995 年第 6 期。

73. 王华：《对话是城市的生命——刘易斯·芒福德城市传播观解读》，《西安交通大学学报》（社会科学版）2013 年第 2 期。

74. 王楠：《芒福德地域主义思想的批判性研究》，《世界建筑》2006 年第 12 期。

75. 王旭：《美国城市史》，中国社会科学出版社 2000 年版。

76. 王旭：《郊区化与美国购物城的兴起》，《史学月刊》2001 年第 2 期。

77. 王旭：《莱维敦：美国郊区化的理想模式》，《厦门大学学报》（哲学社会科学版）2003 年第 3 期。

78. 吴良镛：《芒福德的学术思想及其对人居环境学建设的启示》，《城市规划》

1996 年第 1 期。

79. 吴良镛：《吴良镛城市研究论文集——迎接新世纪的来临（1986—1995）》，中国建筑工业出版社 1996 年版。

80. 吴良镛等著：《发达地区城市化进程中建筑环境的保护与发展》，中国建筑工业出版社 1999 年版。

81. 吴良镛：《人居环境科学导论》，中国建筑工业出版社 2001 年版。

82. 向若：《埃及学的诞生、发展及其在我国的研究》，《世界历史》1994 年第 1 期。

83. 解光云：《欧美学者对古希腊城市研究简述》，《世界历史》2005 年第 1 期。

84. 雅各布斯：《美国大城市的死与生》，金衡山译，译林出版社 2005 年版。

85. 杨生茂、陆镜生：《美国史新编》，中国人民大出版社 1994 年版。

86. 伊利亚德：《宗教思想论》，吴晓群、晏可佳译，上海社会科学院出版社 2004 年版。

87. 裔昭印：《从古希腊罗马看古代城市的经济特征》，《上海师范大学学报》（哲学社会科学版）1995 年第 3 期。

88. 裔昭印：《论芒福德的城市文明史观》，《史学史研究》2014 年第 2 期。

89. 张京祥编著：《西方城市规划思想史纲》，东南大学出版社 2005 年版。

90. 赵强：《芒福德的城市观及其启示》，《苏州大学学报》（哲学社会科学版）2011 年第 4 期。

91. 赵运林：《城市概论》，天津大学出版社 2010 年版。

92. 张卫良：《"区域城市"：刘易斯·芒福德的城市愿景与中国的新型城市化》，刊孙逊、陈恒编：《都市文化研究》（第 11 辑　刘易斯·芒福德的城市观念），上海三联书店 2014 年版。

93. 朱明：《中世纪的想象与功用——论刘易斯·芒福德的中世纪城市观》，刊孙逊、陈恒编：《都市文化研究》（第 11 辑　刘易斯·芒福德的城市观念），上海三联书店 2014 年版。

94. 朱铁臻：《城市发展研究》，中国统计出版社 1996 年版。

95. 朱喜刚：《城市空间集中与分散论》，中国建筑工业出版社 2002 年版。

96. 左文华：《论古代城邦产生与存在的条件》，《思想战线》1982 年第 1 期。

97. 周启迪：《试论早期埃及城市的性质和作用》，《北京师范大学学报》（社会科学版）1993 年第 3 期。

后 记

　　第一次接触到刘易斯·芒福德得益于导师陈恒教授的指点,当时正值中国刘易斯·芒福德研究中心在上海师范大学成立,我开始了解芒福德,渐渐对芒福德城市理论产生了兴趣,并在导师的支持下开始从事芒福德城市理论研究。

　　通过对国内外芒福德研究现状的梳理,我意识到了三点:第一,对于芒福德城市理论研究,虽然国内外学者研究的时间都不长,不过几十年时间,但国内相较国外已表现出明显差距。第二,国内虽已普遍意识到芒福德城市理论的重要性,但关于他的城市理论的深入研究并不多,研究的广度也不够。第三,通过几十年里的译介、评价、介绍、研究,国内学者已为芒福德城市理论研究奠定了一定的学术基础,具备进一步深入研究的条件。于是,经过审慎考虑之后,我下定决心从事芒福德城市理论研究。

　　考虑到自身的专业背景,以历史学角度去分析芒福德的城市理论成为我的首选,研究他的城市史观是一个不错的切入点。但芒福德对于历史上的城市的研究涉猎太广,几乎涉足了城市史研究中各历史时期的城市,这是一个巨大挑战,它意味着研究者也需要将各历史时期的城市纳入自己的研究范围,如此才可能对芒福德城市史观有一个宏观把握。所幸芒福德也并非城市史各领域的专家,其对于城市史相关领域许多问题的探讨有些也只是浅尝辄止,这使芒福德对各历史时期的城市的观点、视角相对而言好把握一些,也使研究者可以在城市史领域的许多问题上可以有进一步探讨的空间。因此,研究芒福德的城市史观有了现实的可操作性。

但随着阅读的深入,一个新的问题浮现出来,即芒福德关于历史上的城市的许多研究具有明显的时代局限性,而且许多分析不够严谨,行文有时也很随意,这不免使我对研究对象的学术价值感到疑虑。基于国内外其他学者的研究判断,芒福德城市理论毫无疑问是有价值的,但通过深入阅读,我意识到,芒福德的论述并非都有价值,这就需要研究者站在时代的高度上对其学术价值和现实意义做一个审慎的判断。因此,关于价值、意义的思考贯穿了我的整个研究过程。

确立芒福德在城市史相关领域、相关问题研究中的学术价值和现实意义是一个十分艰难的过程。一方面,我需要提炼芒福德的观点、视角;另一方面,我需要对所涉领域、问题有深入研究,如此才有评判的资格。虽然工作量很大,但在就芒福德所涉城市起源问题做了相应的研究之后,我看到了工作的价值,这使我感到这样兼具学术价值和现实意义的城市史研究是值得的。

限于自身的学术素养,我对于城市史各相关问题的研究深度上可能会有些差别,但基于这些研究从不同角度审视芒福德的城市史观总能发现芒福德相关论述的闪光之处。它使我意识到,芒福德城市史观时至今日仍有其学术价值和现实意义,只是需要审慎地选择和发掘。

本书的选题、写作、完成并不轻松,在此过程中,导师陈恒教授给予了我无私的关怀和极大的支持,每念及此,内心的感激之情无以言表。

本书得以出版要感谢湘南学院高层次人才科研启动基金(060 - 6011801)的资助,上海三联书店有限公司的殷亚平编辑为本书的顺利出版做了大量工作,特致谢忱。

图书在版编目(CIP)数据

刘易斯·芒福德的城市史观/李月著.—上海:上海三联书店,2019.8
ISBN 978-7-5426-6850-9

Ⅰ.①刘… Ⅱ.①李… Ⅲ.①芒福德(Mumford,Lewis 1895—1990)-城市史学-思想评论 Ⅳ.①C912.81

中国版本图书馆 CIP 数据核字(2019)第 246951 号

刘易斯·芒福德的城市史观

著 者 / 李 月

责任编辑 / 殷亚平
装帧设计 / 一本好书
监 制 / 姚 军
责任校对 / 王凌霄

出版发行 / 上海三联书店
　　　　　(200030)中国上海市漕溪北路 331 号 A 座 6 楼
邮购电话 / 021-22895540
印 刷 / 上海惠敦印务科技有限公司

版 次 / 2019 年 8 月第 1 版
印 次 / 2019 年 8 月第 1 次印刷
开 本 / 890×1240 1/32
字 数 / 200 千字
印 张 / 7.125
书 号 / ISBN 978-7-5426-6850-9/C·590
定 价 / 58.00 元

敬启读者,如发现本书有印装质量问题,请与印刷厂联系 021-63779028